図説

マヤ文明

嘉幡 茂

河出書房新社

はじめに

私は左頁写真の男性に魅了された。

彼は、パレンケ王朝の第一四代王キニチ・アーカル・モ・ナーブⅢ世（在位：後七二一～不明）である。パレンケ王朝は、七一一年にトニナ王朝との戦争に敗北し、都市は破壊され当時の王は捕らえられた。この後を継いだキニチ・アーカル・モ・ナーブⅢ世は、有能な人材を広く登用し、国力の回復に努めた。それは、経済・軍事面のみならず文化・芸術面においても認められ、卓越した業績を残した。

古代マヤ文明の名君である。

疲弊した国が、文化・芸術面までを発展させることは困難である。しかし、王の治世の下でパレンケ王朝の芸術は極まった。国威の発揚は、経済や軍事や外交を基盤とするのではなく、文化と芸術にあったのだ。そして、文化と芸術を促進させる、なぜ王は成し遂げることができたのか。

ここに、古代マヤ文明を理解する一つのヒントが隠されている。

あるテーマの追求とその表現が不可欠であった。

それは、為政者が世界を理解し世界とつながる方法を探求し続け（世界観の構築）、その成果を民衆に示し続ける行為である。

確かに、古代マヤ文明の諸都市は、密林の中や背後に海が広がる場所にあり神秘的である。そして、遺物の造形美が極めて高いため、私たちを魅了する。

しかし、魅了の源泉は彼らの思想にある。私たちと彼らの世界観の違いが、より一層、私たちを彼らの世界のとりこにする。

この王の肖像には一つ不思議な点がある。王の頭部が極端に細いことである。この頭蓋変形は、人はトウモロコシから誕生したと考えた古代人の思想と密接な関係があると解釈されている。人体の重要な部位をトウモロコシの形に似せることによって、活力を得ることができると信じたためであると。しかし、それだけではない。他にも重要な秘密が隠されている（トピック②参照）。

本書は、古代マヤ文明について考えるものである。この理解に向けて、二つの点を重要視した。一つ目は、ここで書いたように、彼らの物質文化に遺された思想を読み解くことである。

もう一つは、「古代メソアメリカ文明の中で発展したマヤ文明」という枠組みの設定である。なぜなら、古代マヤ文明はこれが誕生した地域のみで興亡したものではなく、メソアメリカの各地域の社会と連続し、この関係の中で盛衰を繰り返したからだ。そして思想の形成は、オルメカ文明やメキシコ中央高原文明（テオティワカン、トルテカ、アステカ）との双方向的な交流関係から、醸成されていったものだからである。

古代メソアメリカ文明におけるマヤ文明の社会的な役割とは何か、そして、他地域の文明との接触の中で彼らの思想はどのように誕生し変化していったのか、これらを知ることが本書のテーマである。

▲パレンケ王朝の王の肖像（© Jorge Pérez de Lara）。

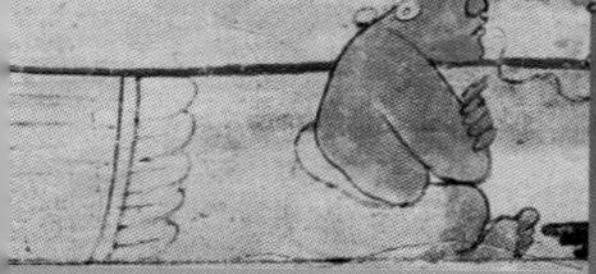

▲チチェン・イッツァ遺跡（フリエタ・ロペル氏提供）。

メソアメリカ史略年表・主要遺跡の編年表

250 ／ 1（AD） ／ 100 ／ 400 ／ 600 ／ 1000 ／ 1200 ／ 1500 ／ 2000 ／ 5000 ／ 7000 ／ 12000 ／ 35000／20000（DC）

歴史区分

先古典期（後期・中期・前期）／古期／パレオ・インディアン期

歴史事項

- アジアからベーリング海峡を渡って人類が移動してくる
- 初期農耕がはじまる かぼちゃ、インゲン豆、トウモロコシ、豆などが栽培化される
- 土器が使われはじめる
- オルメカ文明が興る サン・ロレンソを中心に大規模な集落が形成される。
- マヤ文明が興る
- 最古の文字の出現
- モンテ・アルバンで都市が形成される
- オルメカ文明の衰退
- マヤ低地南部で都市が形成される
- イサパ芸術様式の登場
- ポポカテペトル火山の噴火
- テオティワカンでの国家形成
- チョルーラでの国家形成

メキシコ湾岸部（核オルメカ地域）

前1200 エル・マナティ 前1600
前900 サン・ロレンソ 前1500
前400 ラ・ベンタ 前1000
トレス・サポテス 前900

メキシコ中央高原

後275 クイクイルコ 前700
トラランカレカ 前800
チョルーラ 前200
前150
前400 チャルカツィンゴ 前1200

ゲレロ州

前500 オシュトティトラン 前900
前700 テオパンテクアニトラン 前1400

オアハカ地域

モンテ・アルバン 前500
前500 サン・ホセ・モゴテ 前1500

太平洋南部地域

後250 タカリク・アバフ 前1000
後100 イサパ 前400

マヤ高地

カミナルフユ 前1200

マヤ低地

北部

後100
前500
イサマル 前400
後250 コムチェン 前500
後250
前400
前400

南部

セイバル 前1000
前500
カラクムル 前1000
ティカル 前1000
後100 サン・バルトロ 前300
後150 ナクベ 前800
後150
前200
エル・ミラドール 前800
前650
アグアテカ 前800
コパン 前1000
前400

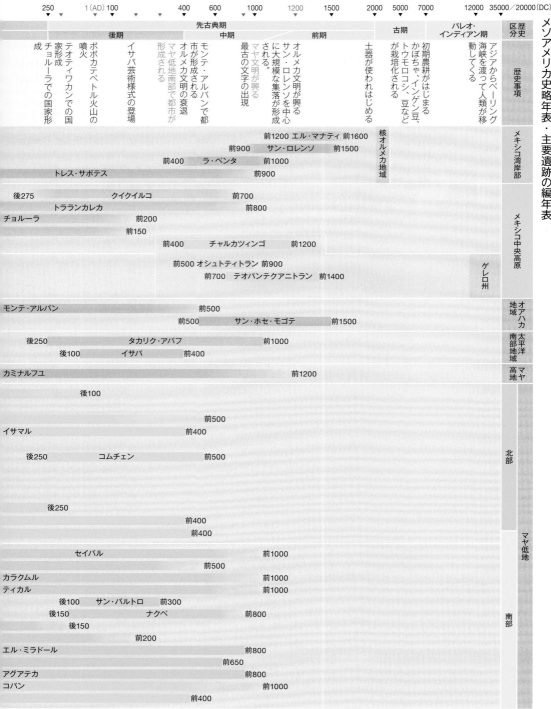

1600 ▼ 1500 ▼ 1400 ▼ 1300 ▼ 1200 ▼ 1100 ▼ 1000 ▼ 900 ▼ 800 ▼ 700 ▼ 600 ▼ 500 ▼ 400 ▼

スペイン植民地時代 ｜ 後古典期（後期・前期） ｜ 終末期 ｜ 古典期（後期・前期）

入される

マヤ地域における王朝の開始

マヤ低地南部におけるテオティワカンの影響

ティカル王朝を中心とする「新しい秩序」の開始

テオティワカンの衰退

マヤ地域におけるティカル王朝とカーン（カラクムル）王朝による覇権争い

マヤ低地南部の王朝の衰退（「古典期マヤの衰退」）

トゥーラとチチェン・イッツァの発展

羽毛の蛇信仰の浸透

トゥーラの衰退

チチェン・イッツァの衰退とマヤパンの発展

アステカ王国の建国

アステカの勢力がメキシコ湾岸地方、オアハカ地方におよぶ

スペイン人がテノチティトランに侵入する（一五一九）

テノチティトランが陥落する

アステカが滅亡する（一五二一）

後1200　エル・タヒン　後600　後300

後300

後1519　チョルーラ　後900　後600

後550／600　テオティワカン

後900〜1000　カカシュトラ　後600

後900〜1000　ソチカルコ　後600

後1150　トゥーラ　後550

後1521　テノチティトラン　後1325

後800

後1521　ミトラ　後950

後900

後1000　コバー

後1000　エズナ　後400

後1600　ジビルチャルトゥン

後1200　カバー　後900　後800

後1000　ウシュマル　後550

後1250　チチェン・イッツァ　後800〜900

後1441 / 1461　マヤパン　後1150〜1250　後900　エック・バラム　後770

後1550　トゥルム　後600

後800　チュンチュックミル　後400

後900　オシュキントック

後1100　ヤシュナー

後1000　シュプヒル

後900　後650　後300

後900　ワシャクトゥン

後900

後900

後800　ボナンパック　後300〜400

後800　ヤシュチラン　後320

後900　パレンケ

後1000　エル・ペルー

後800

後900　カラコル

後850

後800

後850　キリグア

※上段「歴史事項」の項目内、マヤ文明に直接関連する事項はオレンジ字、それ以外は黒字で示す。

※主要遺跡の各年代幅は、歴史学・考古学的に見て主要であると理解されている時期を示している。したがって、ここで挙げた遺跡の中には、定住の開始がバーで示される年代よりも早いものもある。一方、バーの終了年代は、ある遺跡において活動の痕跡がまったくなくなったことを必ずしも表すものではなく、定住は小規模ながらも継続したものもある。

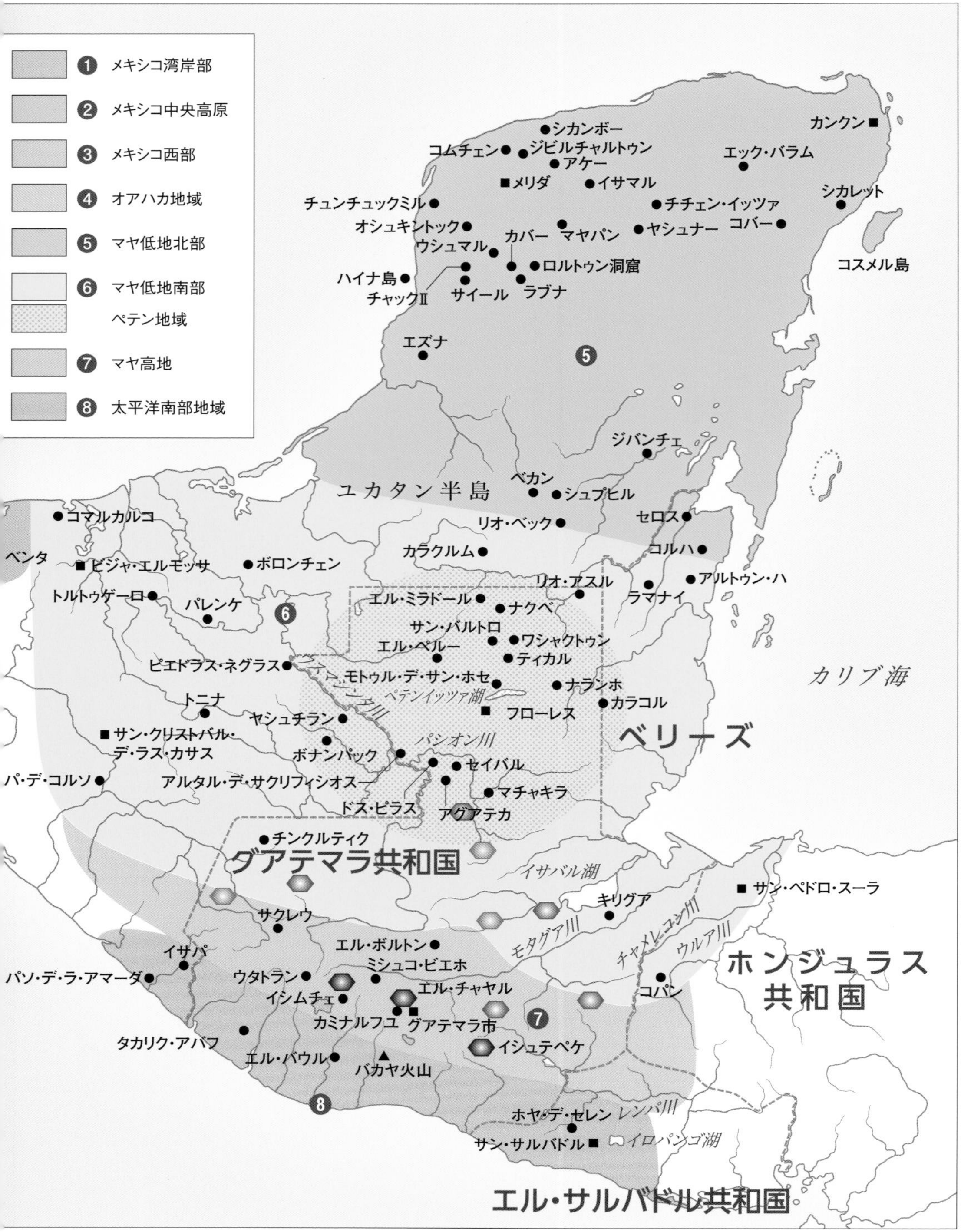

❶ メキシコ湾岸部
❷ メキシコ中央高原
❸ メキシコ西部
❹ オアハカ地域
❺ マヤ低地北部
❻ マヤ低地南部
ペテン地域
❼ マヤ高地
❽ 太平洋南部地域
シカンボー
コムチェン
ジビルチャルトゥン
アケー
メリダ
イサマル
カンクン
エック・バラム
チュンチュックミル
チチェン・イッツァ
シカレット
オシュキントック
マヤパン
ヤシュナー
コバー
カバー
ウシュマル
ロルトゥン洞窟
ハイナ島
チャックII
サイール
ラブナ
コスメル島
エズナ
ジバンチェ
ベカン
シュプヒル
ユカタン半島
コマルカルコ
リオ・ベック
セロス
カラクルム
コルハ
ベンタ
ビジャ・エルモッサ
ボロンチェン
リオ・アスル
アルトゥン・ハ
トルトゥゲーロ
エル・ミラドール
ラマナイ
パレンケ
ナクベ
サン・バルトロ
ワシャクトゥン
エル・ペルー
ティカル
ピエドラス・ネグラス
ウスマシンタ川
モトゥル・デ・サン・ホセ
ナランホ
カリブ海
ペテンイッツァ湖
トニナ
カラコル
フローレス
ヤシュチラン
サン・クリストバル・デ・ラス・カサス
パシオン川
ベリーズ
ボナンパック
セイバル
パ・デ・コルソ
アルタル・デ・サクリフィシオス
マチャキラ
ドス・ピラス
アグアテカ
チンクルティク
グアテマラ共和国
イサバル湖
サン・ペドロ・スーラ
キリグア
サクレウ
モタグア川
チャメレコン川
ウルア川
エル・ボルトン
イサパ
ミシュコ・ビエホ
ホンジュラス共和国
パソ・デ・ラ・アマーダ
ウタトラン
コパン
エル・チャヤル
イシムチェ
カミナルフユ
グアテマラ市
タカリク・アバフ
イシュテペケ
エル・バウル
バカヤ火山
ホヤ・デ・セレン
レンパ川
サン・サルバドル
イロパンゴ湖
エル・サルバドル共和国

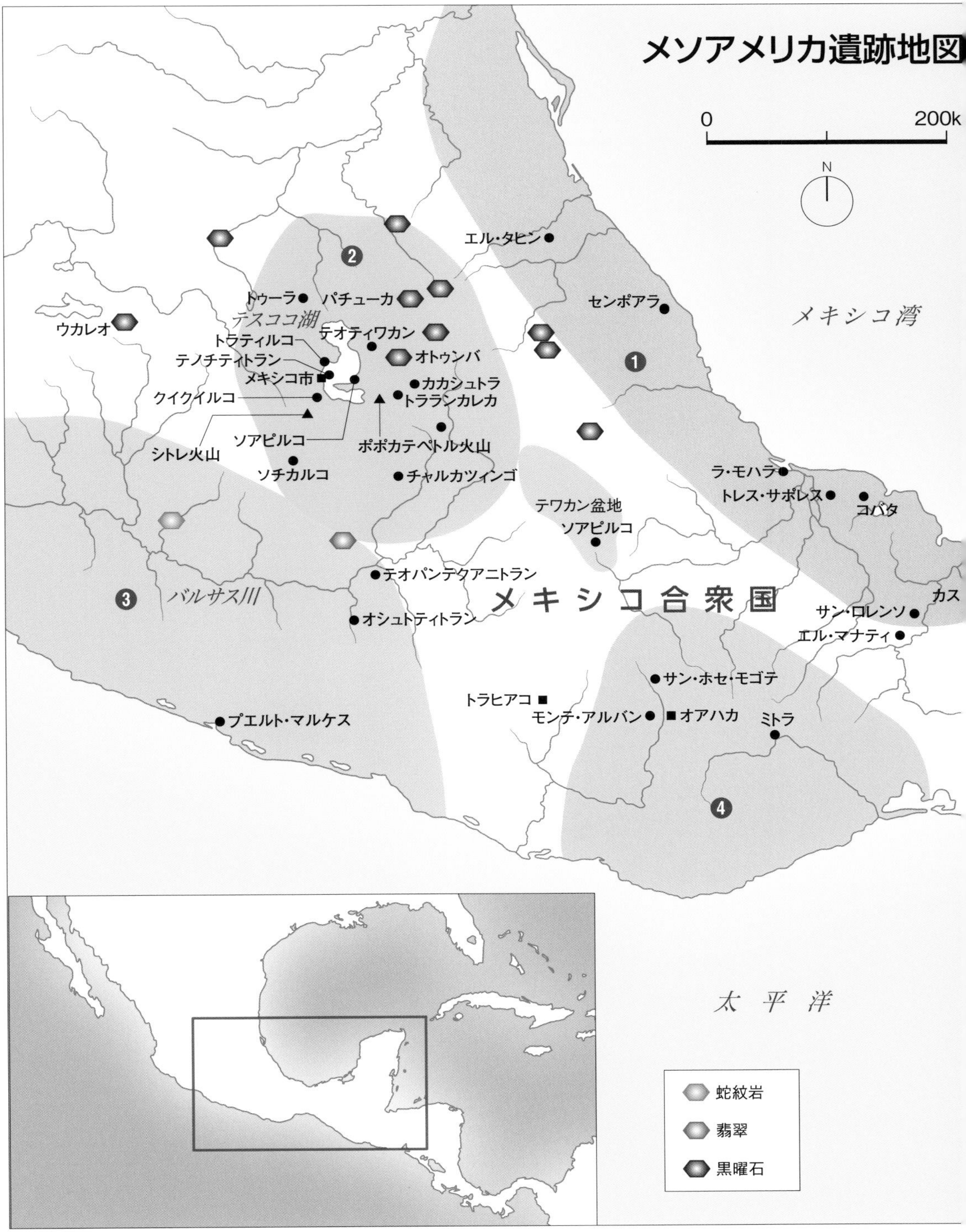
メソアメリカ遺跡地図
0
200k
N
エル・タヒン
センポアラ
メキシコ湾
トゥーラ
パチューカ
テスココ湖
ウカレオ
テオティワカン
トラティルコ
テノチティトラン
オトゥンバ
メキシコ市
カカシュトラ
クイクイルコ
トラランカレカ
ソアピルコ
ポポカテペトル火山
シトレ火山
ソチカルコ
チャルカツィンゴ
ラ・モハラ
トレス・サポレス
コバタ
テワカン盆地
ソアピルコ
テオパンテクアニトラン
バルサス川
メキシコ合衆国
カス
サン・ロレンソ
オシュトティトラン
エル・マナティ
サン・ホセ・モゴテ
トラヒアコ
モンテ・アルバン
オアハカ
ミトラ
プエルト・マルケス
太平洋
蛇紋岩
翡翠
黒曜石

第一章 古代メソアメリカ文明

1 メソアメリカの古代マヤ文明

古代マヤ文明は、紀元前一〇〇〇年頃から紀元後一六世紀までの間、メキシコ合衆国南東部（ユカタン州、キンタナ・ロー州、カンペチェ州、チアパス州、タバスコ州）から、中央アメリカ北西部（グアテマラ共和国、ベリーズ、ホンジュラス共和国西部、エル・サルバドル共和国西部）にまたがる地域で盛衰を繰り返した。しかし、マヤ文明はこの地域の中で完結した閉鎖社会によって誕生したのではない。オルメカやテオティワカンそしてアステカなど、様々な社会と密接な交易関係を結びながら、独自の文化を発展させていったのだ。

　したがって、マヤ文明の盛衰を理解するには、この文明圏の枠組みを超える、より広い地理的範囲の設定が必要になる。それは「メソアメリカ」地域または文明という用語である。この用語は、一九四三年にポール・キルヒホフという人類学者によって提唱された。彼は、一六世紀頃に記された史料や先住民言語の地理的分布（図1）を基に、地域や時期によって当然文化的な違いは存在するが、中央アメリカには特徴的な文化要素が数多く認められ、一つの文明圏としてくることができると考えた。そして、この文明圏の範囲を限定するため、生業、宗教、戦争、建築、技術などに関連する項目を作成し、これらを①代表的な要素、②新大陸で認められる要素、③存在しないことが重要である要素に分類していった（表1、一二〜一三頁）。つまり、キルヒホフによる「メソアメリカ」の定義は、生活様式とその地理的な広がりを指している。

　その結果、メソアメリカの地理的範囲は、北部を除いたメキシコ、グアテマラ、ベリーズ、エル・サルバドル、そして、ニカラグアとホンジュラスの西部、さらにコスタ・リカのニコヤ半島までであるとの認識が、研究者の間で共有されるようになっていった。したがってマヤ文明は、メソアメリカ文明圏の中では南東部に位置するといえる。

　一方でキルヒホフが設定した項目リストの内容と、その有無から導き出されたメソアメリカの地理的範囲は、二つの点で批判にさらされている。まず、項目リストがあまりにも単純化されている点であるが、これは、項目を増やすことで克服可能かもしれない。

　しかし次の批判は、キルヒホフの定義の見直しを根本的に迫るものである。それは各項目のいずれもが等しく重要な文化要素として扱われ、その項目が社会の中でどのような意味を持っているのかについて考察されていない点である。例えば、図3に挙げた「トウモロコシの栽培」と「つなぎ戦闘服」（表1）を使って考えてみよう。トウモロコシの栽培は、日々の食生活を送るうえで必要不可欠であり、さらに神格化されていた要素である。一方、「つなぎ戦闘服」は、エリート階層が戦闘に出る際に利用されたが、古代メソアメリカの人々全員に関わる要素ではない。「トウモロコシの栽培」という項目の方が、より重要な文化要素であることが理解できる。

さらに、なぜ、そしてどのようにして古代メソアメリカ文明において代表的な文化要素が共有されるようになったのか、という考察が欠けている点も批判対象となっている。しかし、これらの批判は、今から七〇年以上も前に書かれたキルヒホフの論文へ直接向けられているというよりは、現代の研究者が、実証的な資料に基づき再定義すべきであるとの警鐘に他ならない。

古代メソアメリカ文明の文化的特徴や地理的範囲の確定を困難にしているのは、自然環

▲図1：後16世紀頃におけるマヤ諸語の分布。
▼図2：まだ成長し始めたばかりのトウモロコシ。収穫時期になると2メートルを超す。
◀図3：トウモロコシの神（右）が小人（左）とともに、豊穣を祈願し踊っている場面。ナランホ遺跡より出土した多彩色の円筒形壺（Valencia 2011, Figura 148を修正）。

表1　古代メソアメリカ文明の代表的な文化要素の一例

トウモロコシ、インゲン豆、カボチャ、カカオの栽培	トウモロコシ（図2）は、メソアメリカ地域で古代から現代まで主食として利用されている。マヤの神話では、人はトウモロコシから誕生したと信じられていたことからも、この穀物が神格化されるほどの重要性を理解できる（図3）。栽培化され始めた時期は諸説あるが、確実なのは、前三五〇〇年頃と考えられている。トウモロコシの食べ方から、古代メソアメリカの人々の生活の知恵を理解することができる。彼らはこの穀物を食べる際、石灰などと混ぜた水で、アルカリ処理（ニシュタマリゼーション）を行っていた。これにより、カルシウムや鉄分などの栄養素も摂取できるようになる。さらに、本来この穀物に含まれてはいるが人には吸収できない、必須アミノ酸を摂取することが可能となる。特にナイアシンの欠乏は、ペラグラという疾患を引き起こすことが現代の栄養学の知見により判明している。古代の人々は日常生活の経験を基に、ペラグラとは無縁の健康的な食生活を確立していった。
階段状ピラミッド建造物	メソアメリカ地域における一般的なピラミッドは、いくつもの基壇を積み重ね（階段状）、四角錐の形をしている。また、ピラミッドの正面側には、頂上部へと続く階段が用意されている。階段は一面に、そして直線状に設置されるのが一般的である（図4・5）。しかし、中にはチチェン・イッツァの「エル・カスティージョ神殿」のように四面に設置されるものもある（遺跡紹介❽図2参照）。
環状のゴール付き球技場（図6・7・8）	球技という言葉は、現代の私たちにとってスポーツを連想させる。しかし、メソアメリカ地域の球技場では、球技はスポーツというよりも、儀式として行われていた。前一七世紀から前一三世紀まで人が定住していたと考えられるチアパス州のパソ・デ・ラ・アマーダ遺跡では最も古い球技場が発見されている。
屏風状の絵文書	絵文書の一般的な素材は、イチジク属などの樹皮であり、その上に薄く漆喰のコーティングが施されている（アマテ紙）。マヤ地域の絵文書の中で、先スペイン期に記され現存しているものは四点しかない。先スペイン期には多くの絵文書が作成されたが、新大陸で改宗を迫るカトリック教徒によって焚書された。または、スペイン本国へ輸送され、行方不明となっている。『ドレスデン絵文書』（図9・10）『パリ絵文書』『マドリード絵文書』『グロリア絵文書』。

▲図4（右）：ティカルの「5号神殿」。図5（左）：シュプヒルの「三塔の建造物」。

▼図6：ソチカルコの球技場。

	これらの絵文書のテーマは、古代マヤ人たちの儀礼や暦そして神託などである。
人身御供	古代メソアメリカ文明圏では、人間を神々に捧げる儀礼が頻繁に行われていた。考古資料からは、特に戦争捕虜が生贄の対象とされていたことがよく理解できる（図11）。一方、人間のみならず動物（ジャガー、蛇、鷲、ミミズク、ウズラ、犬など）も生贄の対象であった。
自己犠牲	古代マヤの王族や貴族の重要な仕事の一つに自己犠牲、特に放血儀礼が挙げられる。性器や舌などから、トゲの付いた縄、石製の針またはエイのトゲを利用して血を流す（図12）。採血後は、その血を神々に捧げていた。
つなぎ戦闘服	様々な壁画や土器に描かれるモチーフから、戦闘の際に戦士は、全身または上半身を覆う戦闘服を着ていたことが理解できる（図11）。そして、その素材には綿や動物の皮や鳥の羽毛が利用されており、ジャガー、鷲、コヨーテ、蝶などがデザインされた。また、戦闘服は、頭飾りまたはヘルメットとセットであった（図13・14）。
神聖文字	メソアメリカ地域における文字とその表記システムの起源は、オルメカ地域にあったと考えられている。現在のところ、メキシコのベラクルス州にあるカスカハル遺跡で発見された石板（前約九〇〇年）が最古と考えられている（図15）。一方、古典期（後二五〇～九五〇年）のマヤ文字と表記システムは、メソアメリカ地域の中で、最も洗練されたものであった（図16）。
多神教（図18）	古代メソアメリカの人々は、自然現象には神々の意志が反映されていると信じていた。例えば、天体の運行、火山噴火、雷雨などが挙げられる。あらゆる自然現象をつぶさに観察するため、豊かな感受性が育まれたと考えられる。一つの神に複数の属性を持たせることが一般的である。例えば、マヤ地域のチャック神は雷鳴の神であり人間に豊穣をもたらすが、同時に災害をもたらす風や稲妻を起こす力も有すると考えられていた。このように複数の相反する属性を神々に持たせる考えは、自然現象のある一側面のみを強調し抽出するのではなく、現象のすべては因果関係をもっており、連続しているとの鋭い着眼力から来ていると思われる。他方、物理的な自然現象の属性を持つ神々のみならず、「情熱と色欲の神」（図18）や「商売の神」など、人間の生活に直接関連する神々も存在していた。

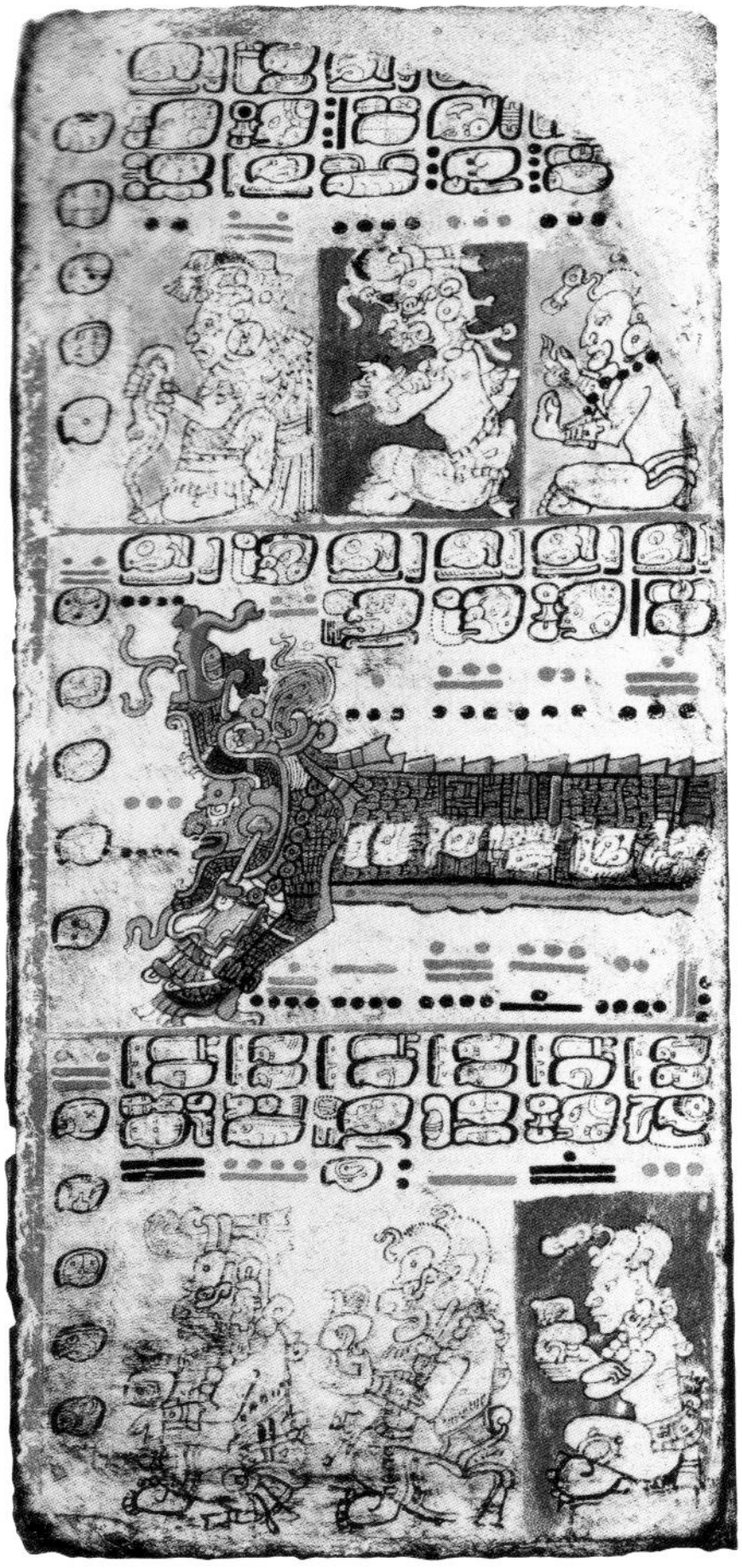

▲図7：コパンの球技場。この球技場の斜面コートには環状ゴールはなく、代わりにコンゴウインコの石彫が両端と中央に三体安置されている。

▶図8：石灰岩の石板に刻まれた球技の様子。ボールを中央に2名の球技者が、戦闘用の衣装で登場している（Art Institute of Chicago展示）。

▶図9（下）：『ドレスデン絵文書』（Museo de Popol Vuh展示）。

◀図10：『ドレスデン絵文書』の4頁目。3段に区切られた中央部には、マヤの神々の中で最高神であるイッツァムナー（天空と大地の神）が描かれており、緑色の胴体を持つ爬虫類（ワニ）の口から登場している。古代マヤ人たちは、ワニの背中は大洋に浮かぶ大地であると考えていた。

▲図11：ボナンパックの「部屋2」の内部には、色鮮やかな壁画が描かれていた。上図は792年に描かれ、戦勝記念をテーマにしている。中央から右に、ジャガーの戦闘服を着た3名の戦士が立っており、その下に捕虜となった人物が横たわったり、ひざまずいたりしている。右から2番目の人物は、チャーン・ムアンⅡ世であると解釈されており、胸にはヒスイの飾り物、右手には権威を象徴する杖が描かれている。その下の段には少なくとも8名の捕虜がほぼ全裸で登場し、多くは縄で縛られている。この内のすべてまたは何名かは、人身御供にされたことであろう。

▶図12：ヤシュチランの「神殿23」で発見された「リンテル24」。左側の人物は王であるイツァムナーフ・バラムⅡ世であり、右側はその正妻のショーク王妃である。王妃は優美なウイピル（貫頭衣）に身を包んでいる一方で、トゲの付いた縄を自分の舌に通し、血を彼女の膝の前にある器に溜めている。大量の失血により、意識は朦朧としていたと考えられる。刻まれたマヤ文字から、七〇九年にこの儀礼が行われたと解釈されている。

◀図13：メキシコのハイナ島の墓から出土した戦士の土偶。戦士は、全身が鳥の羽毛で覆われた戦闘服を着ており、鳥をモチーフにしたヘルメットを着用している（Cleveland Museum of Art収蔵）。

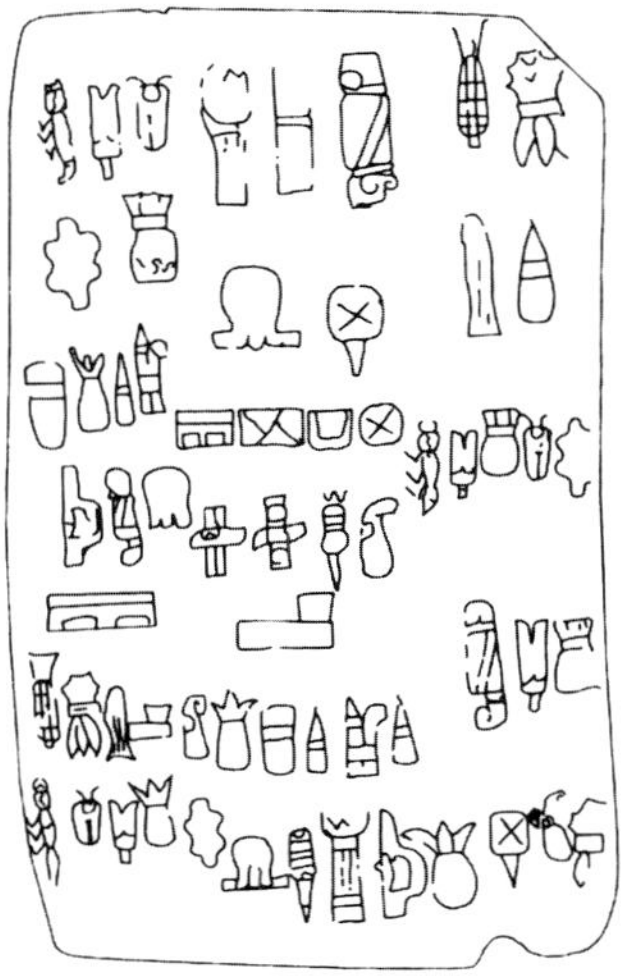

▲図14（左）：多彩色の円形型壺に描かれるジャガーのつなぎ戦闘服を着た戦士たち（Valencia 2011, Figura 150を修正）。
▲図15（右）：カスカハル遺跡で発見された石板（36×21×13cm、Rodríguez et al. 2006, Fig. 4. を修正）。現在のところ、研究者の間で、これらの文字にどのような意味があり、またどのような順序で読むべきなのか統一した見解はない。さらに、出土した石板の取り上げは、厳密な層位学的調査に基づいていないため、帰属年代に疑問を持つ研究者も存在する。

日付	動詞	守護	紋章文字
2キミ（日） 14モル（月）	道に入る	アフ・ネ・オール・マト	パレンケ王朝

◀図16：パレンケ の「碑銘の神殿」内部にはパカル王が埋葬されていた。その石棺の蓋石北面に刻まれたマヤ文字。「パレンケ王朝のアフ・ネ・オール・マト王は612年8月11日に崩御した」と刻まれている。動詞の「道に入る」は、シバルバ（冥界）への死出の旅路を指し、それが転じて死を表す。

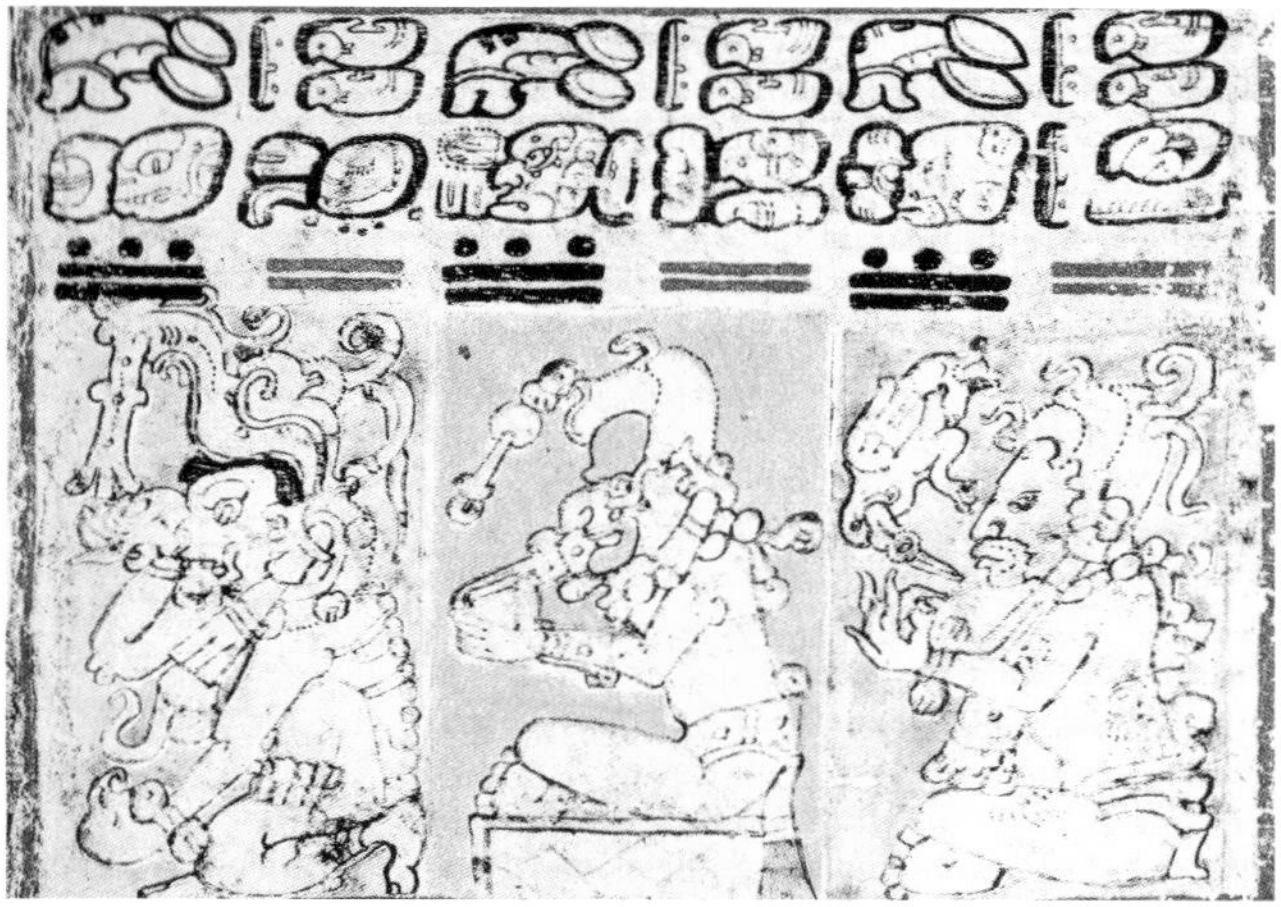

▲図17（右）：『ドレスデン絵文書』の7頁目中段。左端の神は「死の神」、中央は「カウィール神（豊穣や権威の象徴を司る神）」、そして右端は「ヤッシュ・バラム神（狩猟の属性を持つ神）」である。
▲図18（左）：左中央のL字型の台座に座るのは、アステカのトラソルテオトル神に扮した神官（裁判官）である。この神は情熱、愛欲、平穏などの属性を持つ。姦通罪により、男女が鼻を削がれ泣いている場面。右上に登場する3名の女性は、泣きながら神官に何かを訴えている。この内、裁判官に近い女性（罪人）は、上半身裸で鼻から血を流している。後ろに控える2名の女性も涙を流している。罪人女性を弁護する縁者であるに違いない。一方、右下には3名の全裸の男性（刑の執行人）が、涙を流す男性（罪人）を取り押さえている。彼の両腕を押さえている執行人の口には、男性罪人の鼻がくわえられている。この罪人の鼻からも大量に血が流れだしている（『トゥデラ絵文書』より）。

境の多様性と関連している。文明は、ステップ気候、温暖湿潤気候、サバナ気候、熱帯雨林気候を包含する地域で発展した。これは、生態系が地域によって大きく変化し、そこに住む人々の文化を多様にする。さらに、この地域が一度も一つの王朝によって統一されなかったこととも関連しているだろう。長い歴史の中で、メキシコ盆地で建国したアステカ王国（一三二五～一五二一年）は最大の版図を有したが、それでもチアパス州の太平洋南部地域までしか及ばず、マヤ地域を併合することはできなかった。

しかし、これらの自然環境の多様性と統一政権の欠如が、古代メソアメリカ文明圏の中で栄えた様々な地域文化を均質化させず、地方色豊かな古代社会を発展させた。考古遺物や建築様式から理解できるように、このような物質文化には地域独自のスタイルが採用されている。一方で、これらを生み出す根幹となる思想には共通点が認められる。一言で表すなら、「古代の人々は神々とともに生きた」ということだ。そして、情報や物資を相互交換するためのネットワーク・システムを強固に築き上げたことだ。

その代表例がマヤ文明である。

以下では、人類がアメリカ大陸へいつ、そしてどのように渡ったのか、古代メソアメリカ文明が形成されるまでを見ていく。

2 ホモ・サピエンスのアメリカ大陸入植（前三万五〇〇〇～一万一五〇〇年）

アメリカ大陸は人類にとって秘境であった。人類の長い歴史の中で、私たちの共通の祖先であるホモ・サピエンス（現生人類）を除いて、どのヒト属も到達することができなかった。いつ、そしてどのようにアメリカ大陸へ入植を開始したのかについては、人類の進化の歴史を考えるうえで重要なテーマであるため、活発な議論がなされている。ここでは従来の説と、最新のデータを基に提案されている説とを対比させながら、このテーマを考えてみよう。

ホモ・サピエンスは、今から二〇万ないし一五万年前にアフリカ大陸で誕生し、一二万年前頃に出立した（出アフリカ）と考えられている。そして、各地域へと拡散を開始したのである。長い旅を経て、四万年ほど前には北シベリアまで到達していた。アメリカ大陸へと至る一歩手前である。

しかし従来の説（図19）は、ホモ・サピエンスはシベリアとアラスカ地域で三万年近く足踏みを強いられたと指摘する。それは、新大陸に渡る際、二つの巨大な自然の障害が存在していたからだ。第一の障害は、シベリアとアラスカとを分けるベーリング海峡である。シベリアに人類が到達していたこの時代は、ウィスコンシン氷河期と呼ばれている。海底まで四〇メートルほどしかない浅いベーリング海峡は当時地続きとなっており、ベリンジアと呼ばれる陸橋が出現していた。一方で、八万年ほど続くウィスコンシン氷河期のすべての時期に、ベリンジアが出現し続けていたわけではない。陸橋は、何度か出現と消滅を繰り返していた。人類は、この出現期間を利用して、三万五〇〇〇年から一万五〇〇〇年ほど前には、アラスカまで到達することができたと考えられている。

しかし、ここに第二の障壁が存在していた。分厚く巨大な氷の壁（氷床）である。この巨大な氷床は、現在のカナダ一帯を覆い尽くしており、南下を妨げていた。ところが、最後の氷河期（ウィスコンシン氷河期最寒期）が終わりへと向かう一万三〇〇〇年ほど前から、地球規模の温暖化現象により、北米大陸を覆っていた氷床が融け出した。その結果、この氷床は、コルディレラ氷床（西側）とローレンタイド氷床（東側）に分かれ、その間に大きな道（無氷回廊）が出現する。人類は一万一五〇〇年ほど前にこの回廊を南下し、最終的に南米の最南端まで達したと考えられている。

この入植説は、考古学や古生物・環境学などのデータを基に総合的に解釈されており、実証的であるといえる。しかし、このモデル構築は、入植はすべて徒歩によって行われ、当時はまだいかだなどを開発して海を渡る航

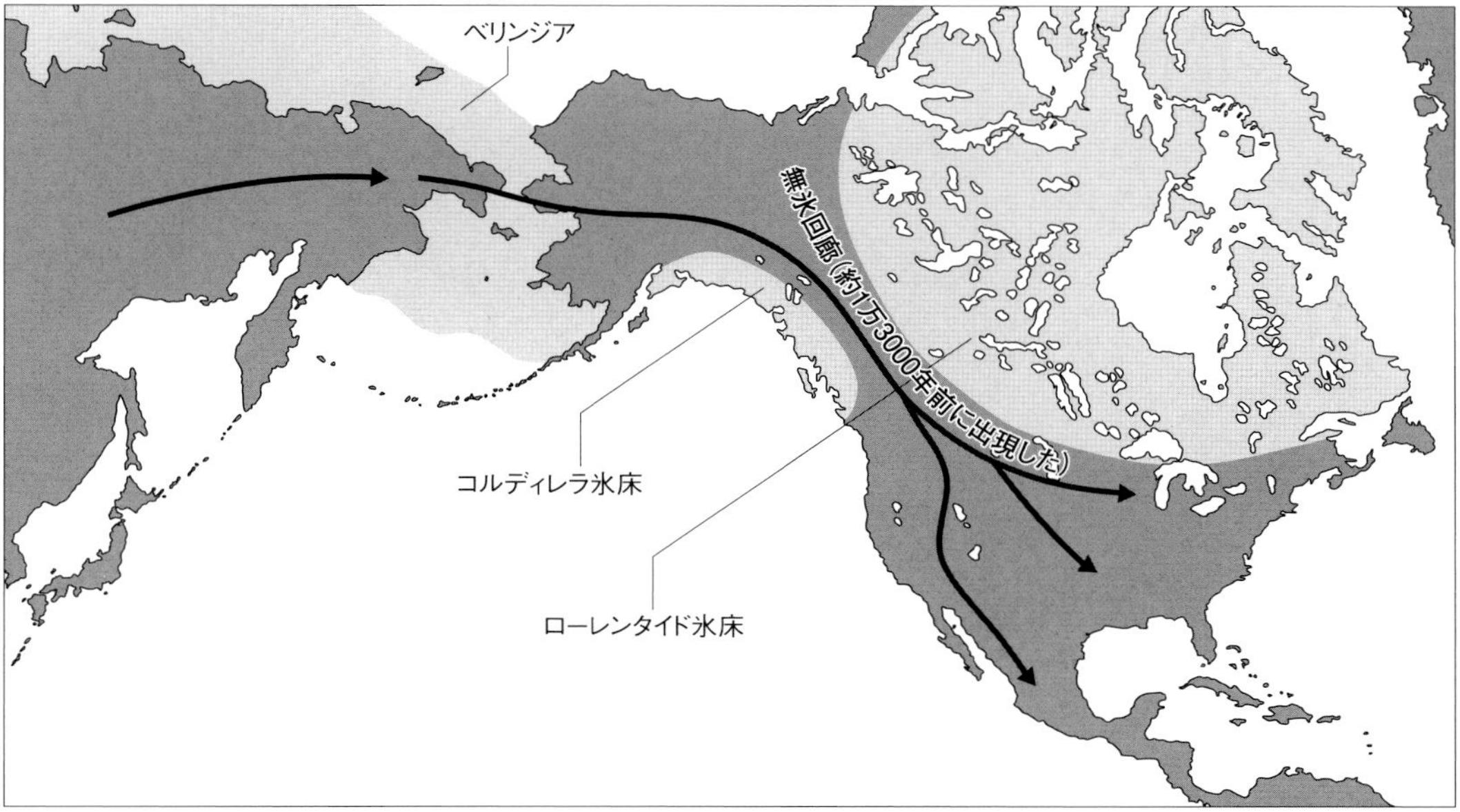

▲図19：従来考えられていた北米大陸への入植ルート。

海術はなかったとの前提に立っており、人類の創造力や可能性は考慮されていない。人類進化の歴史において幾度となく実現した技術革新という要素を、現在はデータが乏しいからといって排除することは、学問の発展の可能性を弱めることになっているのではないだろうか。一方で、この可能性を極端に信じた結果、多くの賛同をえられないモデル、大西洋入植説、南極大陸経由説、太平洋横断説も存在する。これらは人類の航海術の発展を根拠とするものだが、確証できるデータは存在していない。

しかし、北太平洋沿岸部経由説（図20）は、従来の徒歩ルートに加え、実証性が認められるため、第二のルートとしてここ数年大きく注目されている。これは、いかだを利用した沿岸ルートである。人類の可能性と学問的実証性を備えており、興味深い。

まず、この仮説の信頼性を示す二つのデータから見てみよう。

チリのモンテ・ベルデという遺跡（表2の26、二一頁）から、放射性炭素年代測定によって二万五〇〇〇年前（前一万八五〇〇年）には確実に人々の活動の痕跡があったことを示すデータが提供されている（図21・22）。一九七〇年代の終わりから発掘調査が開始されて以降、この遺跡には多くの研究者の視線が集まった。というのは、従来の学説を信じる学者の多くは、人類は一万三〇〇〇年前にはまだアメリカ大陸に存在しなかったと考えていたからである。その結果、これ以前の年代を示す分析結果は、誤りであるとの判断を下していた。ところがアメリカ大陸全土で、この年代より古い遺跡の存在が報告され始めた（表2）。

ここで再考せねばならない研究テーマが二つ浮かび上がる。無氷回廊は果たして一万三〇〇〇年前にできたのか、そして、徒歩ルート以外にもルートが存在していたのではないかということだ。再調査の結果、無氷回廊の年代に関して、現在では一万三〇〇〇年前という年代に修正されている。しかし、モンテ・ベルデの年代との差である七五〇〇年を埋めることはできない。

結果、北米大陸までいかだなどで渡る沿岸ルート説が浮上した。現在では、氷床は太平洋西岸部のすべてを覆っていたわけではなく、

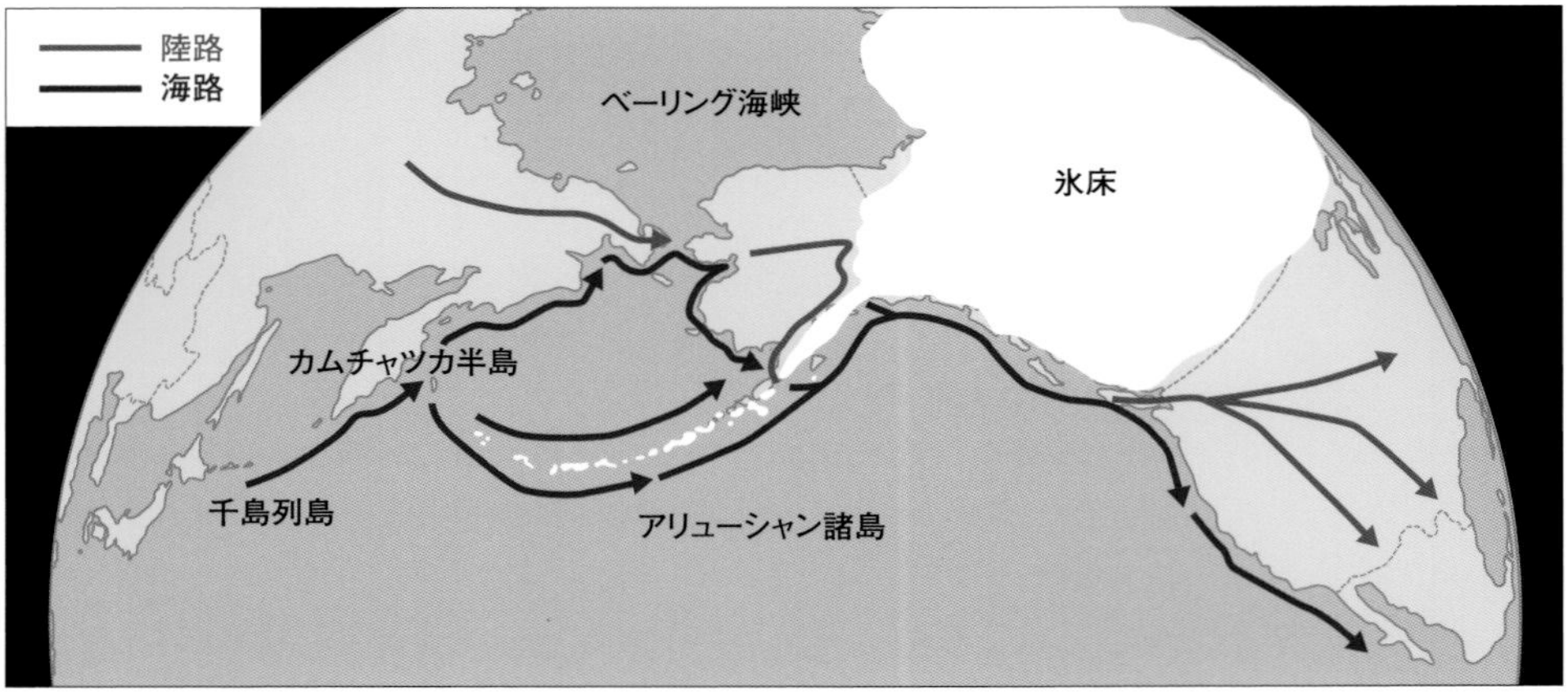

▲図20：近年注目を浴びている沿岸ルート。北海道方面から、千島列島、カムチャツカ半島そしてアリューシャン諸島を転々と航海しながら、アメリカ大陸に向かうルートが提唱されている。

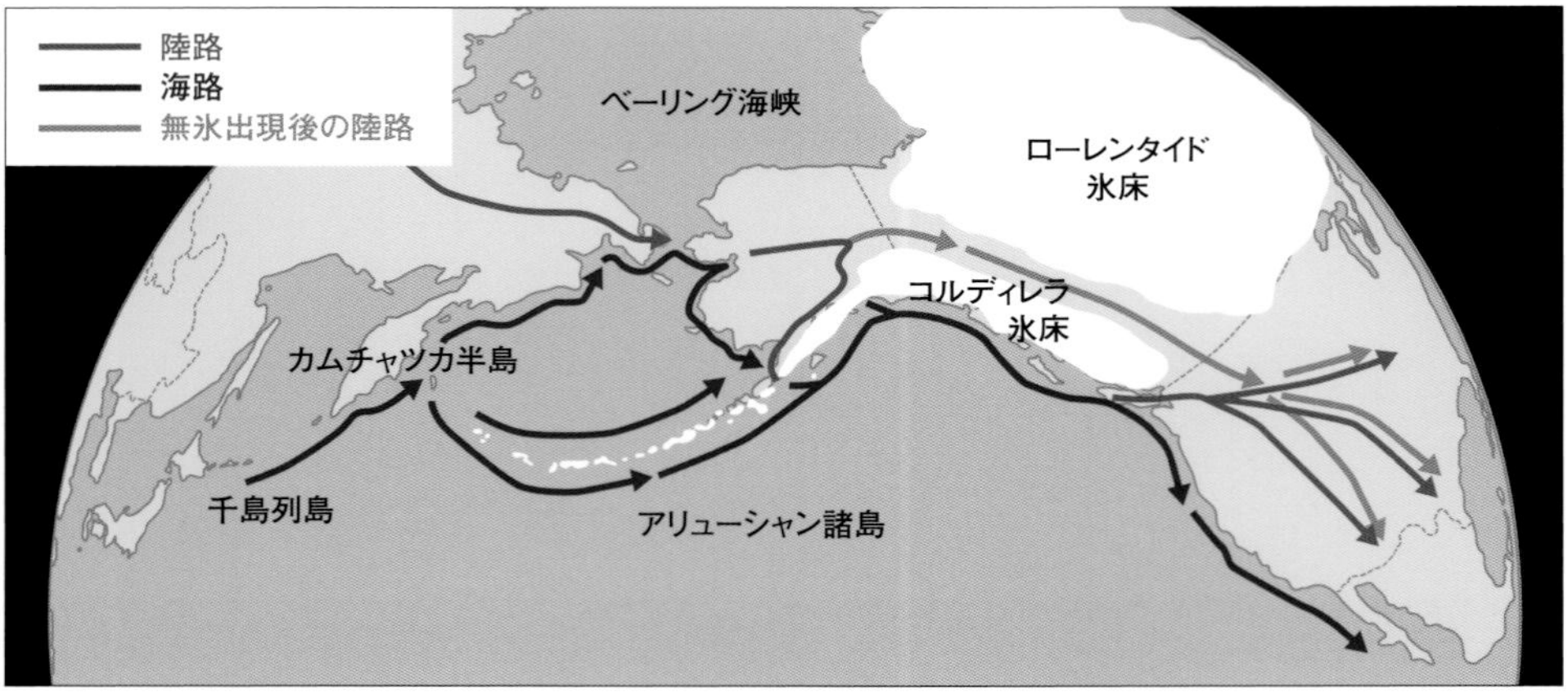

▲図21：人類は海路と陸路を利用し、漁労や狩猟や採集を行いながらアメリカ大陸の各地域に拡散していった。

陸地が所々現れていたと考えられており、ここを転々とし、いかだで南下することは充分可能であったとする。また、海生哺乳類や魚類そして海藻類を食料資源にしていたと指摘されている。従来の説では、ベーリング海峡と氷床は人類にとって克服できない自然障害であったが、沿岸ルート説では、人類の技術力を発展させる原動力として扱われる。この沿岸ルート説は、いくつか異なる海路を私たちに示している。ベーリング海峡沿いに進むルート、そして千島列島、カムチャツカ半島、アリューシャン諸島を経由し、太平洋西岸部を南下するルートである。

モンテ・ベルデが南米の南に位置することを考慮すると、人類が海路を利用して北アメリカから入植を開始したのは、今から二万二〇〇〇年前（前二万年）頃、またはそれ以前からだったといえるだろう。その後、陸路も利用し、漁労や狩猟や採集を基盤とする多くの集団がアメリカ大陸の各地域に拡散し、後にメソアメリカやアンデス地域で文明を築くことになる。

3 パレオ・インディアン期（前二万～前七〇〇〇年頃）から古期（前七〇〇〇頃～前二〇〇〇年頃）

人類がアメリカ大陸内陸部に入植し、ウィスコンシン氷河期最寒期が終わる前後（前八

▲図22：モンテ・ベルデ遺跡から出土した石器（Dillehay et al. 2015, Figs. 6 and 9を修正）。

〇〇〇〜前七〇〇〇年）をパレオ・インディアン期と呼ぶ。この時代、最初のアメリカ人は一カ所に定住せず、洞窟や岩陰を一時的な住みかとし、移動しながら狩猟採集を基盤に生活していた。各集団は少人数で構成され、北アメリカの西部地域にある大平原や東部地域の森林地帯、またアメリカ南西部へ、そして現在のメキシコ合衆国へと徐々にフロンティアを切り開いていった。長い間、人類にとって未踏の地であったため、狩りを行うには絶好の大地が広がっていたに違いない。マンモス、バイソン、マストドン（ゾウ目）、キャメロップス（大型ヒトコブラクダ）、ヘラジカなどの大型動物を狩っていたと考えられている（図23）。

特に北米や中米では、クロービス型尖頭器やフォルサム型尖頭器といった石器が出土している。大部分は石槍として大型哺乳類を狩るために、木製の柄の先端に装着して利用された（図24）。槍の興味深い利用方法の一つとして、投槍器（ナワトル語でアトラトル、図25・26）との併用が挙げられる。当然のことながら、大型哺乳類は人間よりもはるかに巨体であり、中には獰猛な動物もいる。このため、投槍器の慣性力を利用して、遠距離から狩りを行ったと考えられている。そして、これは古代メソアメリカ文明が形成されてからも狩猟や戦争で使われ（図27）、マヤ地域の密林地帯では主に権威の象徴として利用され

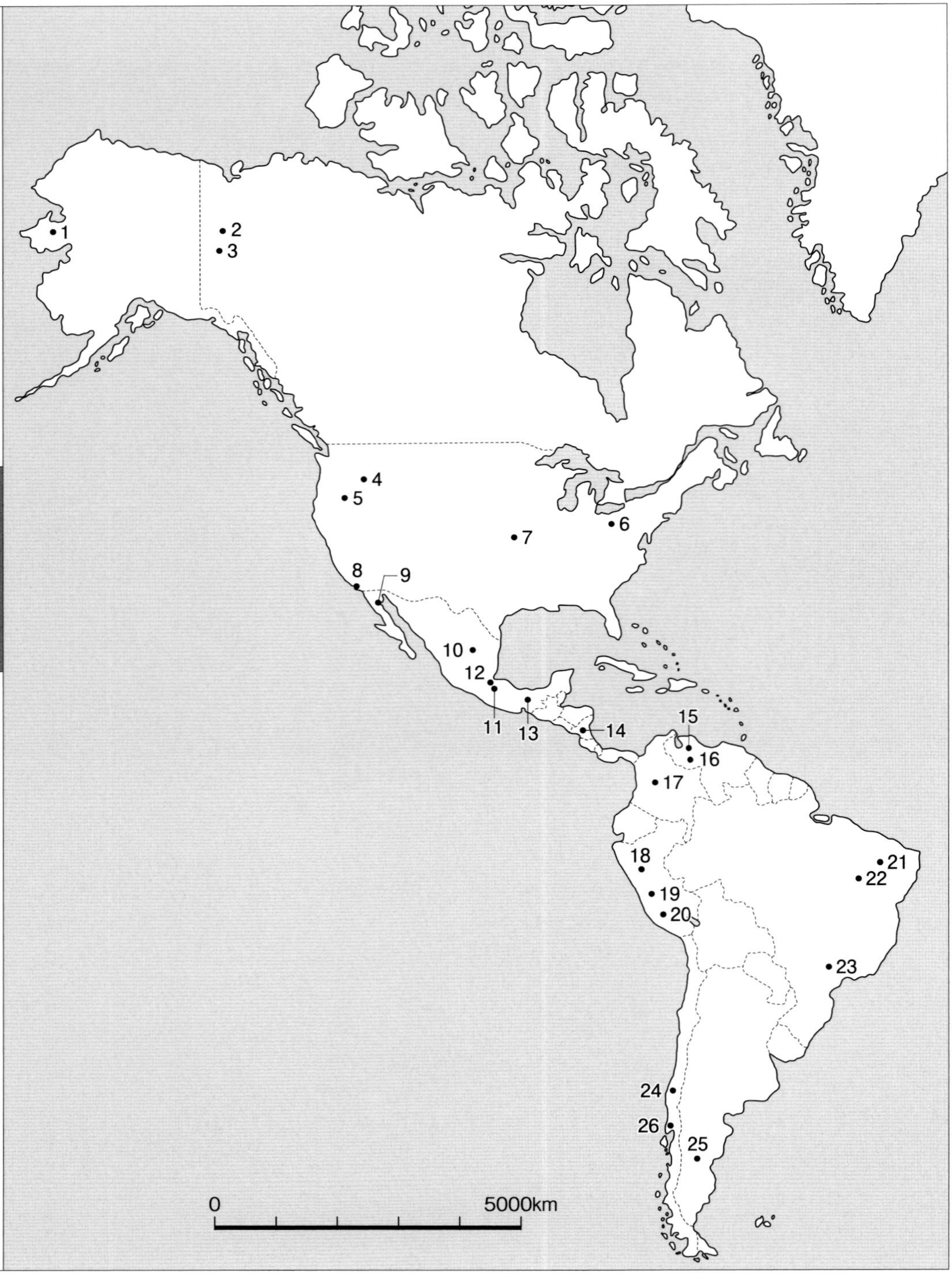

1
2
3
4
5
6
7
8
9
10
11
12
13
14
15
16
17
18
19
20
21
22
23
24
25
26
0
5000km

番号	遺跡名	測定年代	番号	遺跡名	測定年代
1	トレイル・クリーク	前17700±350年	14	エル・ボスケ	前約32000年
2	オールド・クロウ・フラッツ	前29100±3000年	15	タイマ - タイマ	前18400±400年
3	ブルーフィッシュ	前17500±130年	16	ムアコ	前16000±140年
4	アメリカン・フォールズ	前約45000年	17	エル・アブラ	前14400±160年
5	クエバ・デ・ウィルソン・ビュート	前約17800年	18	クエバ・デ・ギタレーロ	前14500±360年
6	メドウクロフト	前21100±810年	19	クエバ・デ・ウアルゴ	前15400±700年
7	シュライバー	前14800±1500年	20	クエバ・デ・ピキマチャイ	前16100±180年
8	サンタ・ロサ	前約39000年	21	ド・メイオ	前14000±600年
9	ラグーナ・デ・チャパラ	前16600±270年	22	ペドラ・フラダ	前約47000年
10	エル・セドラル	前31850±1600年	23	アリス・ボーア	前14300±1150年
11	トラパコヤ	前21700±500年	24	タグア - タグア	前13300±300年
12	カウラパン	前22850±850年	25	ロス・トルドス	前14600±600年
13	ロス・グリフォス	前約11500年	26	モンテ・ベルデ	前約18500年

▲表2：アメリカ大陸で古い年代が与えられている遺跡（Mirambell 2000, Figura 9を基に作成）。ここに挙げた年代のすべてが受け入れられている訳ではない。中には再分析が必要とされるものもある。

▲図23：アメリカ大陸で生息していた大型哺乳類と人の大きさの比較。

▼図24：大型動物を槍で狩る人々。湿地に大型動物をおびき寄せ、その機動力を奪いながら狩りを行っていたと考えられる（Museo Nacional de Antropología展示）。

◀図25：槍と投槍器（アトラトル）を操る先住民（American Museum of Natural History展示）。
▼図26：アステカのアトラトル。この遺物は蛇をモチーフにしており、過度な装飾が施されていることから実用目的ではなく権威の象徴として利用されたと考えられる（Staatliches Museum展示）。

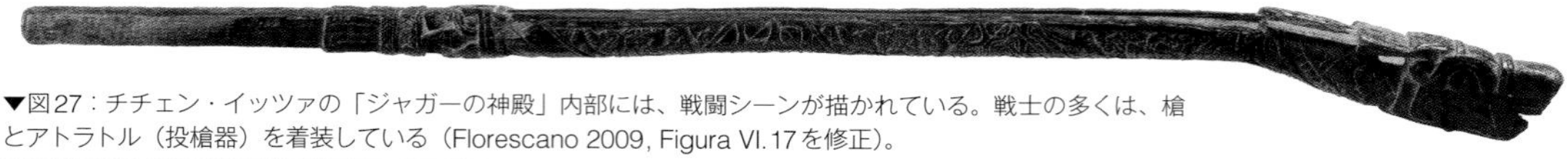

▼図27：チチェン・イッツァの「ジャガーの神殿」内部には、戦闘シーンが描かれている。戦士の多くは、槍とアトラトル（投槍器）を着装している（Florescano 2009, Figura VI.17を修正）。

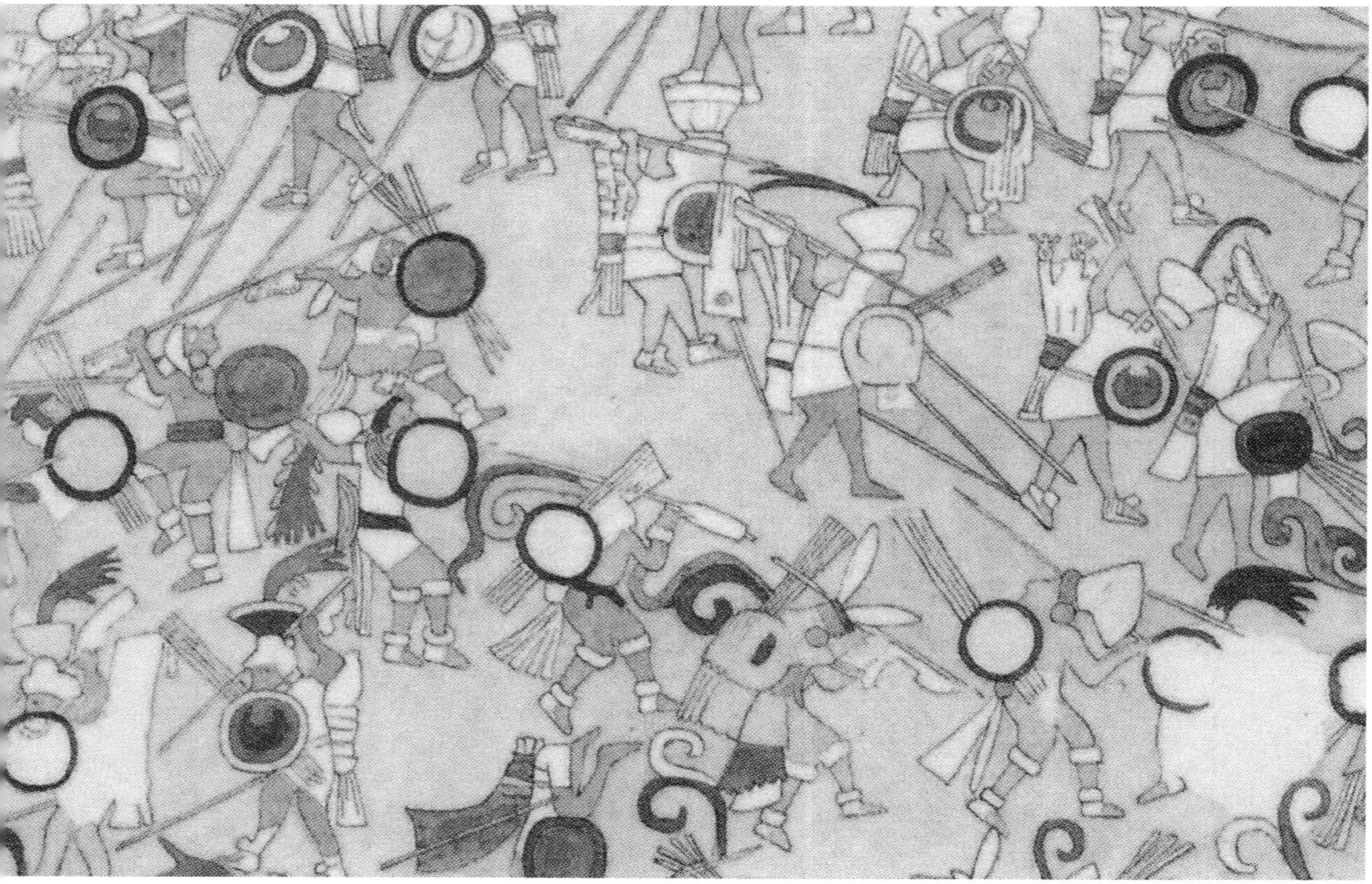

▶図28：ワシャクトゥンの「5号石碑」に刻まれたアトラトル(Stuart 2000, Fig. 15.7に加筆)。アトラトルを利用する際、飛び道具としての殺傷力を高めるためには、開けた空間を必要とした。チチェン・イッツァが位置する自然環境と比較すると、ティカルは密林の中に存在していたため、アトラトルの使用は効果的でなかったと思われる。このことから、権威を象徴するためのアイテムとして利用されていたと考えられる。この石彫の王が槍ではなく、右手にはこん棒を携帯していることからも、アトラトルの利用は実用的でなかったと推測できる。

▶図29：リオ・アスルから出土した古典期の彩色土器。図の右下(赤い丸)には、インゲン豆の入った袋が描かれ、袋の左側で小人が座りながらそれを見張っている。上段の左側に登場している人物が、王(右)にインゲン豆を献上している。

たと考えられる（図28）。

　このパレオ・インディアン期には、大型哺乳類だけでなく、中小型の動物の狩りも行っていたと指摘されている。一方で、人々は湖や湿地帯に生息する水産資源（魚、水鳥、水生植物）も利用し、生活をしていた。植物繊維でできたサンダル、毛布、かごなども出土しており、有用植物を既に利用していたことが理解できる。

　パレオ・インディアン期から古期への移行は、まず気候に変化が起こった時期として理解できる。氷河が後退し、寒冷期と温暖期を繰り返しながら、地球規模で温暖化へと向かった。多くの大型哺乳類が絶滅する一方で、最初のアメリカ人は生活様式を柔軟に変化させ、自然環境に対応していった。大型哺乳類の絶滅が人類の乱獲によるものなのか、環境

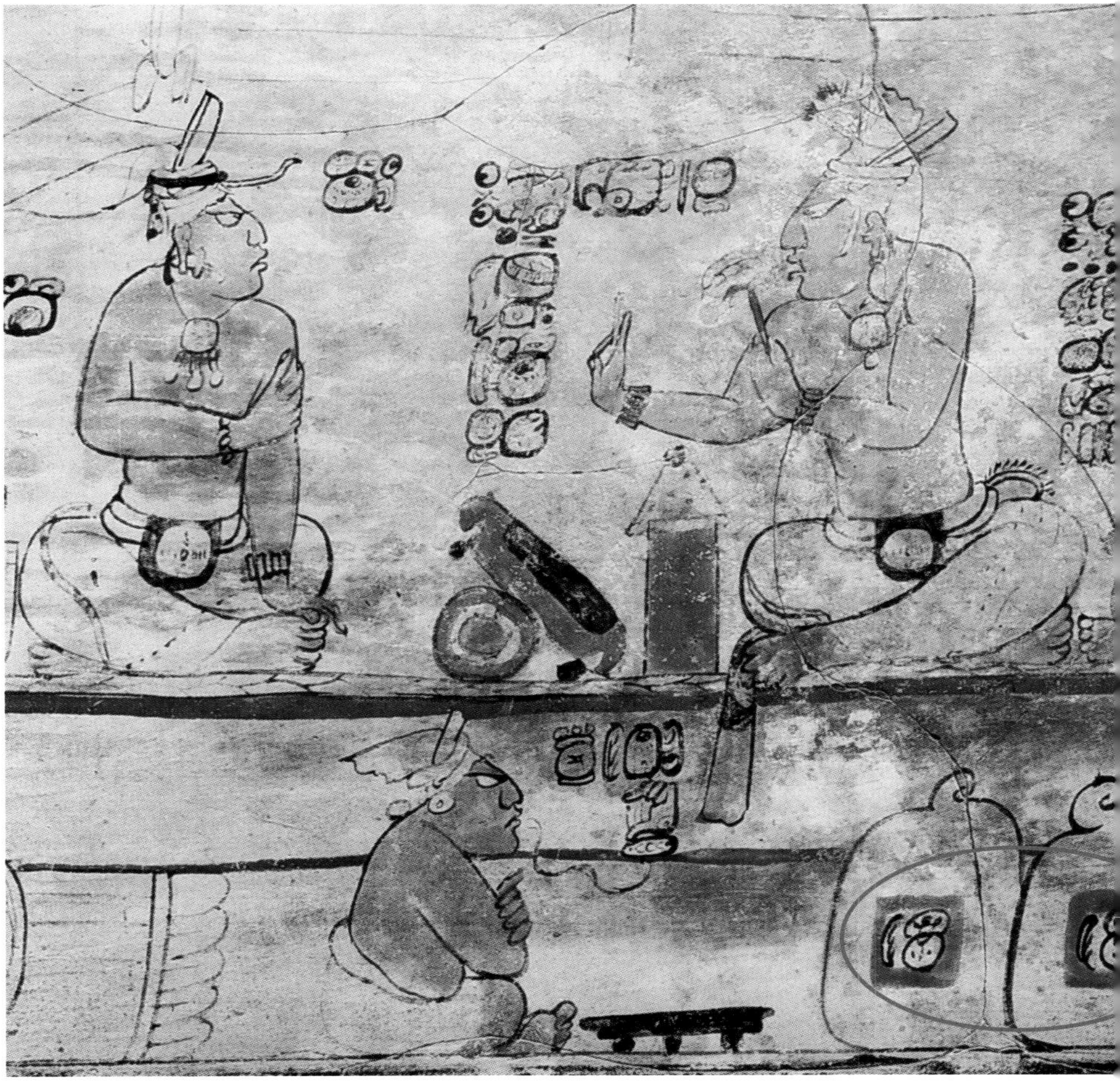

▲図30：絵文書に描かれた犬（『フロレンティン絵文書』より）。

◀図31：メキシコ北西部で出土した踊る2匹の犬の土偶（Museo de las Culturas de Occidente María Ahumada de Gómez展示）。この地域では、愛くるしい犬の土偶がよく発見されている。左の犬の顔や背中には刻線でしわが表現されているため老犬を表す。これに対して、もう一方の犬にはしわは描かれていない。古代メソアメリカ文明では、あらゆる物事に二面性を見出しそれを重要視していたことを考慮すると、老いと若さ、つまり死と生の連続性を暗示しているのかもしれない。

に順応できなかったからなのか、研究者の間で意見は一致していないが、その両方による可能性が高い。

パレオ・インディアン期同様に、古期でも人々の生活様式は未だに動物の狩猟に依存していた。しかし、多くの遺跡ですり石や石皿が出土していることをみると、天然植物も重要な食料源であったと考えられる。そして古期に生きた人々は、狩猟採集に依存した生活様式を、ゆるやかに定住化、そして有用植物の栽培化へと変化させていった。その中には、トウモロコシ、インゲン豆（図29）、カボチャ類、トウガラシ、アマランサスなどが含まれている。また、テキーラの原材料であるリュウゼツランからは、繊維をつくり出していた。一方で、古期に土器が製作されていたとの報告はない。石製やヒョウタン類などの植物製の容器が利用されていたと考えられる。

パレオ・インディアン期と古期を通した人類の生活で興味深いことは、犬を家畜としてすでに利用していたことである。古代メソアメリカ文明圏で、人と犬の密接な関係を表す最も古い資料は、イダルゴ州にあるテコロテ洞窟からのものである。ここから、二匹の犬の骨が六体の人骨とともに墓から出土しており、前一万一〇〇〇年から前九〇〇〇年の年代が与えられている。この報告から、人類は古代メソアメリカ文明の形成以前から、犬に他の動物とは異なった社会的役割を与えていたと解釈できるだろう（図30・31）。

マヤ地域におけるパレオ・インディアン期と古期に属する遺跡は多くなく、また情報も乏しいためよく理解されていない。しかしながら、チアパス州のチャントゥートでは貝塚が発見されており、前七〇〇〇年から前二五〇〇年くらいまで、断続的に半定住生活を送っていたと考えられている。ユカタン州のロルトゥン洞窟では、前八〇〇〇年頃のものと考えられる石器や動物骨（マンモスやバイソンなど）が出土している。さらに、カリブ海に面するトゥルム周辺では、前一万一六〇〇年から前八〇〇〇年頃の人骨と、絶滅した大型哺乳類の骨が出土している。一方、オアハカ州のトラコルーラ盆地にあるギラ・ナキツ洞窟やその周辺地域を調査したフラナリーの研究結果は、この時代の生活様式を知るうえで重要な資料を提供している。

古代メソアメリカ文明の起源は、次の章で見る「先古典期」にあると考えられているが、実は、古期に利用されていた品種栽培の試行錯誤による成功や狩猟・漁労技術の発展が人口の増加を可能とし、文明の形成に大きな貢献を果たしたのである。

第二章

古代都市の誕生——先古典期

1 先古典期前期（前二〇〇〇頃〜前一二〇〇／一〇〇〇年）

古代メソアメリカ文明は、社会の複雑性や文化の発達レベルに応じて、大きく三つの時代に分けられる。先古典期（形成期）、古典期、後古典期である。先古典期は、古代メソアメリカ文明のあけぼのの時代である。一般的にこの時代は三つの時期に細分化される。

先古典期前期は、古期で行われていた栽培化がより発達し、人々の生活様式が定住農耕へと向かった時期と理解できる。しかし、先古典期前期の初め頃には、メソアメリカ文明圏全域で同時に定住農耕化が行われたのではなく、メキシコ盆地やオアハカ盆地などいくつかの地域の水源近くに限定されていたようだ。後の時代に建設されるピラミッドなどの公共建造物の存在を示す報告は乏しいが、プエブラ州にあるアハルパン遺跡やメキシコ州にあるソアピルコ遺跡などで発見されている。しかし、この時期に属する村落では、質素な住居址（図1）が大部分を占めていた。

定住農耕化は、一見すると自給自足率を高めるため、他地域との交易関係を希薄にさせる印象を与える。しかし土器の出現とその様式の広がりから判断すると、人々の動きは活発であったといえる。定住化と交易の促進により、この時期の社会は平等なものから階層化へと移行し、少数の人間によって統治される段階へ変化していったと考えられる。

メソアメリカ地域における土器の起源に関して、ゲレロ州にあるプエルト・マルケスやプエブラ州のテワカン盆地から出土した土器に、それぞれ前二〇〇〇年頃の年代が与えられており、今のところ、これらが最も古い土器として理解されている。一般的な器形は、鉢、碗、すり鉢、無頸壺などであり、この多様性から土器は日常生活の中で重要な道具であったことがわかる。土器の出現はいくつか

◀図1：チチェン・イッツァ遺跡公園内に復元されている一般住居。この住居は、後古典期後期の遺構を基に復元されている。

▲図2：バラ土器様式の一例（Clark et al. 2000, Figura 5を転用・修正）。
◀図3：ロコナ土器様式の一例（Clark 1994, Figura 3.8を転用）。

の他の地域でも認められるが、一つの土器様式として分類できる地域的な広がりはまだ確認されていない。

一方、前一七〇〇年頃から、チアパス州の太平洋南部地域一帯で、バラと呼ばれる土器様式（図２）が地域的な広がりを見せた。この土器群の特徴は、赤色の釉薬が土器の内面または外面に施され、外面に縦または斜め方向に刻線が認められることである。その次の時期（前一四五〇～前一三五〇年）には、ロコナ土器様式（図３）がチアパス州を越え、ベラクルス州、タバスコ州、グアテマラにまで広がった。一方で、メキシコ中央高原から、南東部にかけて黄褐色地赤彩文土器が一つの土器様式を形成した（図４）。

これらの土器様式には、土器出現期には見られなかった、饗宴や宗教儀礼の一環で利用されたと考えられるものが含まれている。また、土器様式の広がりとともに、いくつかの遺跡内から公共建造物またはエリート階層の住居を示す遺構が出土し始める。この中でも、メソアメリカ初期における社会変動を理解するうえで重要なのが、バラ土器様式とロコナ

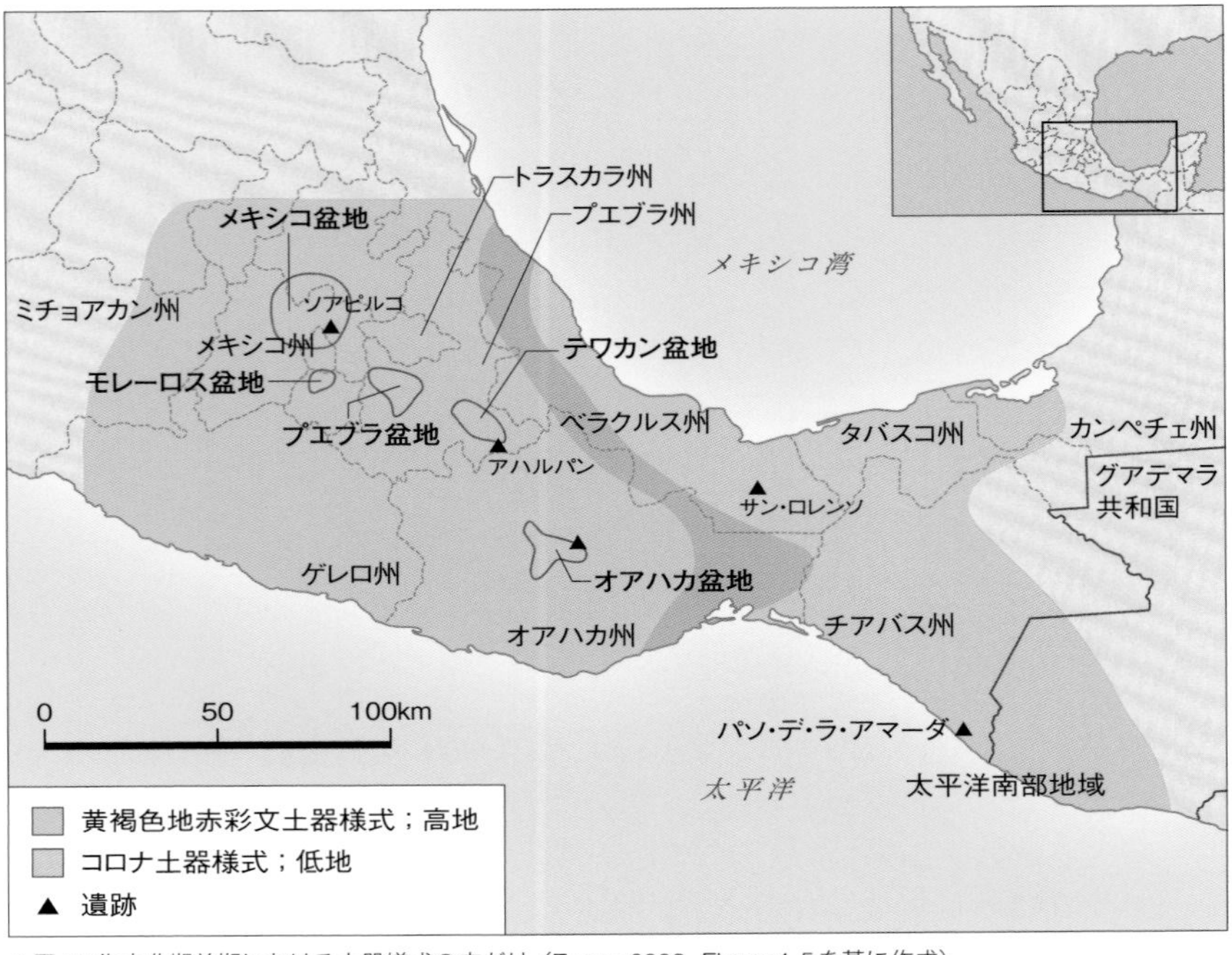

▲図4：先古典期前期における土器様式の広がり（Evans 2008, Figura4.5を基に作成）。

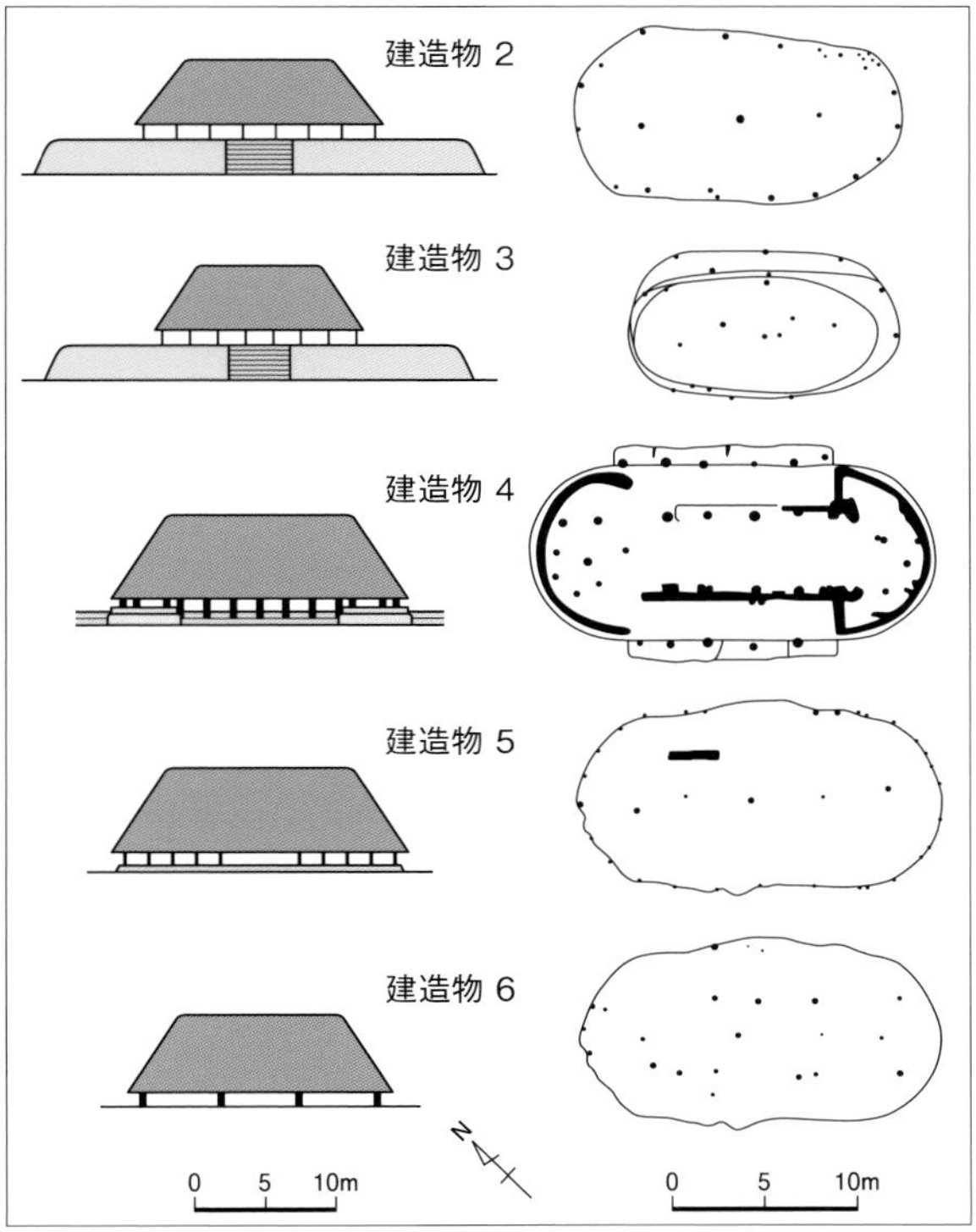

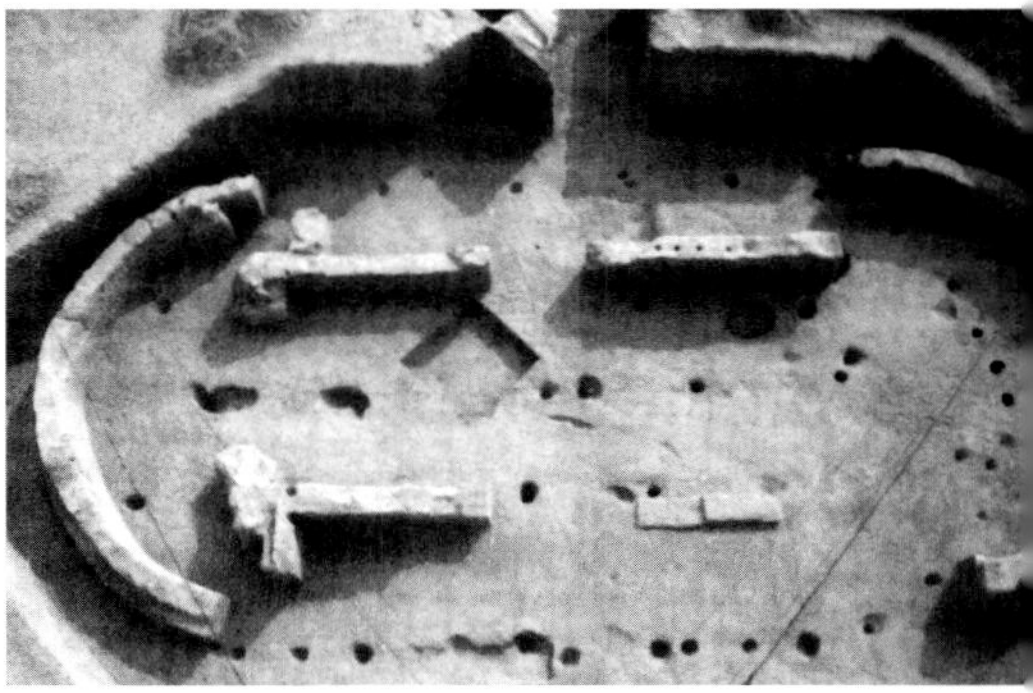

▲図5：パソ・デ・ラ・アマーダ遺跡で発見された建造物4（図6）（Clark 2001, Figure 4を転用・修正）。
◀図6：エリート階層の住居と考えられる建築物の変遷（Clark 2001, Figure 3を基に作成）。

土器様式の中心地であったと考えられるパソ・デ・ラ・アマーダ遺跡である。この遺跡からは、エリート階層の住居であったと考えられる遺構（図５・６）や球技場（七八×三〇ｍ）が発見されている。興味深いのは、エリート階層の住居は少なくとも合計七回、

▲図8：マヤ地域における前1000年頃の遺跡の分布（Clark et al. 2000, Figura 6を基に作成）。

▲図7：マヤ地域における前1400年頃の遺跡の分布（Clark et al. 2000, Figura 4を基に作成）。

そして球技場は二回の建て替えが行われていることである。社会の発展に伴って人口が増え、さらに富が蓄積される。その過程で社会をまとめる指導者が登場し、一般住居とは異なる建造物が建てられたと考えられる。球技場の登場は、球技という儀礼を通してアイデンティティーを形成し、異なる目的を持つ一人一人の成員を同じ方向へと導くために役立ったに違いない。

先古典期前期におけるマヤ地域の社会については、考古資料が乏しいためよく理解されていない。しかしながら、先古典期前期から中期にかけて遺跡の場所や数がどのように変化したのかを見ると、いくつかの社会変化を指摘できる（図7～9）。まず、前一四〇〇年頃は、マヤ太平洋沿岸部のパソ・デ・ラ・アマーダ遺跡を中心にした地域と、マヤ低地南部の南西域河川部に遺跡が多く分布している（図7）。一方で、マヤ高地ではほとんど遺跡は分布していない。前一〇〇〇年頃では、マヤ低地南部の南西部のみならず何カ所か遺跡の集中する場所が存在している。また、マヤ高地にも人々が進出していることが理解できる（図8）。先古典期中期に入ると、マヤ低地南部やマヤ高地に多くの遺跡が分布し、マヤ低地北部にも進入し始めている（図9）。

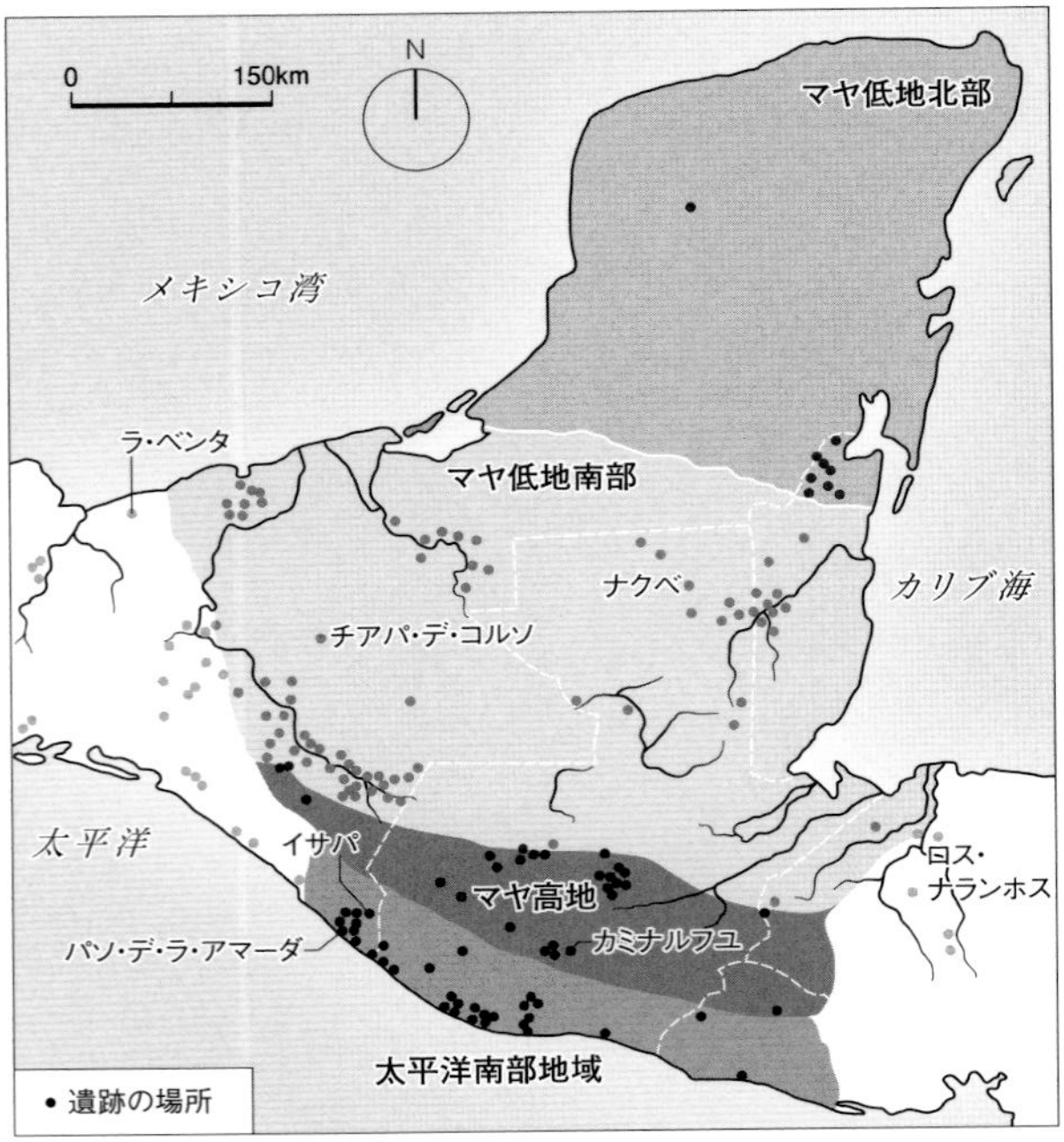

▲図9：マヤ地域における前750年頃の遺跡の分布（Clark et al. 2000, Figura 8を基に作成）。

パソ・デ・ラ・アマーダ遺跡を中心として定住農耕が開始された頃、人々は未だマヤ地域の密林や高地で農耕を行うだけの準備が整っていなかったのかもしれない。その後、農耕技術の改善や他の自然環境下でも生活を行うだけの社会組織が成熟した結果、未開地でも定住することができたのだろう。

2 先古典期中期
（前一二〇〇／一〇〇〇～前四〇〇年）

先古典期中期は、世界がどのように成り立っているのかについての観念体系が、物質的に表現され始めた時期であり、そして、古代メソアメリカ文明の中で、それらが徐々に共有されていく時期でもある。この時期に萌芽した観念体系の物質化は、古典期や後古典期の社会でも踏襲され、芸術様式としてより洗練されたものとなっていった。社会は、少数の為政者によって導かれ、彼らはシャーマンとして神々や動物と交信する力を持っていたと考えられた。この社会の階層化が進む先古典期中期では、ベラクルス州南東部とタバスコ州西部（核オルメカ地域、図10）に位置するオルメカ文明（前一二〇〇～前四〇〇年）が先導的な役割を果たした。そして、この文明の発展とともに、文化・芸術様式が各地域へ広く伝播していく。

かつては、オルメカ文明の文化的特徴（文字、暦、芸術表現など。図11～13）が、同時代だけでなく後の時代においても各地域の遺跡で認められたことから、「マザー・カルチャー（母文化）」と呼ばれていた。しかし現在は、「シスター・カルチャー（姉妹文化）」

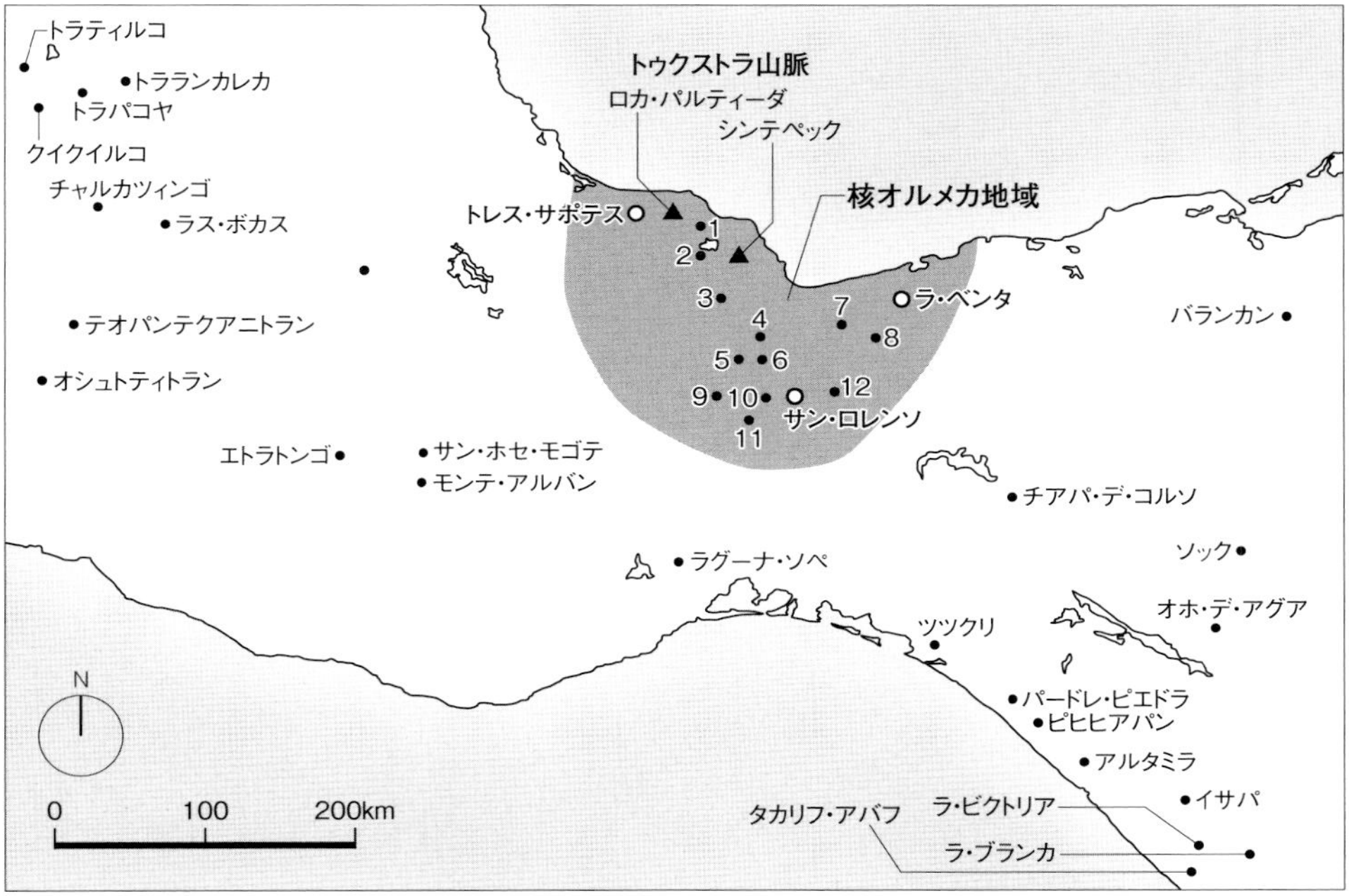

◀図10：核オルメカ地域と先古典期の主要遺跡　1：コバタ、2：サン・マルティン・パハパン、3：ラグーナ・デ・ロス・セロス、4：クルス・デル・ミラグロ、5：メディアス・アグアス、6：エステロ・ラボン、7：アロジョ・ソンソ、8：アロジョ・ペスケーロ、9：ラス・リマス、10：ロマ・デル・サポーテ、11：エル・マナティ、12：ポトレーロ・ヌエボ

▲図11（右）：「ベビー・フェイス」と呼ばれる土偶（Museo Nacional de Antropología展示）。核オルメカ地域では、土製品や石製品のモチーフとして、幼児のような顔と体形がよく利用された。オルメカの影響のある地域では、在地の要素が加わり表現されていた。

▲図12（中央）：半人半ジャガーの石彫（Museo Nacional de Antropología展示）。当時の核オルメカ地域ではジャガーが生息しており、人々に脅威を与えていたため、その危険性が神聖視されたのかもしれない。そして、人にはない力を取り込み、動物トーテムの一種として崇められたと考えられている。頭部はV字型のくぼみによって2つに分けられている。これは2つの山を表し、V字型の底から植物（トウモロコシ）が発芽するという生命の起源を象徴している。

▲図13（左）：エル・マナティ遺跡出土の木製彫像（Museo Nacional de Antropología展示）。オルメカの物質文化を表現する素材として、粘土や岩石とともに、木もよく利用されていた。このような木製彫像は数体のセットで、水と関連する埋納遺構から出土する。また子供の骨と共伴する事例もある。豊穣や雨乞いに関連するかもしれないし、雨季になるとしばしば洪水が発生することを考慮すると、この脅威から逃れるために神に捧げたのかもしれない。

と呼ばれるのが一般的である。その理由は、文明の形成をよりマクロな視点から捉えるべきであるとの考えによる。文明の萌芽は、その中心地域の社会発展のみによって引き起こされるのではなく、周辺地域との相互関係によって誕生する。同様に、文明の影響力も、決してその中心地から一方向的に周辺地域へと広がるのではない。よく見れば、文明の中心地域にも周辺地域の文化的影響力が認められるだろう。

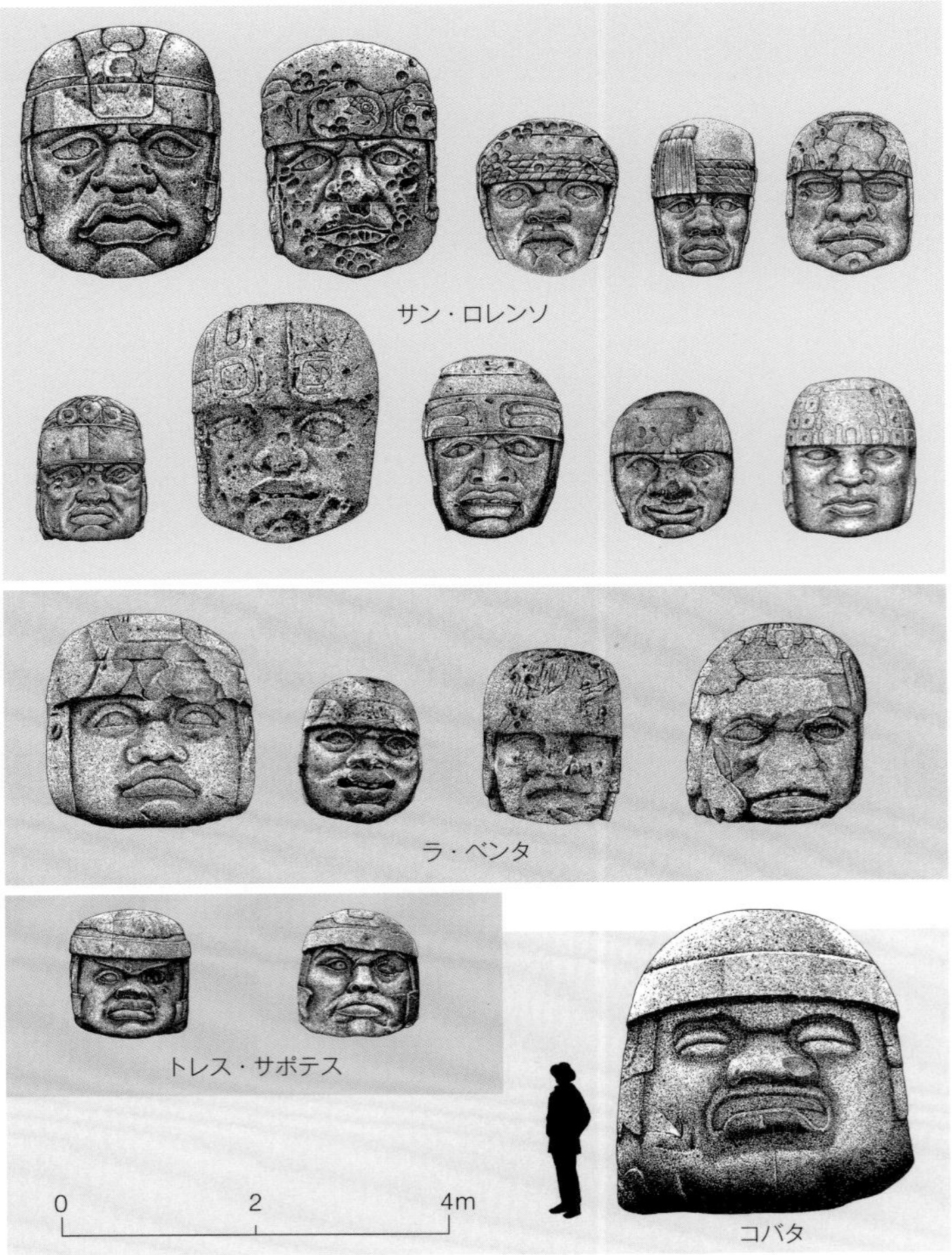

▶図14：為政者を表していると考えられるオルメカの巨石人頭像。石材はトゥクストラ山脈で採れる玄武岩で加工されており、コバタの巨石人頭像は50トン以上もの重さがある。サン・ロレンソまでの直線距離は約60㎞もあり、原産地から各遺跡までの運搬には、主に河川を利用したと考えられている。巨石人頭像だけでなく、オルメカ地域で発見されている他の石彫も、トゥクストラ山脈の石材が利用されている。重い石材を遠く離れた場所から調達した理由は、この山脈で巨大な岩石を採掘できたのみならず、オルメカ人たちがトゥクストラ山脈（図10参照）に神が住むと考えていたからである。神の宿る巨石を自分たちの住む場所に安置する意図があったのだろう。

とはいえ、メソアメリカの他地域で確認されるオルメカの文化的影響力の強さを見ると、物質文化の表面的な模倣だけではなく、その根底にある思想までも共有されていたと考えられる。したがって、オルメカ文明は単なる「シスター・カルチャー」ではなく、「オールデスト・シスター・カルチャー（長姉文化）」といってもいいのかもしれない。

ここでは、そのようなオルメカ文明を中心に先古典期中期の社会を見ていく。この時期の上限を前一二〇〇年または前一〇〇〇年としているのは、オルメカ文明の起源は前者、マヤ文明の萌芽は後者であるとの一般理解による。

この時期には、オルメカ文明の中心地であったサン・ロレンソやグアテマラのタカリク・アバフなどで、自然の地形を人為的に平坦にして大きな集落が築かれた。特に、サン・ロレンソでは、各モニュメント建造物が規則的に配置され、建築方位軸という要素が重要視されるようになった。サン・ロレンソの発展と同時に、この大集落を中心とする約二五キロ平方メートルの範囲に中小規模の村落が形成された。このような衛星村落の存在から、農耕や狩猟・漁労活動を組織化しまた外敵の侵入にも対応できる、大規模な政治・経済システムが誕生したと指摘されている。そして、最盛期には約一万人を養うことができたと推測されている。サン・ロレンソを中心とする社会の発展は、オルメカ文明の物質文化を代表する巨石人頭像の出現率の高さからも理解できる。現在、巨石人頭像は一七体（図14）発見されており、その内の一〇体がこの遺跡で確認されている。

しかしながら、前九〇〇年頃、サン・ロレンソは中心地としての影響力を失い、代わって、ここから約八五キロメートル北東に位置するラ・ベンタが繁栄した。サン・ロレンソの衰退に関して、かつては外部からの侵入を示唆する研究者もいたが、現在では火山活動や地震に要因を求める説が主流である。つまり、当時はまだ自然災害に対応できる政治・経済力が整っていなかったと推測されている。

ラ・ベンタで特記すべきことは、サン・ロレンソ遺跡で導入され始めた建築方位軸がより明確な形で確認できることである（図15・16）。その理由の一つとして、天体の動きを観察するために規則正しく配置されたと考えられる。ラ・ベンタは前四〇〇年頃衰退し、オルメカ文明の中心地はトレス・サポテスに遷っていく。しかし、それまでは遺跡の中心部で様々な建造物が建設され、また石彫も主要建造物の周辺に建立され、政治・経済そして宗教的影響力を高めていった（図17）。さらに、遺跡の近郊では、数多の住居址が認められることからも、ラ・ベンタを都市と呼ぶ研究者は多い。

古代メソアメリカ文明の建築における特徴の一つは、古い時期に建設された建造物の全体または一部を土台に、新しく増改築するこ

▲図15：北から見た「建造物群C（約128×128×30m）」（古手川博一氏提供）。南側に頂上へ上る階段またはスロープがあったと指摘する研究者もいれば、チチェン・イッツァの「エル・カスティージョ神殿（図18）」のように四方位に階段が存在していたと推測する研究者もいる。

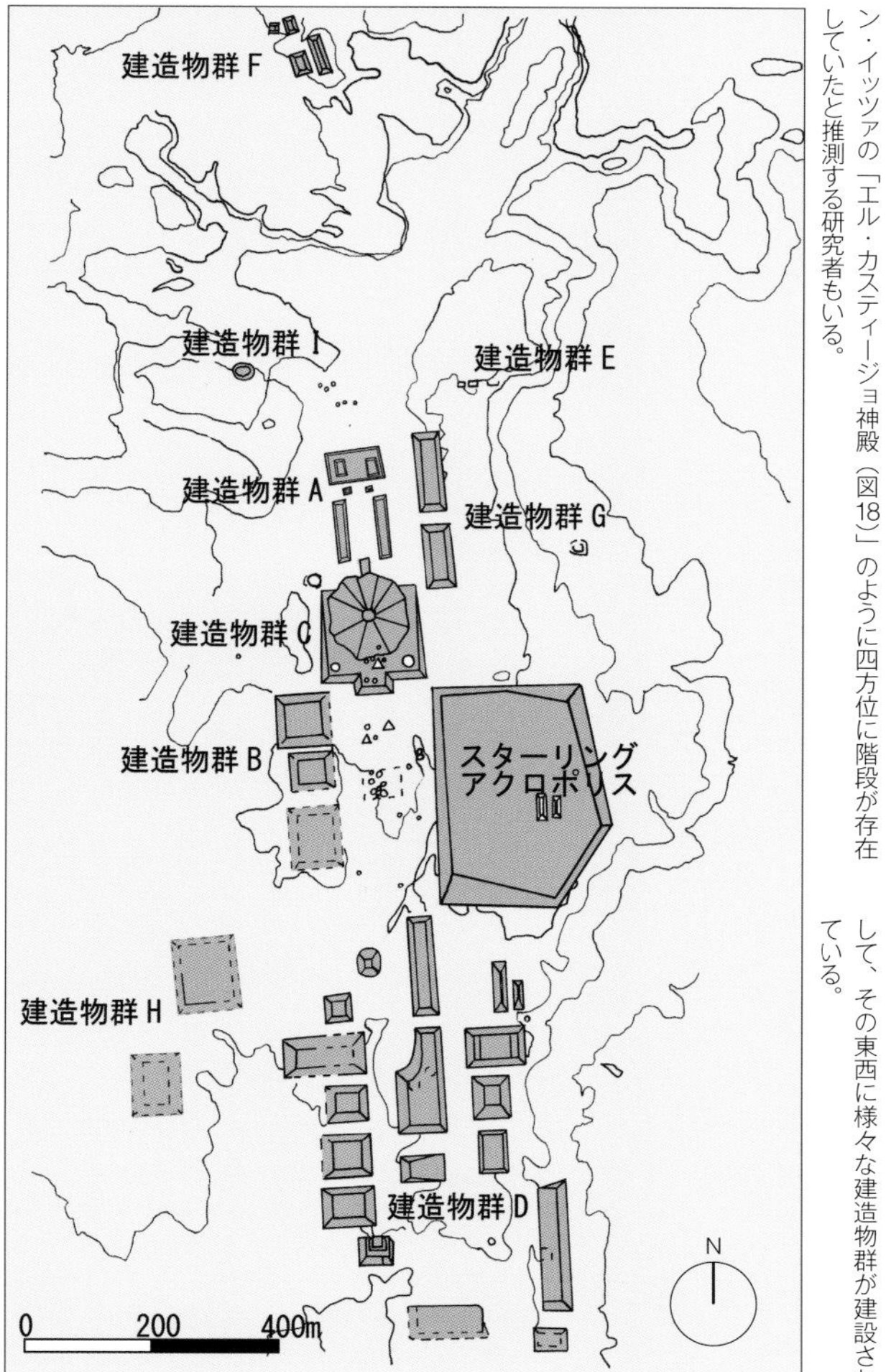

◀図16：ラ・ベンタ遺跡の中心部。「建造物群A」「建造物群C」「建造物群D」を南北中心軸として、その東西に様々な建造物群が建設されている。

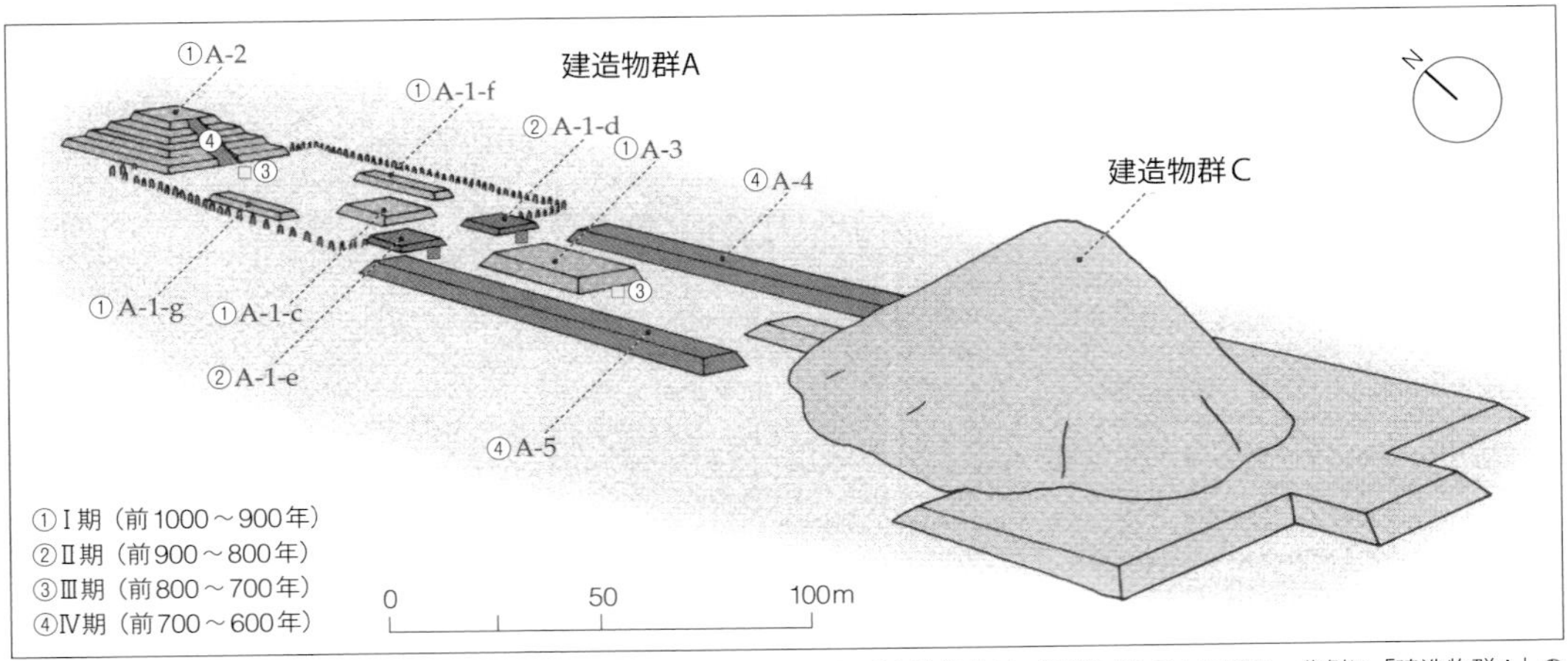

▲図17：「建造物群A」の建築プロセス（González 2007, 50頁を基に作成）。「建造物群C」が建造されると同時に、北側に「建造物群A」の建造が開始された。「建造物群C」の南基壇部の一部が焼かれており、採集された炭化物から前400年の年代が測定された。この年代頃までラ・ベンタは機能していたと考えられている。

▲図18：チチェン・イッツァの「エル・カスティージョ神殿」の模型。内部に小さなピラミッドが存在していたことがよくわかる（American Museum of Natural History展示）。

▲図19：「建造物群A-1-d」と「A-1-e」（図17）の真下に、多くの蛇紋岩を用いて築かれた埋納施設（4.8×4.4m、Parque-Museo de la Venta展示）。蛇紋岩は、核オルメカ地域では産出せず、ゲレロ州やオアハカ州に原産地がある。

◀図20：地中に安置されていたモザイク（Florescano 2009, Figura III.10.を転用・修正）。ジャガー信仰の強かったオルメカ文明では、このモザイクはジャガーをモチーフにしているといわれているが、地中深くに安置され、建造物「A-1-d」と「A-1-e」の建設後には、誰も見ることのできない状況にあったため、ジャガーではなく大地の聖獣を表しているのかもしれない。

とである（図18、第六章参照）。一方で、注目すべきことは、あるモニュメント建造物を造る際、その地面の下に埋納施設を設置することである。例えば、建造物「A-1-d」と「A-1-e」（図17）の地中には、約二メートルの深さに約五〇〇個の蛇紋岩が敷き詰められていた（図19）。さらにその下には、同じ素材を使った抽象的なモザイクが安置されていた（図20）。

　この事例から理解できるように、古代メソアメリカ文明の空間利用は、水平方向と上方向のみを対象としていたのではなく、その下方にも広がっていた。これは、古代人たちが地中にも神々が存在すると考え、彼らの先祖が地下または洞窟から誕生し、さらに死後もここから復活すると信じていたことに由来する（トピック①参照）。そして、この観念は、オルメカ文明の発展とともにメソアメリカの各地域へ広がっていったと考えられる。

　特に、モレロス州チャルカツィンゴ遺

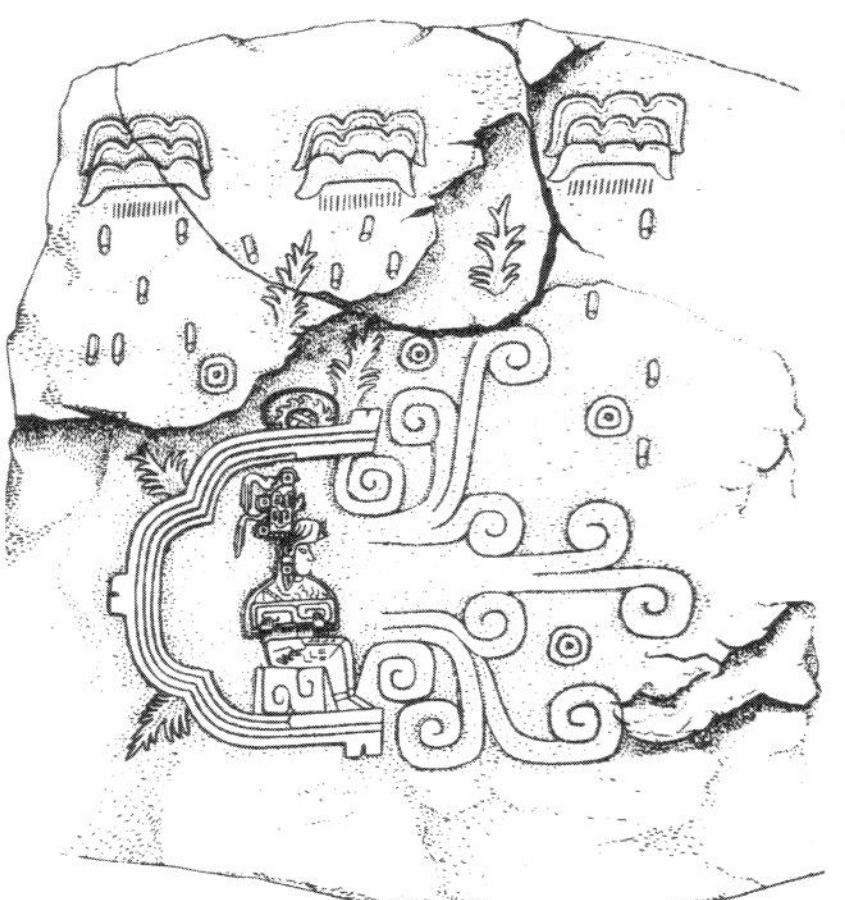

◀図21：王またはシャーマンと考えられる人物が、三方向を囲まれた内部（洞窟または地下界）で、空間の広がる右方向を見ながら台座に座っている（Evans 2008, 167頁, 6.11を転用・修正）。洞窟は大地の聖獣の化身であり、三方向の囲いは聖獣の口を表し、囲いの上には大きな目が一つ描かれている。この人物は、大地の聖獣から超自然の力を得て、上部に彫られている三つの雲から雨を降らせている（遺跡紹介❺図4と対比）。

◀▲図22：テオパンテクアニトラン遺跡の球技場を囲む東と西の壁の上には、2体ずつ計4体の石彫が安置されている。これらのモチーフは大地の聖獣を表している。両手にはトウモロコシまたは花を持ち、頭には4本の発芽を表した植物が刻まれていると解釈されている。古代人たちは球技を介して豊穣を願っていたのだろう。

▲図24：ゲレロ州オシュトティトラン洞窟の内部で描かれた壁画。人とジャガーが融合している場面（Evans 2008, 164頁, 6.8を転用・修正）。

▶図23：アステカの王モクテスマⅡ世（在位：後1502～1520年）が現在のオアハカ州にあるトラヒアコを征服した場面。この絵文書の右側には雲が描かれ、そこからI字型の球技場に雨が降り注いでいる。そして、これらの右にはトウモロコシと考えられる植物が成長している。球技が豊穣と関連する儀礼であったことが理解できるだろう（『テレリアーノ・レメンシス絵文書』より）。

▲図25：玉座だと指摘されているラ・ベンタの「祭壇4」（Parque-Museo La Venta展示、古手川博一氏提供）。祭壇の上部には大地の聖獣が描かれ、その口（くぼみ）から男性が登場している。男性は鳥類と考えられる頭飾りを乗せ、両手で祭壇の下部にある縄を握っている。古代メソアメリカ文明では、縄は先祖とのつながりを表すシンボルとしてよく描かれる。この台座に座る者は、超自然の力を得た男性の正当な後継者であることを示したかったのかもしれない。

▲図26：ラ・ベンタの「建造物群Ａ－２」（図17）に埋納されていたヒスイ製石偶（Museo Nacional de Antropología展示）。胸には赤鉄鉱で作られた円形の鏡が貼り付けられている。核オルメカ地域にはヒスイと赤鉄鉱の原産地は存在しないため、原材料の獲得は容易ではなかった。この石偶のモチーフとなった実際の人物も、赤鉄鉱の鏡を携帯していたと考えられ、特権階級に属していたと推測できる。

▶図27：ラ・ベンタの「建造物群Ａ－１－ｆ」（図17）に埋納されていた一六体の石偶と六本の石斧（Museo Nacional de Antropología展示）。エリート階層の人々が集まり、会議を行っている場面を表現していると考えられている。

◀図28：ラ・ベンタの「建造物群Ａ－５」（図17）近くで発見された石彫（Parque-Museo de La Venta展示）。スカートをはいているため、女性像と指摘する研究者もいるが、古代においてスカートは女性のみが着用するものではなかったため、疑問視する声も大きい。

跡から発見され、「エル・レイ（王）」と名付けられたレリーフ（浮き彫り模様、図21）は、古代人たちの世界観をしるうえで興味深い。このレリーフは、遺跡の裏手にひろがる岩山の壁面に直接彫られており、人間が異世界に住む神と融合することによって超自然の力を得る様子を伝えている。一方、ゲレロ州テオパンテクアニトラン遺跡からは、古代メソアメリカ文明の重要な文化要素である球技場が発見されている。球技が単なるスポーツではなく、神々と関連する儀礼の一環であったことが理解できる（図22・23）。一方で、古代人たちは神々からだけではなく、自然界に住む動物からも力を得ることができると信じていた（図24）。それは、動物にも神聖な力が宿っていると考えられていたことによる。現代の私たちは科学的事実に基づき世界を認識しているが、古代人たちは世界が神々の力によって存在し、安寧が保たれていると考えていたのだ。

　しかし、神々と交信できたのは、一部の限られた人間であったと考えられている。そのようなシャーマンとしての力を持った人物が、徐々に政治的・経済的な力を蓄え、各社会の支配者となっていった（図25〜28）。そして、次の先古典期後期には、より明確な形で「王」と呼ばれる存在が登場してくる。

　核オルメカ地域を中心とする先古典期中期に始まった複雑社会の萌芽、つまり都市化現

▲図30：ティカル遺跡の「北のアクロポリス」の風景。これらの建造物群は最盛期（古典期）に建てられたものである。しかし、内部には古い時代の建造物が数多く眠っている。

▲図29：ジビルチャルトゥン遺跡内にあるサクベ。

象や特権階級の出現や専門集団の登場は、ここまでに挙げた遺跡以外でも、メソアメリカ各地域で認められる。メキシコ中央高原ではトラティルコ、クイクイルコ、トラランカレカなどを、そして、オアハカ盆地ではサン・ホセ・モゴテを挙げることができる。

一方、マヤ地域においても、いくつかの遺跡で複雑社会へ向かう動きがあったことがわかっている。その代表的な例として、マヤ南部低地ではナクベ、ティカル、セイバル、そしてエル・ミラドールなどを挙げることができる。この地域では、柱穴や粘土で固めた床面などが出土しており、前一〇〇〇年頃すでに人々が定住を開始していた。花粉分析の結果からは、トウモロコシやウリ科植物を食料源としていたことも指摘されている。また、この地域で獲得できない黒曜石やソデボラ科の貝も出土していることから、長距離交易も行われていたことがわかっている。

特にナクベ遺跡での都市化は顕著だったようで、先古典期中期の半ばから終わり頃にかけ、公共建造物や球技場が建造された。さらに、後の時代に各古代都市をつなぐジャングルの幹線道路となる「サクベ（白い道）」（図29）も、この時期から建設が開始された。一方、古典期に絶頂期を迎えるティカル（遺跡紹介❸参照）においても、先古典期中期の終わり頃には、「北のアクロポリス」地区（図30）や「ムンド・ペルディード（失われた世界）」地区で建造物が並び始め、儀礼や天体の観察が行われていた。

この活動と密接な関係のある「Eグループ」の存在は、近年重要な建築複合として注目を集めている。「Eグループ」とは、地形を平坦に削り整地された公共広場を中心に、この広場の西にはピラミッド型建造物、そして東側には三つの建造物が並ぶ長方形の基壇部で構成される空間を指す（図31）。特に、セイバル遺跡における日本人調査隊（青山和夫氏

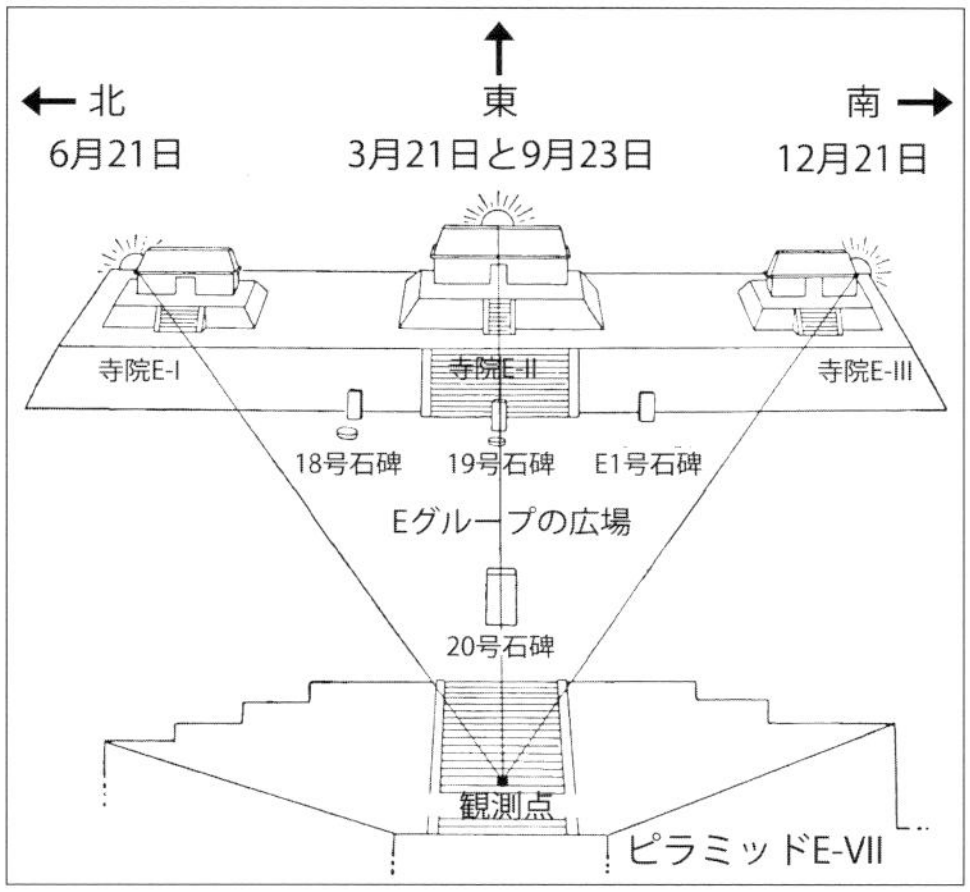

◀図31：ワシャクトゥンにある「Eグループ」と観測施設としての機能（Sharer 1994, Fig. 4.27を基に作成）。「ピラミッドE-Ⅶ」の階段の観測点から東にある建造物を望むと、夏至の日には「寺院E-Ⅰ」、春分秋分の日には「寺院E-Ⅱ」、冬至の日には「寺院E-Ⅲ」から日の出が望める。「Eグループ」という空間の建設には、天文学や建築学の専門的知識が必要であった。

▶図32：キンタナ・ロー州にあるタンカーチ・ハのセノーテ。

と猪俣健氏）の活躍により、集団がどのようにより大規模になり、複雑社会が形成されていったかの過程が理解されるようになった。

従来、他の家族集団よりも、政治的・経済的により優位な立場にあった集団が各地域で「Eグループ」を建造し、これを基に都市化へと進んだと考えられていた。しかし、これらの建造は、価値観やアイデンティティーの異なる複数の集団によって行われ、共同作業を通して集団が組織化され、そして社会的結束力が高まっていったのである。これと同時に、社会格差も誕生していき、集権化が促進していったと考えられるようになった。

一方、今まで先古典期中期のマヤ低地北部は、文化的に未開であったと解釈されていたが、「Eグループ」に関する研究が進んできたことにより、新たな解釈が提示されるようになった。この地域では、貴重な水源として利用された泉セノーテ（図32、トピック③参照）の近くで、コムチェンやジビルチャルトゥンそしてヤシュナーなどの大集落を形成し、公共建造物が建造されていった。特に、ヤシュナーでは先古典期中期の終わり頃、「Eグループ」が形成され、先古典期後期の始まりには、より大規模な建築物が建造されていった。これらのデータの提示により、現在までマヤ文明の古典期はマヤ低地南部を中心に繁栄し、この「崩壊」後、文化の中心はマヤ低地北部へと移ったと解釈されてきたが、これに修正が必要となっている（第三章4節・第四章1節参照）。

3 先古典期後期（前四〇〇〜後二五〇年）

一九七〇年代まで、多くの研究者はマヤ文明の最盛期は古典期にあったと考え、この時代に多くの調査と研究が集中していた。その結果、古典期マヤのデータは増加するが、この時代より前そして後の社会についての研究は停滞することになった。しかし近年、この状況に変化が起きている。これまでの議論は、古典期マヤに形成された都市国家はどのような特徴を持ち、マヤ文字の解読を中心にどのように各王朝が政略や戦争を行っていたのかの考察に向けられていた。これらの研究が一段落つくと、都市国家や王権の形成過程についての研究が進められることになった。現在

▲図33：サン・バルトロ遺跡にある「建造物I」の部屋の北壁に描かれていた壁画の復元図（Saturno et al. 2005, 58〜71頁を基に作成）。前100年頃に描かれたと考えられている。この壁画は2つの異なる場面によって構成されている。図34の「カボチャからの誕生」と、この右に続く「ウィッツ（花の山）」（図35）と「トウモロコシ神」（図36）の場面である。

では、この流れを解明するために、先古典期後期におけるマヤ社会の研究は、きわめて重要であると認識されている。

先古典期後期の社会では、世界がどのように創造され、どのように機能しており、この中で人間はどのような役割を持っていたのかについての思索がより深まった。この時代は、その解明に取り組み、観念体系を物質化した一部の集団に権力が集中していったといえる。

この世界観の確立と物質化、そして権力者の登場の相関関係をより明確に表す考古学データが存在する。グアテマラにあるサン・バルトロ遺跡から発見された壁画だ。この壁画は、古代マヤ人にとってどのようにこの世界が誕生し、そして、どのように世界が成り立っていたのかを理解するための貴重なデータである（図33～36）。

また、この時期になると、主に石彫のモチーフとして、王と考えられる人物が登場し始める。特にマヤ地域では、王を示す直接的な表現が増え、彼らが行った偉業についての記録も石彫に刻まれることになっていく。つまり、文字体系の発達である（図37）。

◀図34：「カボチャからの誕生」と呼ばれるこの壁画は、五名の幼児（①から⑤）と一名の人物（⑥）で構成される。これが大地の創造を表しているのかどうかは不明であるが、四名の幼児と⑤の幼児が飛び出しているカボチャの配置関係によって、大地のシンボルとして、四方位とその中心の重要性が強調されている。カボチャは、古代メソアメリカ文明の中で最も早く栽培化された植物の一つであり、モチーフとしてしばしば登場する。図像学では、命やその源泉を表すと考えられている。この五名の幼児または新生児には、へその緒がまだ付いているため、生まれたばかりであることを暗示している。⑥の人物は、左の脇に権威のシンボルとしての杓を持ち、肩には羽毛の飾りを身に着け、蛇の頭飾りを被っている。大地を創造したグクマッツ（羽毛の蛇）神を表現しているのかもしれない（Saturno et al. 2005, 67頁を基に作成）。

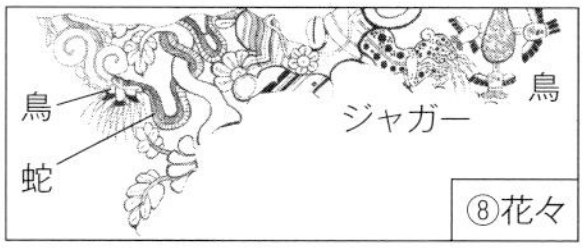

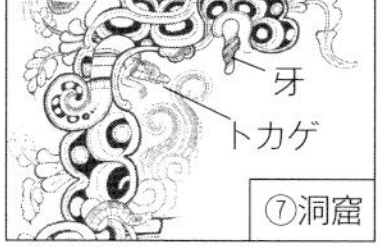

◀図35：「ウィッツ」（⑦と⑧）と呼ばれるこの壁画は、古代メソアメリカの世界観を理解する上で特に重要である。「ウィッツ」は、⑦の「洞窟」と⑧の「花々」の二つの要素から成り立つ。「洞窟」は、横向きのモンスター（大地の聖獣）が口を大きく開けたように描かれている。「洞窟」の上は、壁画の損傷によって大部分を失っているが、大樹の幹が伸び沢山の花々が描かれていたと考えられる。この「ウィッツ」や周辺には、蛇、ジャガー、トカゲ、そして鳥が登場する。洞窟の入り口はモンスターの口と考えられ、ここを通ることで地下界へ、そして、大樹を上ることで天上界へ通じることができた。チャルカツィンゴ遺跡で発見された石彫（図21）と比較してもらいたい。オルメカ文明からの影響を受けていると考えられている。⑨は「洞窟」からこの世に登場している羽毛の蛇の胴体である。この「ウィッツ」とは直接関連しないが、図の中には、三個のタマル（トウモロコシの蒸し団子）が載る器を持ち、羽毛の蛇の胴体にひざまずく女性⑩が登場している。これは図36の重要な構成要素の一つである（Saturno et al. 2005, 16頁と69頁を基に作成）。

◀図36：「トウモロコシ神」の壁画には、トウモロコシ神⑫と、図35の⑩を含め五名の女性（⑪⑬～⑮）、そして黒子の男性二名（図33の右）が登場する。これら八名は皆、羽毛の蛇の胴体⑨の上にいるが、トウモロコシ神と女性⑮そして黒子二名は立っており、「洞窟」の方へと向かっているのに対し、⑩⑪⑬⑭の女性はひざまずき、トウモロコシ神に礼拝または何かを乞う様子で描かれている。⑮の女性はトウモロコシ神の妻であり、黒子二名は従者であると推測されている。トウモロコシ神の両手はカボチャに触れられ、ここから茎が成長している。この場面は、トウモロコシ神がこの世に繁栄をもたらすため、羽毛の蛇によって異世界から来訪し、やがて元の場所に戻る様子を表現しているのかもしれない。そして、この様子は、「洞窟」から人類の生命のシンボルであるトウモロコシが誕生し、成長した後、やがて「洞窟＝死」へ向かう旅の比喩であるのかもしれない（Saturno et al. 2005, 70頁を基に作成）。

現在、石碑と文字がセットで登場する一番初めの例はラ・ベンタ遺跡にある「13号記念碑」である（図38）。王と文字を伴う石碑は、主に核オルメカ地域、マヤ地域、そしてオアハカ地域で認められる。

一方で、古典期前期にはテオティワカン国家、そして後古典期にはアステカ王国が興隆したメキシコ中央高原での文字の類例は乏しい。メソアメリカ地域は、一つの国家として統一されたことはなかったが、地域間の長距離交易は活発であった。この人や物の流れを考慮すると、メキシコ中央高原でも同様の類例が存在していたとしても不思議ではない。

では、なぜこの地域では王の存在とその偉業を称えるために刻まれた文字の類例が極端に少ないのであろうか。それは、地域ごとに国家建設へと至った歴史背景やその原動力が異なっていたからなのかもしれない（第三章

▲図37：ラ・モハラ遺跡にある「1号石碑」（Pool 2007, Figure 7-9を基に作成）。オルメカ文明が栄えた後のスタイルで描かれた神官と文字。かつて栄えた核オルメカ地域とその周辺で話されていたミヘ・ソケ祖語で書かれていると指摘されている。碑文の中に二つの数字の組み合わせが刻まれている。❶と❷は長期暦と呼ばれるもので西暦に換算することができる。❶は143年、❷は156年を指しているため、建立はこの時期であったと推測される。

▶図38：前四五〇年から前二〇〇年の間に建立されたラ・ベンタ遺跡の「13号記念碑」（Berrin, and Fields 2011, Lámina 147に加筆）。旗を左手に持つ人物が大股で歩く姿が描かれていて、「大使」とあだ名されている。ミヘ・ソケ祖語で書かれていると考えられる。ここには四つの文字が刻まれている。完全に解読されているとはいえないが、「1つの日に『鳥の大使』が到着した」と解釈されている。円形の①は「1つの日」、②も日付を表すと考えられるが「風」や「水」や「花」の意味を持つ文字と似ているため確定されていない。後の時代に開発された長期暦が刻まれていないため、西暦に換算することは不可能である。③は「鳥」を表しており、「大使」の名前である可能性が高い。④は足型で「旅をする」と訳すことができる。

2節参照）。
　この時期に観念体系がより洗練されたことがわかる他の重要な要素として、球技場が挙げられる。球技という活動自体は、既に先古典期前期には行われており、この時期に始まったものではない（図39）。球技というスポーツの観戦は、一般的に、勝敗の行方に一喜一憂し、好プレーに歓喜するなど、娯楽的要素が高い。他方、ひいきのチームを応援する者同士の連帯感を強める社会的な役割も併せ持つ。また、異なる集団と球技を行うことで紛争を回避する効果や、より強固な外交関係を築き地域社会の発展に貢献するといった効果もある。

▲図39：核オルメカ地域にあるエル・マナティ遺跡で発見された球技用のゴムボール（Ortiz, and Rodriguez 1994, Figura 5.26を転用・修正）。前一六〇〇年頃に作製されたと考えられている。しかし、先古典期の核オルメカ地域では球技場が発見されていない。この時代の建造物は土製であったため、風化や破壊によって発見できていないためなのかもしれない。一方、マヤ地域では石で建造されていた。ボールは存在するのに球技場が発見されない理由として、先古典期前期では球技を行うために、必ずしも球技場という整備されたコートは必要なかったのかもしれない。あるいは、この時期には、球技とボールというのはセット関係ではなく、ボールのみを神々に埋納するという行為自体が重要であったのかもしれない。

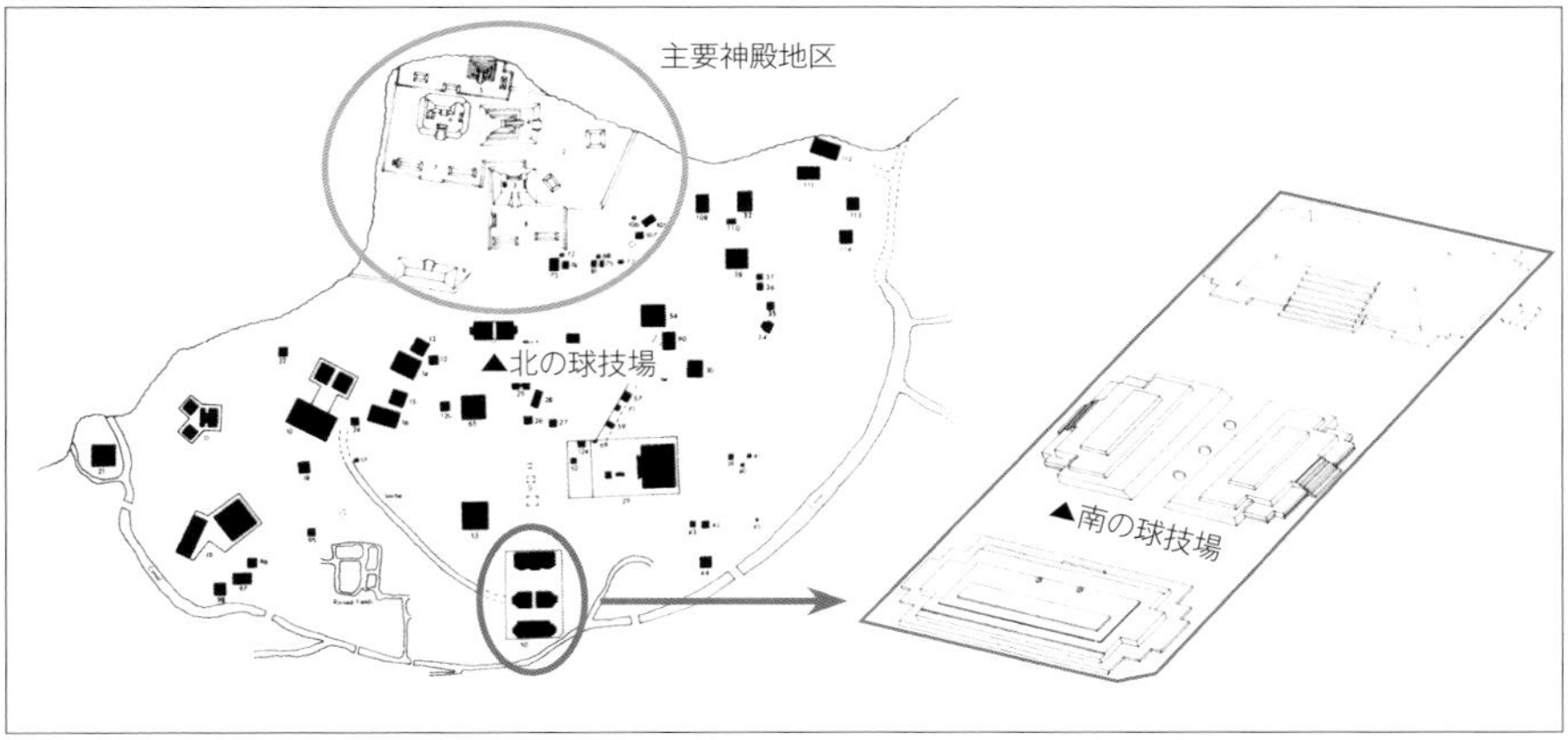

▲図40：ベリーズのセロス遺跡の地図と球技場（Schele, and Freidel 1990, FIG 3: 5を基に作成）。

　古代メソアメリカの球技にも同様の役割があった。しかしながら、世界観が徐々に確立されていくに従い、このスポーツは神々と人とをつなぎ、主にトウモロコシの豊穣を祈願するために行われ、儀礼活動の一環として必要不可欠なものになっていったと考えられる。もちろん、すべての球技活動は画一的にこの目的のために実施されたのではなく、従来からの要素も決して消えることはなかったと考えられる。

　この時期にメソアメリカ地域全土で球技場が劇的に増えていった。また、いくつかの主要な都市では、その中心部に球技場が建設される。この事例から見ても、権力と球技が前の時期よりもさらに密接な関係になっていたことが理解できる（図40）。

　先古典期後期には、オルメカ地域からマヤ地域やその他の地域に観念体系が伝播していったと考えられる考古学データが多い。しかしながら、文化の中心がたとえ核オルメカ地域にあったとしても、交流の流れは一方通行ではなく、双方向的なものである。サン・バルトロ遺跡の壁画の例からもわかるように、マヤ地域では芸術表現力が極めて高く、思想体系をより洗練させて、精巧に再現することが社会的に非常に重要であったと考えられる。

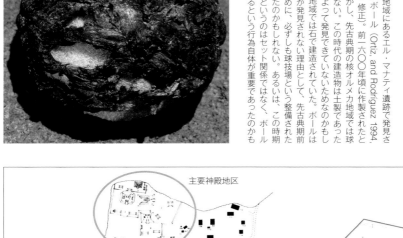

トピック①

神々と生きた古代マヤ人

　マヤ文明における神々の存在は、この地域に住む人々のアニミズム信仰と深くかかわっている。アニミズムとは、あらゆるもの（自然現象、動植物、無生物など）に霊魂が宿るとの考えである。そして、これらは人間に憑依することが可能であった。害を及ぼすこともあれば、逆に、自分の身体に積極的に取り込むことで超自然の力が得られるとも信じられていた。

　この信仰が基礎になり、人間の生活により重要であるモノ（食料や水）や人間の力では制御できない現象（生死や自然災害）は、精霊の意志によると解釈されていった。やがて、これらは神々として崇拝されるようになった。

▲図1：双子の神による父の復活を表す場面（Chinchilla 2011, 85頁より転用・修正）。父フン・フンアフプーが、大地として描かれているカメの甲羅から登場している場面。カメの両側には双子の神（右：フンアフプー、左：イシュバランケー）がおり、父の復活を助けている。復活を遂げた父フン・フンアフプーは、トウモロコシ神であるとも解釈されている。土器の中央にある小さな円形の孔は、儀礼用として利用された後に開けられた、「魂抜き」の痕跡であると考えられる。

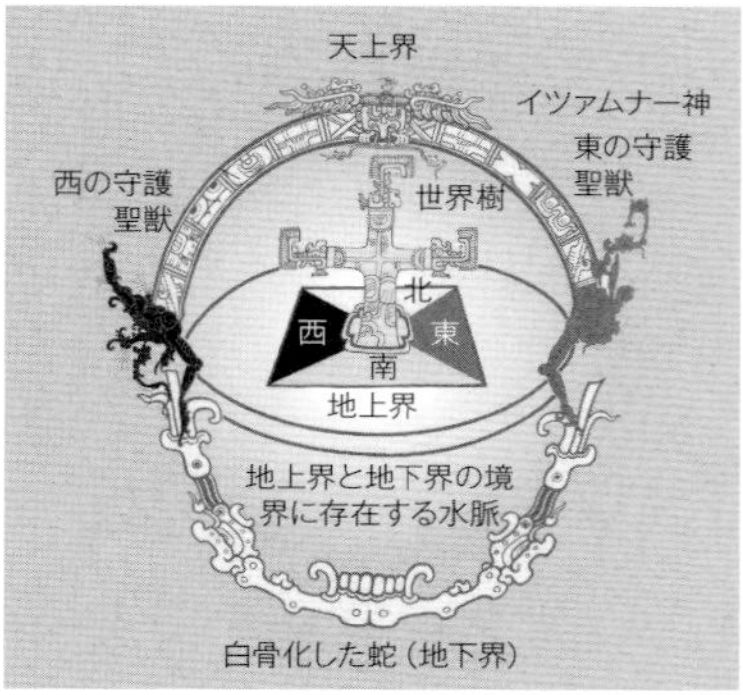

▲図2：古代マヤ人の世界観の模式図（Wagner 2012, Figure 450を基に作成）。

この精霊や霊魂が神々へと発展する知的体系化は、マヤ文明においてのみ特有であったのではなく、古代メソアメリカ地域で広く共有されたものである。

　自然現象や生死のメカニズムが科学的に解明されている現代の私たちから見ると、古代人のこのような世界観は奇妙に映る。しかし、彼らの世界観を学び、そこから彼らが遺したモノ（物質文化）を見なければ、古代マヤ文明について私たちは表面的にしか理解できない。

　まず、古代マヤ人は神々とともに生きていた。そして神々と交信でき、自身の身体に憑依させることも可能だと考えた。神々はお腹も減れば死にもし復活もする。そして自ら動いた。まるで、私たちと同じ人間のようだ（私たちには復活はできないが）。ここからわかることは、神々にも生活があり仕事（役割）があったということだ。

　多くある仕事の中で、人間との関係で最も重要なものの一つは、太陽と月の創造である。それは、一六世紀にキチェ人によって作成された『ポポル・ヴフ』に記されている。これは古代マヤ人の神話集であり、古代ヘブライ語で書かれた旧約聖書の『創世記』に相当するものである。

　この神話の中に、フンアフプーとイシュバランケーという双子の神が登場する。彼らは球技が好きで日頃からプレーを楽しんでいた。大地を駆けるその騒々しさに耐えかね、腹を立てたのがシバルバ（冥界／地下界）に住む死の神であるフン・カメーとヴクブ・カメーである。彼らは双子の神をシバルバに招待し、殺害する計画を立てる。シバルバに到着すると、いくつかの暗殺計画（試練）にも耐えたが、殺され、身体を粉々にされ、川に捨てられる。しかし復活する。再度シバルバに向かい、今度はフン・カメーとヴクブ・カメーを退治する。その後、この出来事の前に捕らわれ既に殺害された父フン・フンアフプーと叔父ヴクブ・フンアフプーの亡骸を探し出した。双子の神は彼らの霊を解放し、父は太陽に、叔父は月になったと記されている（図1）。

　この物語は、太陽と月の創造のみならず、古代マヤ文明の世界観についての貴重な事柄を伝えている。死んだ後、地下界（地中）での試練を克服すると、生命は地上界で再生されるという思想である。この思想は、トウモロコシを中心とする定住農耕社会の発展により、徐々に体系化されていったと考えられる。つまり、地中に播《ま》かれたトウモロコシの種が、大地の養分を吸収し、天からの太陽と雨の恵みを得て成長する摂理の比喩として理解可能である。この摂理の発見から、古代メソアメリカ文明の世界観の基盤である、世界は天上界と地上界と地下界から成り立つとの考えが誕生したと思われる。さらに、この三層は地上界に存在する世界樹によって連結すると考えられた（図2・3）。

そして、人々はこの連結の場として、ピラミッドを築き、ある特定の人間は異世界と交信できる能力を持つと考えるようになった。つまり、ピラミッドは世界樹を模した人工装置である。ピラミッドの頂上部で儀礼を行うことで天上界から恩恵を受けることが可能になった。一方、地下界に関しては、洞窟やセノーテなどの自然地形を利用して、あるいは、ピラミッドの内部に墓域を造り出すことで、地下界の神々や先祖との交信を可能にした。

先古典期後期以降のマヤ社会では、創世神話や異世界とのつながりがテーマとなって、物質文化に表現されていく（第二章二節図3〜図36参照）。そして古典期では、その中心モチーフはマヤの神聖王（超自然の力を宿す王）となった（図4、第三章1節参照）。

古典期マヤ以外のメソアメリカ各地では、マヤ社会とは異なり、支配者が物質文化の主要モチーフになる事例は乏しい（第三章2節参照）。これは、古典期マヤでは、特に神聖王が異世界と通ずる力を有しており、王を中心とした社会構造にあったことを示している。一方、この神聖性は古典期終末期から徐々に薄れていき、後古典期では、このような中央集権は分散していく（遺跡紹介❽の図6・7参照）。特定の人間から不特定による神々との交信への社会変化である。

古代マヤ文明の中では、常に神々が登場する。古代人は神々の恩恵を得ようと必死であった姿が垣間見られる。『ポポル・ヴフ』によると、人間は神々に奉仕するために創造された。各時代のマヤ人がどのように神々と接したのかを考察することで、彼らの新たな側面を発見できるだろう。

◀図3：世界樹であるセイバの樹（ティカル遺跡で撮影）。この木は高さが六〇から七〇mにも達し、他の種の樹一本よりもはるかに高く成長するため、天上界と地下界をつなぐ聖なる樹として崇められた。

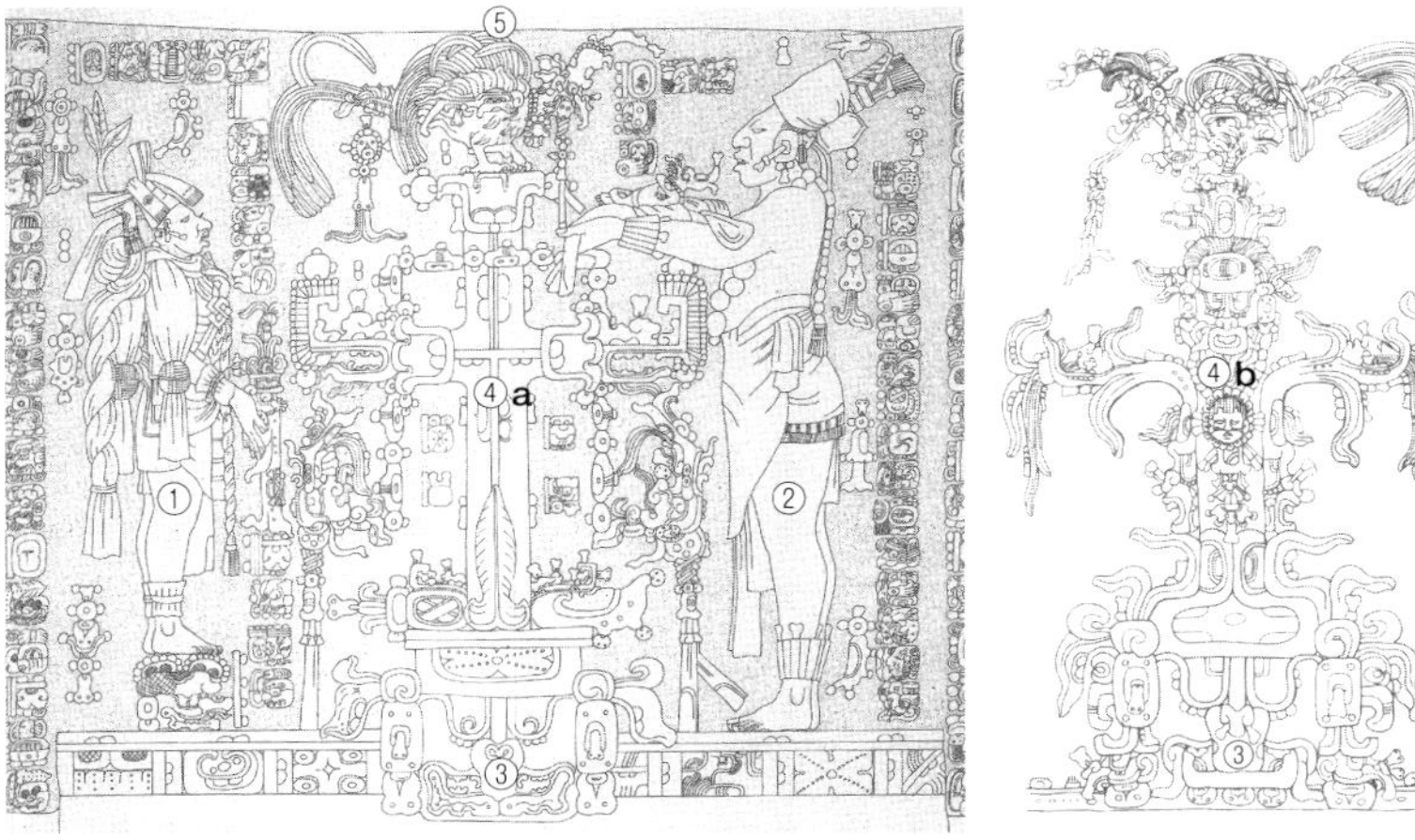

▶図4：パレンケ遺跡で発見された世界観を表すモチーフ（Schele, and Freidel 1990, FIG. 6:12を転用・修正。①：キニチ・カン・バラムⅡ世、②：パカル王、③：死（地下界）を表す人身御供のシンボル、④a：世界樹、④b：トウモロコシの葉が付いた世界樹、⑤：天上界のシンボルであるイツァムナー神）。この二枚のパネルは、パカル王から王位を継承したキニチ・カン・バラムⅡ世を祝っている。④bの世界樹が④aと異なることに注意。④bでは、世界樹の左右に広がる両方の枝から、人の頭部が出現している。これは、キニチ・カン・バラムⅡ世が放血儀礼を行ったことで、異世界から超自然の力を獲得することができ、トウモロコシの実（人の頭部）が成長したことを表す。さらに、トウモロコシの豊穣は王朝の繁栄も暗示している（図1・2）。

イサパ

イサパ（図1）は、次の二つのテーマを考察する上で非常に重要な遺跡である。一つ目は、古代メソアメリカ文明では、どのような方法を基に、ある特定の集団が権力を掌握していったのかである。この遺跡では、前三〇〇年から前五〇〇年の間に、二〇〇個以上の石彫や祭壇が作製されたことがわかっており（図2）、ここには神々や神獣や先祖、そして当時の為政者と考えられる人物がモチーフとして繰り返し登場する（図3）。これらの図像学的解釈を基に、どのように世界観が体系化され、同時にどのような方法で特定の集団が集権を掌握していったのかを解明できると期待されている。『ポポル・ヴフ』の内容が刻まれていると考えられており、伝承の内容は荒唐無稽な作り話ではなかったことが理解されている（図4）。

二つ目は、オルメカ文明とマヤ文明にはどのようなつながりがあったのかである。この遺跡では、先古典期中期の終わり頃に衰退したオルメカ文明と、古典期のマヤ文明の両者の特徴を備えたイサパ芸術様式が認められることから、前者から後者へどのように文化継承が行われたのかを理解する指標遺跡となっ

▲図1：イサパ遺跡「グループF」の風景（北東から撮影）。この遺跡は前1500年頃から定住が開始されたが、公共建造物の開始は前400年くらいからであったと推測されている。最盛期は、多くの石彫や祭壇が作製された先古典期後期であったと指摘されている。現在までのところ、「グループA」から「グループH」までの8つの建築複合が確認されている。

▼図2：「グループA」を構成する建造物と石碑と祭壇の配置関係（Guernsey 2006, Figure 1.4を基に作成）。石碑や祭壇は、主に建造物の正面に置かれることが一般的である。為政者の権威の象徴として利用されたと考えられる。

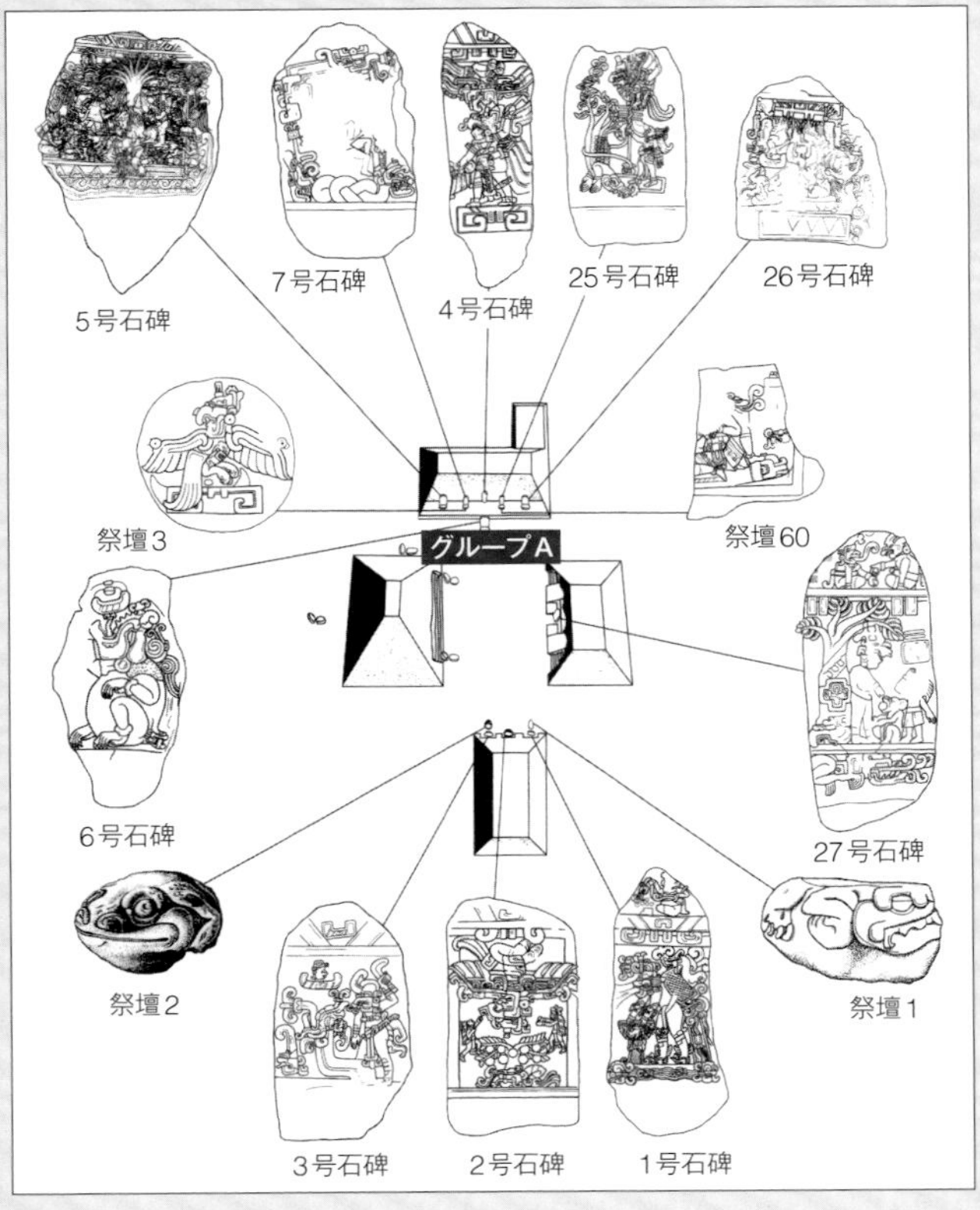

ている。イサパ芸術様式の特徴として、オルメカ文明において主要モチーフであった人と動物（ジャガー、蛇、鳥など）の融合が踏襲されていることや碑文や暦の表記がないこと、マヤ文明のように装飾が華麗であることや神話上の出来事がモチーフとして採用されていることなどが挙げられる。

しかしながら、マヤ地域の先古典期中期や後期においても神話上の出来事が重要なモチーフとなり表現されていることから（遺跡紹介❹の図3、第二章3節参照）、むしろイサパは、マヤ文明の先行社会ではなく、オルメカ地域とマヤ地域の両方から文化の影響を受け、それを融合させることで社会を発展させたと解釈する方が妥当であると筆者は考える。

▶図3：「祭壇20」（右）と「グループB」に属する「4号石碑」（左）（Guernsey 2006, Figure 6.23とFigure3.11を基に作成）。「祭壇20」は、為政者が聖なる鳥を召喚し、これと融合するためにトランス状態に入ろうとしている場面。「4号石碑」は、地上界で聖なる鳥と融合しトランス状態に入った為政者が、儀礼を行っている場面。為政者の顔は鳥のヘルメットで、両腕と背中は羽毛で覆われている。上方には、為政者の先祖と思われる人物が描かれている。為政者に超自然の力を授ける目的で召喚されている。

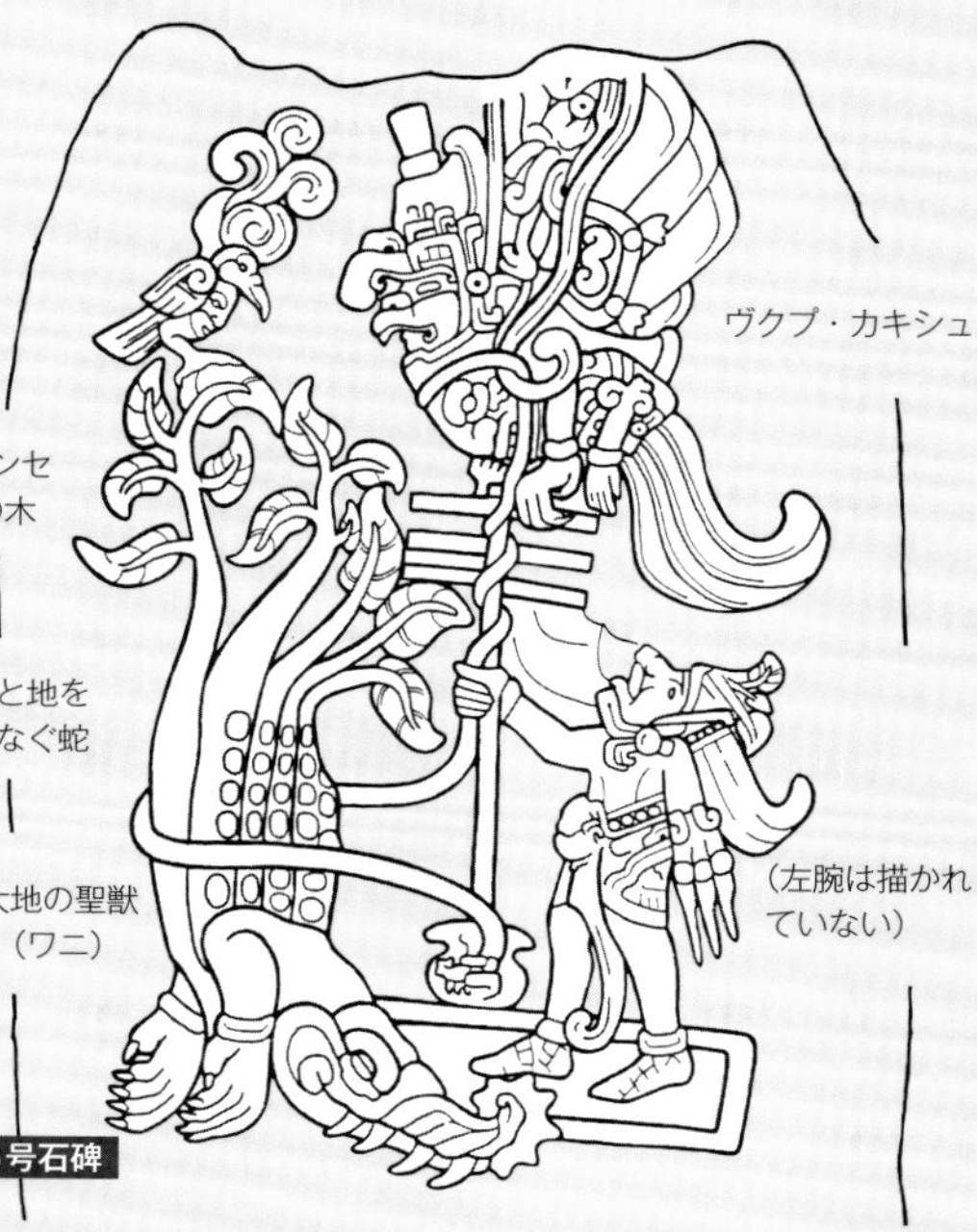

▶図4：「25号石碑」（Guernsey 2006, Figure3.17を基に作成）。『ポポル・ヴフ』では、双子の英雄神フンアフプーとイシュバランケーは、オウムに似た怪鳥（ヴクブ・カキシュ）が傲慢であったため、退治しようとしたことが記されている。この際、フンアフプーはヴクブ・カキシュに腕をもぎ取られたといわれている。

第三章 王たちの台頭——古典期

1 古典期（後二五〇〜九五〇年）のマヤ低地南部の情勢

古典期のマヤ文明は、主にマヤ低地で都市国家が乱立し、覇権を競った動乱の時代といえる。各国家は、基本的に世襲君主制であり、王位継承権は基本的に男系にあったが、継承者がいない場合、女性に王権が与えられることもあった。王の威信は、政治的・経済的に優れた国家運営能力の高さによってのみ保証されるのではなく、血統や宗教的カリスマ性といった要因も重視されていた。これは、古典期マヤの王が単に世俗的な支配者ではなく、常人にない超自然の能力を秘めた存在として理解されていたことを表す。このような人物のことをマヤ地域では慣例として神聖王と呼んでいる。

神聖王に権力が集中したのは、先古典期後期の社会と同様に、当時の人々がこの世界の成り立ちについて、現代の私たちとは異なった方法で理解していたことと関連する。人々は、世界は天上界・地上界・地下界で構成されると考えた。地上界から天上界と地下界の神々や祖先と交信し、彼らから超自然の力を得ることができるのは、神聖王のみであったと理解していた。そして、より強力な力を得るには純血性が必要であったが、後天的に獲得可能な宗教的カリスマ性も非常に重要であった。具体的には、王自らが行う放血儀礼（図1）、戦争によって獲得される捕虜（図2、第一章図11参照）を用いた人身御供の儀礼、これを民衆の前で行うパフォーマンスなどが挙げられる。当時の人々は、神聖王のこのような超自然の力の確保によって、世界の秩序が保たれ、より社会が発展すると信じたのである。

マヤ文字研究の成果から、マヤ低地の政治情勢について非常に興味深いことがわかってきた。古典期前期には、ティカル、カラクムル、パレンケなどで神聖王による国家が樹立していった。その後、数々の王朝が乱立しては発展と滅亡を繰り返した。この背景には、各王朝がさらなる権威を求めた覇権争いがある。各王朝には、当然のことながら、政治・経済力の差や神聖王としての名声の違いが存在した。これにより、脆弱な王朝は生き残りをかけ、より権勢を振るう王朝に庇護を求め従属する。しかし、寝返ることもしばしば起こる。一方、強力な王朝はこれら格下の王朝を従えることで、ライバル関係にある王朝と対抗しようとする。さらに戦略上の要所には、新王朝の都市国家の設立を援助し、少しでも優位に立とうと画策していたこともわかってきた。

古典期前期（二五〇〜六〇〇年）から古典期後期（六〇〇〜八〇〇年）にかけ、このような合従連衡が繰り返され、ティカル王朝を中心とするティカル連合と、カーン（カラクムル）王朝を筆頭とするカーン連合の二大勢力が覇を競うことになった（遺跡紹介❸と❹参照）。日本の戦国時代とよく似ている社会情勢といっていいかもしれない。大小さまざ

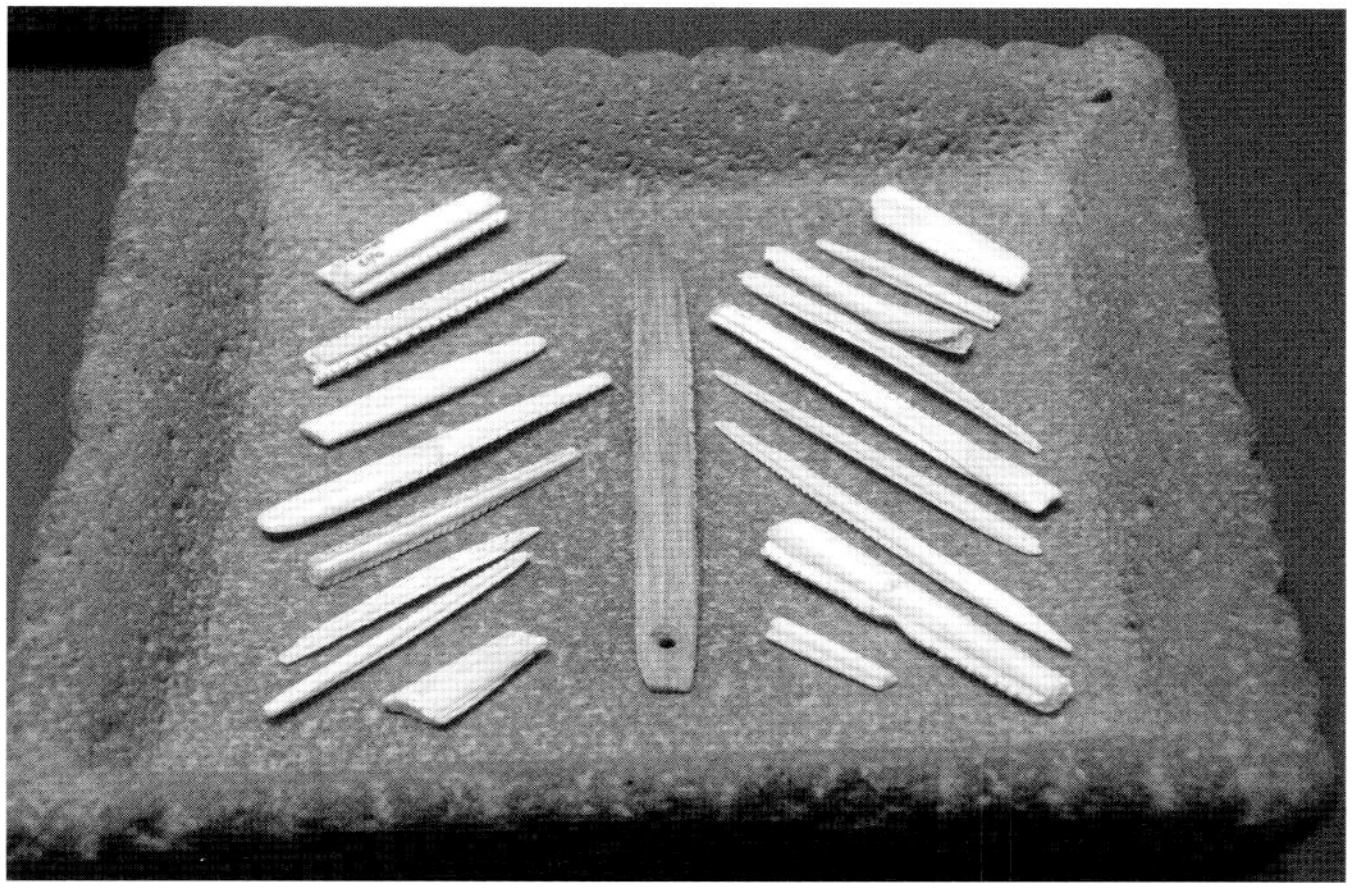

▶図1：放血儀礼用に利用されたエイのトゲ（Museo Nacional de Antropología展示）。

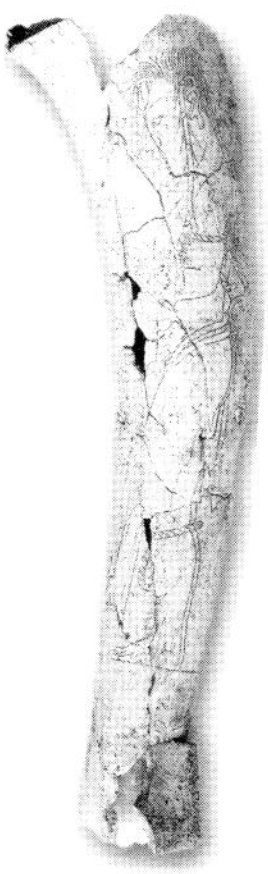

◀図2：ティカルで発見された捕虜の骨製品（Martínez 2011, Figura 30を転用・修正）。

まな戦国大名が盛衰を繰り返し、豊臣方と徳川方に勢力図が収斂していく状況である。最終的には徳川家が幕府を開くが、マヤ低地では終局が大きく異なる。

六五〇年代に始まる一連の戦争の結果、六七九年にカーン王朝はティカル王朝を打ち負かした。しかし、ティカル王朝を滅亡させるには至らず、逆に六九五年の戦争でカーン王朝は敗北し、衰退していく。一方、ティカル王朝もこの戦争により復興し発展するが、マヤ低地を統一するには至らず、八〇〇年頃から衰退し始めた。

では、ティカル王朝ではない別の王朝が勢力を誇ったのだろうか。結局のところ、どの王朝も勝者にはならなかった。八〇〇年から九五〇年頃にかけ、マヤ低地全体で人口が減ったことが研究者の間では共通認識となっている。つまり、四〇〇年頃から始まった王朝間の争いは、四〇〇年以上も続いたことになる。民衆の願いを顧みた王はいたのだろうか。鼓腹撃壌《こふくげきじょう》を詠んだ碑文は発見されていない。

2 メソアメリカにおけるマヤ社会の特徴 ——王と文字とピラミッド

古典期のマヤ低地の特徴は、王朝間の覇権争いにあり、これらを中心に社会が動いていたと多くのマヤ研究者は考えている。王は自分の権威を高める努力を怠らなかった。権威は、他者からのイメージによって上下する。より効果的に権威を高めるには、宣伝が必要だ。その宣伝の媒体として利用されたのが、マヤ文字である。これは、石碑（図3）や土器（図4）、そしてピラミッドに図像と共に遺されている。石碑はピラミッドの正面に置かれることが一般的だった。形状は四角柱であるが、大きさは様々である。石碑の正面には王やその親族の図像が描かれ、その周辺部と他の三側面には、主に王の事跡が刻まれている。

この他、ピラミッドの建造や増改築も大きく権威を高める役割を果たした。古代メソアメリカ文明のピラミッド型建造物自体の機能はいくつかあり、決して支配者の亡骸を安置する目的のみで利用されたわけではなく、複合的であったといえる。支配者を安置するため、天体観測を行うこと、支配者が儀礼を行い、その行為を民衆に見せることが主な機能であった。一方、地域や時代によって、支配者や王の遺体が安置されないものも存在している。

古典期のマヤ低地におけるピラミッドの用途も多様であるが、遺跡の中心部に歴代の王を安置するピラミッドが建てられたことは共通している。密林の中に高く大きく存在するピラミッドは、周辺地域の都市国家から見ると、威圧感を与えるものであっただろう。一

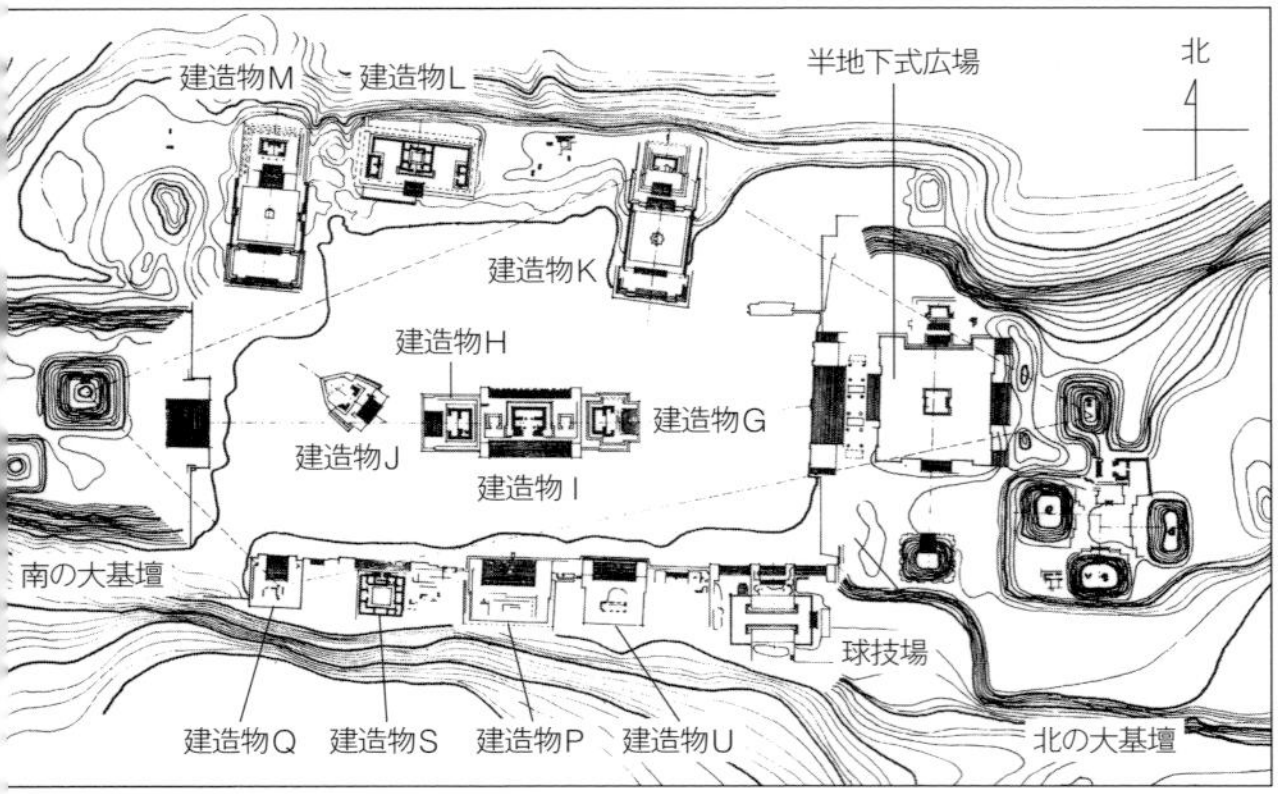

▲図5：モンテ・アルバン遺跡の中心部に見られる建造物群（Marquina 1951, Lám. 86を修正加筆）。

方、このような摩天楼を持つことで民衆には安心感を与え、時の王への畏敬の念を抱かせたに違いない。

一方、同時代のマヤ低地以外のメソアメリカ地域と比較すると、文字という記録方法の使われ方やピラミッドの機能に差があることが理解できる。オアハカ盆地では、モンテ・アルバン（前五〇〇頃～後八〇〇年頃、図5）が王国を築き、メキシコ中央高原では、テオティワカン（前一五〇～後五五〇／六〇〇、第三章3節参照）が強大な国家を樹立し、この衰退後、カカシュトラ（図6）やソチカルコ（図7）などが繁栄した。ここでは、どのように文字とピラミッドがこれらの地域で利用されていたのかをキーワードにして、古代メソアメリカ文明というより大きな枠組みの中から、マヤ低地社会における支配者の特徴を見てみたい。

モンテ・アルバン

モンテ・アルバンは、前五〇〇年頃に建設が始まり、後八〇〇年頃に衰退していった。先古典期後期には、オアハカ盆地やその周辺を支配するまでに発展していたとされているこの王国は、軍事力を基に、オアハカ盆地やその周辺地域を征服または植民地化していったと考えられている。その根拠となっている資料は、モンテ・アルバン遺跡から出土した「ダンサンテ（踊る人）」と呼ばれる石板である（図8）。石板はモンテ・アルバンの各所から出土しており、総数は四〇〇近くあったと考えられている。これらの石板には、男性

▲図3：830年に作製されたマチャキラ遺跡の「7号石碑」（Museo National de Arqueología y Etnología展示）。
▼図4：ドス・ピラス遺跡で出土した古典期後期の器（Museo National de Arqueología y Etnología展示）。

◀図6：カカシュトラ遺跡で発見された壁画（続古典期（第四章2節、79頁参照）、南西から撮影）。マヤ芸術様式の影響を受けたと考えられている。植物の茎と枝の間から人の頭部が現れている。これは、トウモロコシやカカオの実の擬人化された表現であり、メソアメリカ地域においてこれらの植物が非常に重要であったことを物語っている。

▲図8：モンテ・アルバンの「ダンサンテ」の一例。

▲図7：ソチカルコ遺跡の「羽毛の蛇神殿」（続古典期）。ケツァルコアトルと共に現れる人物はマヤ芸術様式で描かれている。

が描かれており、多くの研究者は人身御供にされた捕虜であると解釈している。その理由は、古代メソアメリカ文明では人身御供を示す際、繰り返し利用される要素があり、これらの要素が「ダンサンテ」にも多く認められるからだ。裸であることと去勢されているかのような性器は恥辱を意味し、目を閉じ口が開いていることは死を表現する。そして踊っているかのようなポーズ（これが石板の名前の由来になっている）は苦痛を指し示していると解釈されている。モンテ・アルバンの中心部から出土していることは、戦勝を誇示する目的を持っていたと推測され、これらのデータから各周辺地域を征服していったと考えられるようになった。さらに、この「ダンサンテ」のみならず、「建造物J」から発見された石板も、この仮説を補強する資料として利用されている（図9）。

しかし近年、ハビエル・ウルシー氏（ブランダイス大学）によって、この解釈に対して興味深い異論が提示された。結論からいうと、「ダンサンテ」も「建造物J」の石板も征服を物語るものではなく、むしろ、モンテ・アルバンの社会的結束力を高めるために利用されたものであるという可能性である。筆者は、この利用のされ方や王墓がどこに安置されたのかを考察することで、マヤ低地地域とオアハカ地域の王または支配者の社会的位置付けが異なっていたことを理解する手掛かりになるのではないかと考えている。

ウルシー氏は、「ダンサンテ」は元々遺跡の中心部にある「建造物L（南北六〇m×東西三〇m×高さ九m推定）」の内部建造物の壁面に飾られていたとしている。その後、新たに建設された建造物の資材として再利用されたことにより散逸し、各所で出土することになった。従って、「ダンサンテ」の石板群は図10のように一カ所にまとめられ存在していたものであり、石板は個々では本来の意味をなさず、集合体として解釈する必要があると主張する。同様に重要なのは、図10の左側に刻まれたサポテカ文字である。ここには、二名または三名の王を示す文字があるため、戴冠式を表していると解釈する。「ダンサンテ」は王に仕えた戦士であり、性器が強調されるのは、自ら性器を傷つけ血を流す（放血儀礼）ことによって、超自然の力を得るためだとウルシー氏は指摘する。

マヤ低地の石碑や壁画と、この「ダンサンテ」の石板群における王の描かれ方と文字の利用の違いを比較すると、興味深いことが見えてくる。マヤ地域では王は常に中心に位置し、他の人物が共に登場する場合でも、王はすぐに同定できるよう描かれる。一方、モンテ・アルバンでは、王は直接図像として描かれず、文字としてのみ登場し、「ダンサンテ」と同列に配置される。この構図の違いは、モンテ・アルバンの王はマヤの神聖王よりも権力が弱く、家臣集団に配慮せずには地位を維持できなかったことを意味しているのかもしれない。あるいは、モンテ・アルバンではマヤ低地よりも王の神聖性を強調する必要性のない政治体制が執られていたことを指しているのかもしれない。

ただ、この「ダンサンテ」の石板群が飾られていた時期は、古典期ではなく先古典期後期であるため、後に、モンテ・アルバンでも古典期のマヤ低地のような神聖王が誕生したと考えられなくはない（図11）。その証拠に、この遺跡の中でも重要であったと考えられる「南の大基壇」の北東の角には、王とサポテカ文字が刻まれる石板がはめ込まれており、神聖王のような存在がモンテ・アルバンでも誕生していた可能性を捨てきれないからである（図12）。

モンテ・アルバンでも神聖王が存在してい

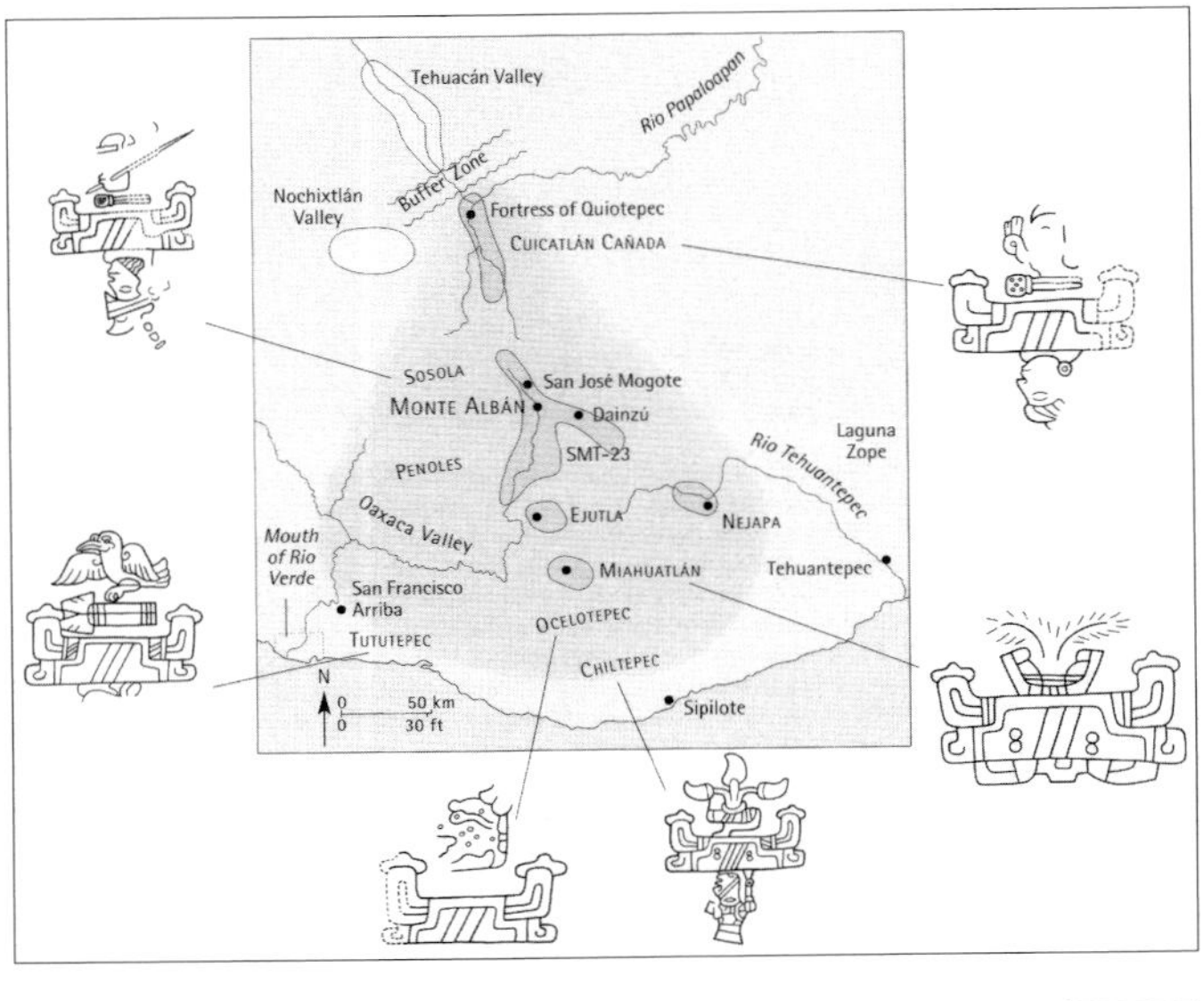

▶図9：モンテ・アルバンが影響力を持っていたと考えられる地理的範囲（Evans 2008, 9.4を基に作成）。地図の枠外の絵文字は、「建造物J」から発見されたものであり、サポテカ王国によって征服または植民地化された地域を表している。ソソラ、チルテペック、クイカトランの絵文字は、頭部が逆さになって描かれている。頭部はこれらの地を治めていた領主を表し、逆さまに描くのは彼らの権威の失墜を意味している。しかし、「建造物J」の出土状況に注目した研究からは、確かに逆さまに描くのは死者を表すが、権威の失墜までは暗示せず、他界したリーダーを祀っているとの解釈もある。

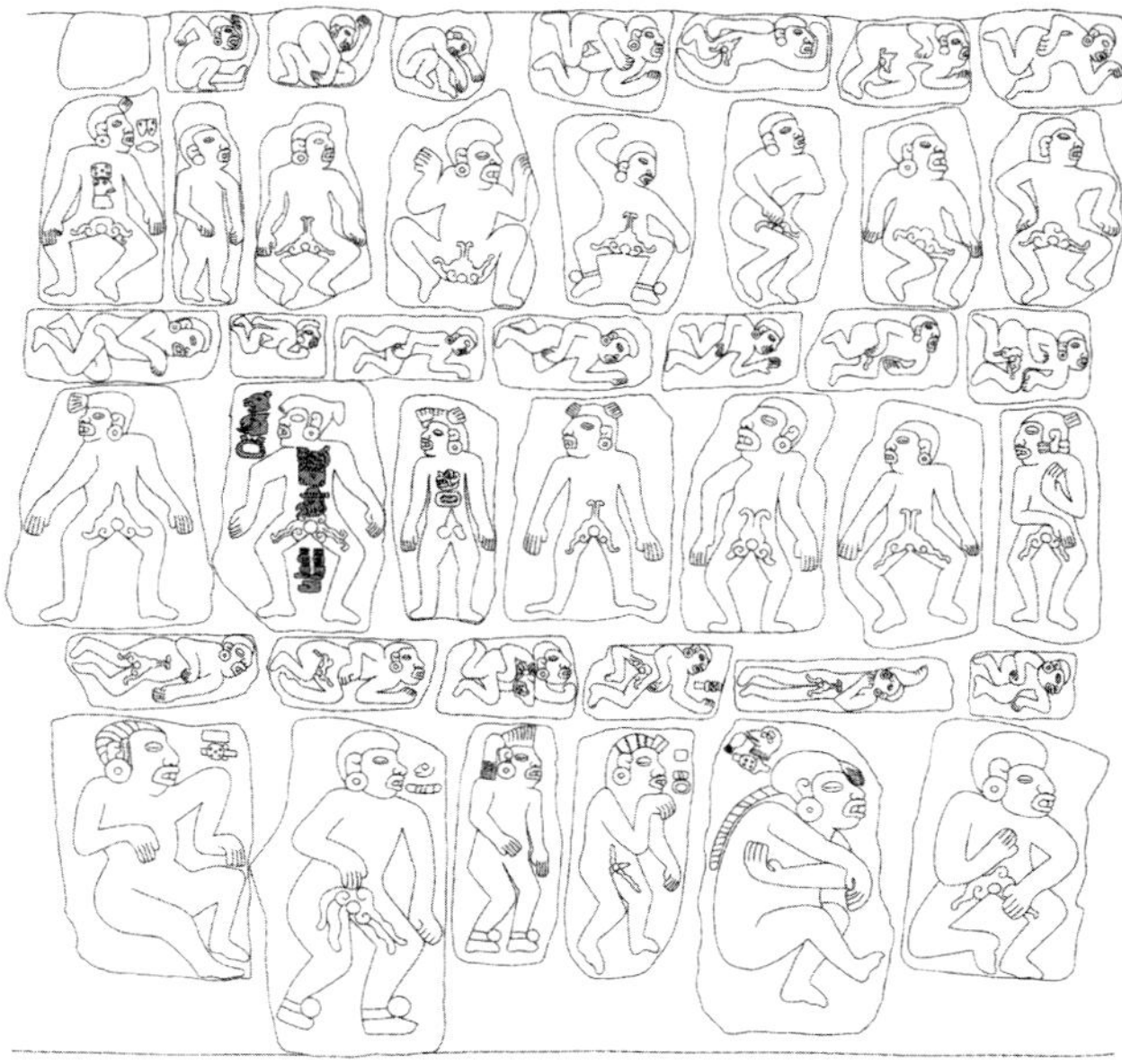

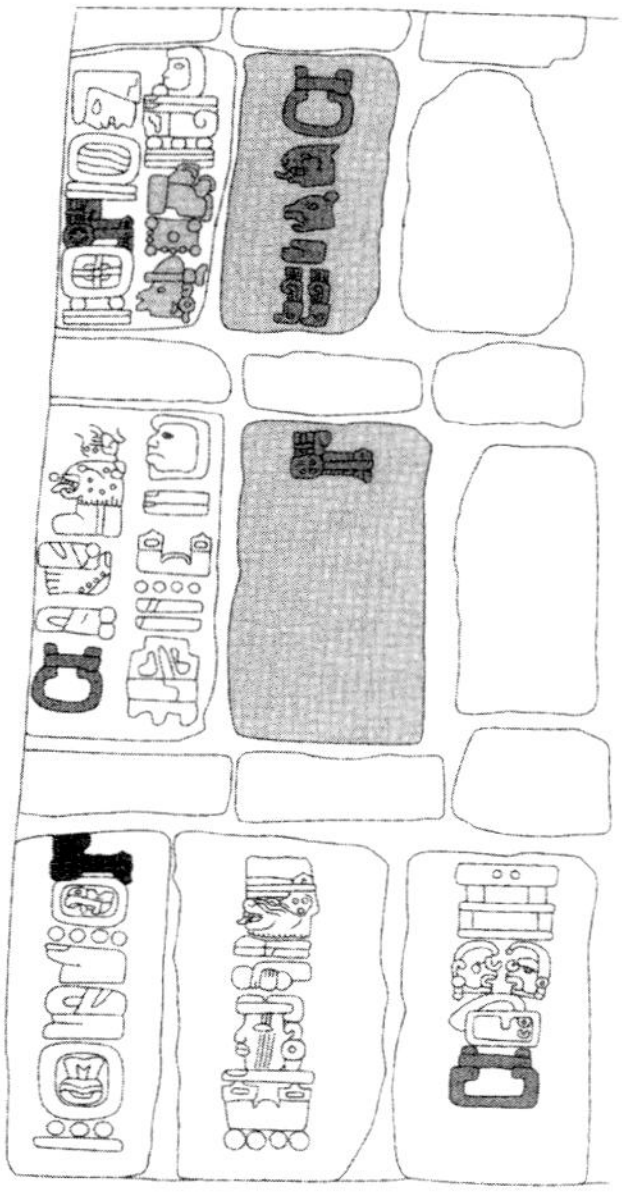

▶◀図10：「建造物L」の内部建造物にはめ込まれていたと考えられる「ダンサンテ」の石板群（Urcid and Joyce 2014, Figure 9.3を修正）。「ダンサンテ」は、すべて裸であり大多数は性器をさらしているが、これは捕虜ではなく、戦士であるとの指摘がある。また、立っている者と、横向きの者があり、前者は生きており、後者は戦死または他界した者であるという。

たのであろうか。マヤ低地においては歴代の王の偉業を称賛する石碑が数多く建立された。一方、モンテ・アルバンではこの傾向は乏しい。さらに、王墓はピラミッドの内部ではなく、「北の大基壇」にある宮殿、そして広場や住居の床下に築かれ、マヤ地域との違いが明らかである。より特徴的なのは、家族墓のように親族集団（リネージ）を共通にする故人を追葬できるという点にある。つまり、ピラミッドは王墓としては利用されなかったのだ。「105号石室」に描かれた壁画には、男女四名が交互に描かれ、彼らは埋葬された人物の先祖であると理解されている（図13）。これらから読み取れるのは、王という一個人を弔うのではなく、リネージのつながりがより重要視されていたということである。

古典期のマヤ低地では、神々と交信できる超自然の力を持つ王がより前面に登場し、その権威を中心に社会が動いていた。一方、モンテ・アルバンでは王の地位の確保には、確かに超自然の力が必要とされたが、この源泉は、神々との交信よりも先祖とのつながりによって強化されたのではないかと考えられる。

テオティワカン

他方、メキシコ中央高原では、テオティワカンが強大な国家を築いていた。古典期のマヤ地域とオアハカ地域では王制が敷かれていたのに対し、テオティワカンでは王制か、各周辺地域のリーダーによる合議制であったのか判明していない。それは、この国家では、王墓の存在が確認されておらず、また、王と

◀図11：「1号石碑」。サポテカ文字の解読はマヤ文字と比較し遅れているが、左の人物は「12のジャガー王」であったと推測されている（Marcus, and Flannery 1996）。

◀▲図12:左の人物は戦で捕らえられた捕虜であり、右の人物は「8の鹿」と呼ばれる貴族または王である（左写真:東から撮影、右図:Marcus, and Flannery 1996, ill. 259と260を転用・修正）。

同定できる碑文や肖像画も遺されていないことが理由である。

　マヤ地域ではピラミッド内部に王墓を、モンテ・アルバンでは床下に追葬できる施設を設けていたが、テオティワカンでは支配者の墓や墓域がどこにあったのかわかっていない。三大ピラミッドとして有名な「太陽のピラミッド」「月のピラミッド」、そして「羽毛の蛇神殿」からも埋葬施設が発見されているが、ここから出土した人骨は、すべて人身御供にされたものである。

　テオティワカンでは、文字のようなものは存在するが、これを基に構成された文章は発見されていない（図14）。この国家はマヤ地域とオアハカ地域と活発に交易していたため、文字がどのように利用されるものかを知らなかったはずはない。

▶図13：「105号石室」に描かれた壁画のモチーフ（González 2015, 44頁を転用・修正）。左から豪華な衣装をまとった四名の人物が、女性・男性・女性・男性の順に描かれている。彼らは被葬者たちの先祖であり、それぞれ夫婦であったと解釈されている。

▲図14：テオティワカンで発見されている記号の一部（Langley 2002, ANNEXから抜粋）。これらが組み合わされ、テオティワカンで当時話されていた言葉と結びつき、伝達や記録のために利用されていたのか、研究者の間で意見は一致していない。

ここに両地域とテオティワカンで大きな違いが認められる。王制ではあったが文章を用いて王権を宣伝する必要がなかったのかもしれないし、王制ではなかったため個人を称賛する記録方法が発展しなかったとも解釈でき、文字記録を遺さなかった理由は不明である。

テオティワカンで発見されている肖像画や人物画に関しても、ある特定の人物が同定できるように描かれるものは皆無といっていい。むしろ、これを極力排除する傾向が読み取れる（図15）。一方、マヤ地域やオアハカ地域でテオティワカン人が登場する際、その人物は名前が文字として刻まれている。

◀図15：「偉大な女神」の衣装を身に着けた神官の壁画（Museo Nacional de Antropología展示）。かつては「ヒスイのトラロック（雷鳴の神）」と呼ばれていたが、その後の研究で女性の神であると理解されるようになった。テオティワカンでは、これを代表例として壁画に様々な人物が登場する。彼らは神と同化し超自然の力を得る目的で衣装をまとい、さらに、目や鼻や口に飾り物を付けているため個人を特定できない。また、記号を用い人物名が明記されることもない。

明確に王の存在を示す考古学データが存在しないことから、テオティワカンでは合議制により国家が運営されていたと考える研究者は多い。一方、テオティワカンの国家形成の初期（二〇〇年頃）に、先の三つの巨大なモニュメント建造物を建造するのは、カリスマ性を備え強力なリーダーシップを発揮できる人物の存在なしには不可能であったとの類推から、王制を主張する研究者もいる。その根拠は、旧大陸の古代文明で巨大モニュメント群が建造された背景には王政が存在していたことにある。このように相反する意見ではあるが、三五〇年頃に起こったと考えられる「政変（第三章3節参照）」により、王制から合議制に移行したのではと考える研究者もいる。しかし繰り返すが、王の存在を直接示す考古学データが存在しないことは確かである。

超大国であったテオティワカンの支配者に関連する物質文化は、マヤ低地やモンテ・アルバンと大きく違っていることが想像できる。マヤ低地では、王権は文字と墓とピラミッドと密接に関連していた。一方、モンテ・アルバンでは文字の利用については似ているといえるが、墓に対する考え方は異なり、王墓とピラミッドが直接結びついていないことがわかる。他方、特にテオティワカンとマヤ低地とでは、支配者の扱いに関して対極にあったことが理解できる。古典期のマヤ低地では、文字と墓とピラミッドが三位一体となって支配権力を支えていたといえるだろう。このように、古代メソアメリカ文明の古典期には、異なる支配構造が存在しており、また王制であっても王権の維持や発展のために採られた戦略は多様であったことがわかっている。

3 マヤとテオティワカン

テオティワカン（ナワトル語で「神々の都」という意味）は、前二世紀から七世紀初頭までメキシコ中央高原で発展し、多様な社会的成層や民族集団が存在する都市として成長した。その政治・経済・宗教的影響力は、サポテカ王国やマヤ地域の各王朝のみならず、メソアメリカ文明圏全域に及び、強力な初期国家の首都として機能した（図16）。最盛期には一〇万から二〇万人が住んでいたと推測されている。

　また、アメリカ大陸の国際都市として発展したテオティワカンには、他地域から多くの人々が訪れ、そして暮らしていた（図17）。都市の西部には「オアハカ地区」が存在し、当時オアハカ地域の首都であったモンテ・アルバンから派遣された高官が住んでいた。この近隣には、メキシコ西部からの移民も暮らしていたようである。また都市北東部には、「商人地区」と呼ばれる街区があり、メキシコ湾岸地域やマヤ地域に由来する遺物が大量に見つかっているため、これらを出自とする商人が事業を行っていたと考えられる。

　このようにテオティワカンから他地域へ、そして他地域からテオティワカンへ、人やモノの流れは活発であった。テオティワカンに輸入された主なものは、グアテマラ高地原産のヒスイや緑の石、ゲレロ州やメキシコ州の南西で採掘された蛇紋岩や粘板岩、太平洋・大西洋岸産の様々な種類の貝、トゥーラ地域産の石灰などである。テオティワカンから各地域に輸出されたものの中には、パチューカ産の緑の黒曜石、薄手オレンジ色土器、香炉、円筒式三脚付き土器（図18）、土偶などがある。また、モノだけではなく情報が伝播したものの中には、テオティワカンに特徴的な建築様式（タルー・タブレロ、図19）で築かれたピラミッド、そしてアパート式住居複合が挙げられる。これらの分布範囲は、北はサカテカス州のアルタ・ビスタ遺跡、南はグアテマラ太平洋岸やエル・サルバドルまで及ぶ。

　人やモノそして情報の活発な移動は、経済的な利益を得るためだけが

▲図16：テオティワカンの風景。中央にはテオティワカン最大規模の太陽のピラミッドがそびえる（北西より撮影）。

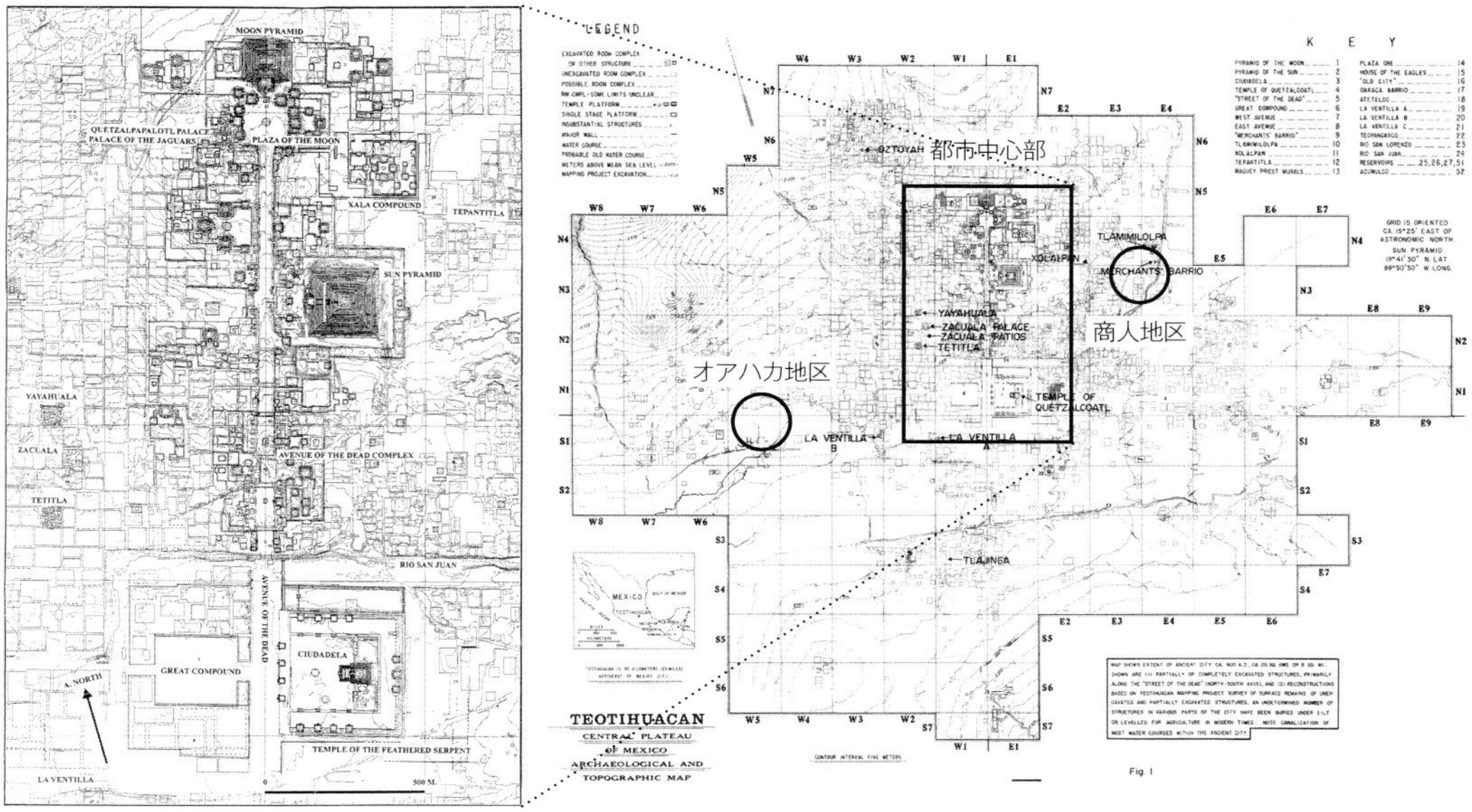

▲図17：テオティワカンの地図（Millon 1973, Map 1を転用・加筆）。

理由ではなかった。テオティワカンと、特にマヤ低地南部やマヤ高地との交流は、むしろ政治的であったと考えられる。その理由として、テオティワカンやこれに関連する地域から搬入された遺物の出土量を考慮すると、利潤を得るには少ない点を指摘できる。また出土状況から判断するに、多くは各マヤ王朝のエリート階層の儀礼品や副葬品として利用され、日常目的の使用は限られていたと考えられるからである。マヤ王朝にとって、テオティワカンとの交流は政治的つながりを誇示する威信財としても機能していたのだろう。さらに近年のマヤ文字の解読により、テオティワカンとマヤ低地南部地域で興亡した王朝がどのような政治的関係にあったのかも理解され始めている。

しかしテオティワカンの影響は、この国家が繁栄した古典期の間、マヤ王朝のすべてに均質に広がっていたわけではなく、王朝や時期によって

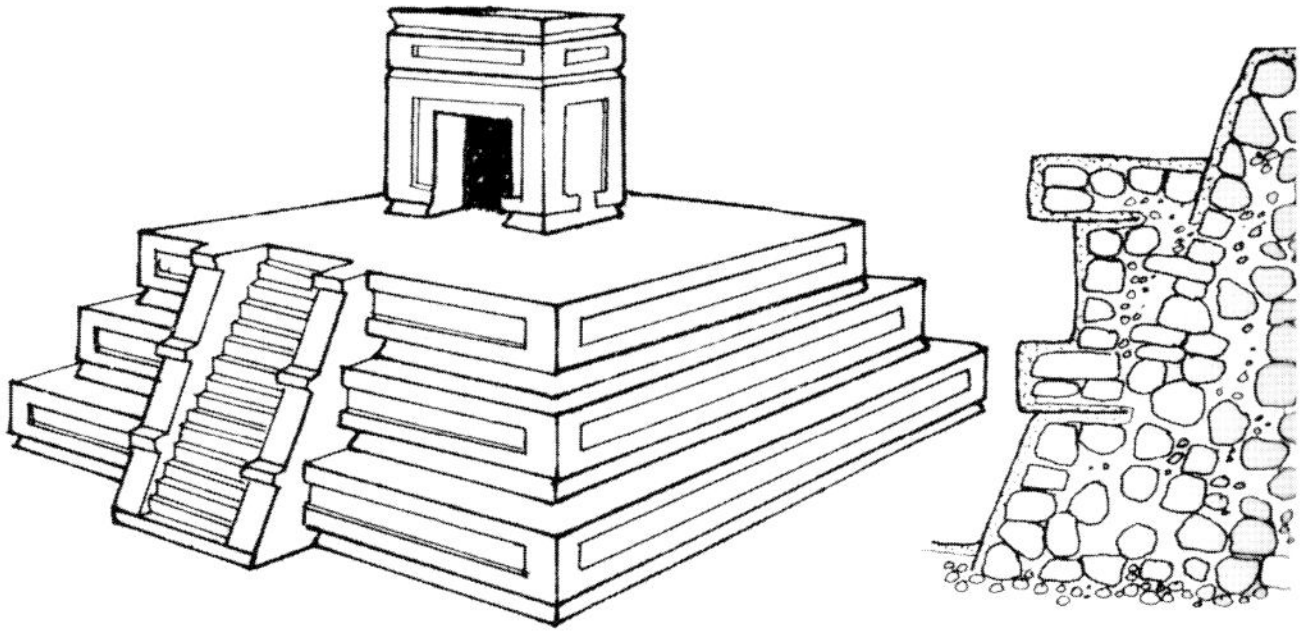

▲図19：テオティワカンのタルー・タブレロ建築様式（Schele, and Freidel 1990, FIG. 4：24を転用・加筆）。建造物の壁面を傾斜壁と垂直壁で覆う。

▶図18：コパンで発見された円筒式三脚付き土器（Martin 2012, Figure 170を転用・修正）。土器の胴部には、テオティワカン様式の建造物が描かれ、その部屋の中には、トラロックが顔を覗かせている。

▲図21：テオティワカン人のティカル訪問を表す円筒式三脚付き土器とその展開図（Martin 2012, Figure 165を基に作成）。4人のテオティワカン人が戦士として、マヤの高官に謁見している。マヤの高官は、彼らに歓迎の意を表明するためか、テオティワカン様式の神殿で出迎えている。研究者はこれを根拠に、テオティワカンの軍隊がティカルに到着したと解釈する。

▲図22：ティカルの「31号石碑」（Stuart 2000, Fig. 15.2を転用・修正）。第16代王シーヤ・チャン・カウィールⅡ世の王位継承を表している。中央には第16代王シーヤ・チャン・カウィールⅡ世がマヤ様式の衣装を身に着け登場している。その両脇には、第15代王ヤシュ・ヌーン・アイーンⅠ世がテオティワカン様式で身を飾っている。第15代の時代には、テオティワカンの文化を積極的に取りいれていたことを暗示している。一方、第16代目の姿からは、先代の外来文化の導入政策を否定はしないが、マヤ地域に君臨するティカル王朝の王としての誇り、そしてさらなら覇権を求める決意を持っていたことが垣間見られる。

▲図20：ティカルで発見された「31号石碑」に刻まれたマヤ文字（Martin 2012, Figure 167を基に作成）。「チャク・トク・イチャークⅠ世が水に入ると同時に、西のカウィール神の主君シーヤ・カックの旅は終わった」と訳すことができる。「チャク・トク・イチャークⅠ世が他界されると同時に、西のカウィール神の主君シーヤ・カックの目的は達せられた」と意訳可能である。

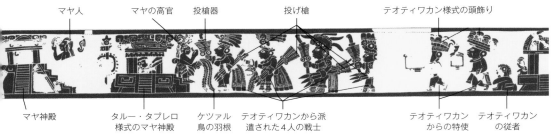

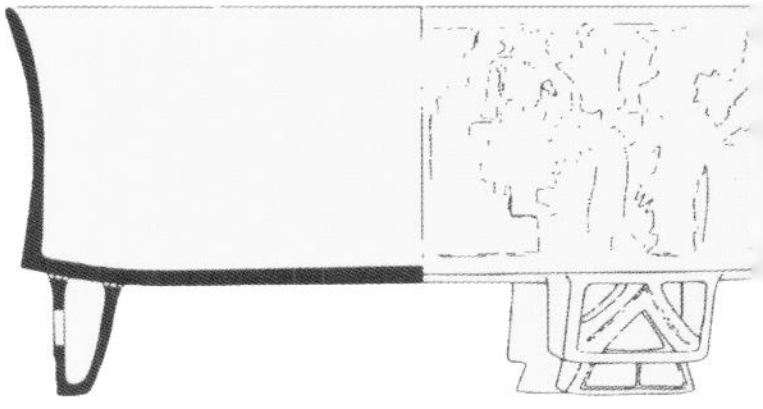

大きな差が認められる。それは、古典期のマヤ地域は群雄割拠の時代にあり、各王朝が覇権を求め様々な生き残り戦略を展開していたからである。先にも述べたように、日本の戦国時代を想定すると理解しやすいが、武略、同盟戦略、政略結婚、情報操作だけでなく、朝廷戦略に近いことも行っていた。もちろん、古代メソアメリカ文明の歴史の中で、全土を統一した政権は誕生しなかったため、朝廷は存在しない。しかし、この時代においては、殷賑を極めていたテオティワカン国家の威光を後ろ盾とすることは、ある特定のマヤ王朝にとっては利用価値があったため、この国家とのつながりを主に石碑を通して吹聴した。

　これに関して、マーティン氏とグルーベ氏が碑文解読から多大な功績を遺している（『古代マヤ王歴代誌』創元社）。特に、ティカル王朝とテオティワカンの政治関係について貴重なデータと解釈を提示した。さらに、このティカル王朝だけでなく、コパンやワシャクトゥンなどで建立された石碑からも、テオティワカンとの密接な関係を指摘し、マヤ地域の社会が他地域との交流により、さらに発展していく過程を浮き彫りにした。

　その一方で、マヤ文字解読を基にした政治史の復元研究において、新たな問題点も浮上している。まずは、マーティン氏とグルーベ氏のティカルとテオティワカンの解釈を概観し、その後、この問題点について考えてみたい。

　三七八年一月にシーヤ・カック（「火の生まれ」の意味、図20）と呼ばれる人物がティカルに到着した。この出来事の直前まで、ティカルではチャク・トク・イチャークⅠ世が統治していたが、同年一月一五日に他界している。第一四代王チャク・トク・イチャークⅠ世の治世から、メキシコ中央高原との交易が活発になり、ティカルとテオティワカンで政治的な結びつきが強くなっていったと考えられる。変化は、チャク・トク・イチャークⅠ世の死を待つかのように、シーヤ・カックがティカルに到着したことである。彼がチャク・トク・イチャークⅠ世を暗殺したと考える研究者もいる。まだ幼少であった第一五代王ヤシュ・ヌーン・アイーンⅠ世を王位に就けると、彼はその庇護者として君臨した。そして、ワシャクトゥンを征服しペテン中央地域で大きな勢力を築いていった。シーヤ・カックは、マヤ低地に大きな政治変化をもたらしたのだ。

　では一体この人物はどこから来たのだろうか。「31号石碑」（図20）の碑文の中では、彼に「西のカウィール神」との称号が与えられている。多くの研究者は、この「西」はテオティワカンを指すと考えている。それは、この人物の到着以降、テオティワカン様式で描かれる人物やこの国家から派遣されたと考えられる戦士のモチーフが増えるからである（図21）。

　さらに、テオティワカンの政治介入や軍事侵略を示唆する資料として、もう一人の人物も重要である。彼の名は投槍フクロウという（図20の右上のマヤ文字）。シーヤ・カックという名はマヤ地域に由来するものである一方、投槍フクロウの名はメキシコ中央高原に固有のものである。名前の由来にもなっている投槍器は、後のアステカの時代にはアトラトルと呼ばれ武器として広く利用されたが（第一章図28参照）、古典期マヤの時代では王権を象徴するアイテムとして用いられた。また、フクロウはテオティワカンでは軍事や祭祀に関連する神聖な動物の一つとして理解されている。ティカルの「31号石碑」には、直接この投槍フクロウは登場しないが、これに刻まれている類似のマヤ文字から、投槍フクロウは第一五代王ヤシュ・ヌーン・アイーンⅠ世（図22、遺跡紹介❸図5参照）の父親である可能性が示唆されている。さらに、ティカルからテオティワカンと同じ様式の球技用ゴールポストも発見されており、この中心上部には投槍フクロウがシンボルとして登場している（図23）。マーティン氏は、このフクロウと投槍器のマヤ文字は文脈によって、第一五代王の父の個人名を指す場合もあれば、テオティワカンという国家を表す紋章文字としての意味もあったのではないかと推測している。

ティカルにおけるシーヤ・カックと投槍フクロウの登場の重要さ、そして、彼らが関与するティカル王朝の領土拡張を、マーティン氏とグルーベ氏はマヤ中心地域における「新しい秩序」と呼んでいる。このように、マヤ文字の解読は、今まで考古学データにのみ頼っていた歴史復元からは見えてこなかった、歴史のダイナミズムを提供してくれる。

しかしながら、今後の研究課題として、考慮すべき点もいくつか認められる。主に、解読と解釈の混同、史料批判、そして時代背景の考察の三点を指摘することができる。

まず、解読と解釈の混同について説明したい。マヤ文字の文章は、多くの書物や論文で研究者によって解読されていると書かれる。しかし、この「解読」には「解釈」という要素が多分に含まれている。すべてのマヤ文字が解読されているわけではないのだ。また、碑文に刻まれる文字は、風化や破壊によって判読が困難である場合もあり、推測しながら文章全体の意味を「解釈」しているのだ。図20の中にある「西のカウィール神（称号）」の西についても、同様のことがいえる。この時期に、テオティワカン様式のモチーフが増えたことを根拠に、「西＝テオティワカン」と解釈している。

次に史料批判に関すると、マヤ文字で書かれた文章が事実であったかどうかを研究する必要性が今後ますます重要になってくる。碑文や土器などには、王の偉業について書かれているケースが多く、これらはプロパガンダとして利用された可能性が高い。つまり、こと判断した方がよいのである。マヤの王たちによる情報戦略の一環である。この方面の研究を進めていくには、考古学データとのクロスチェックが必要不可欠になる。

最後に、時代背景の考察は、特に今回この章で採り上げたティカルとテオティワカンの関係を理解する上で最も必要になってくる研究テーマである。現在の研究は、ティカルやその他の遺跡に遺されたシーヤ・カックと投槍フクロウの足跡、そしてテオティワカン様式の物質文化（遺物や建築スタイル）を基に、テオティワカンのペテン中央地域における影響を考察している。一方、テオティワカンにおけるマヤ地域からの影響やテオティワカンの政治組織の多様性については、考慮されていない。そのため、シーヤ・カックと投槍フクロウの存在はテオティワカンという国家の代表者であり、あたかもテオティワカンのすべてが一丸となって、ティカル王朝を後押ししたかの印象を与えている。

テオティワカンと各メソアメリカ地域の関わり方は、各地の政治状況や産出する資源などによって千差万別であった。また、テオティワカンといっても一枚岩的な集団ではなく、支配層や官僚、それらの内部派閥、さらには中間エリート層や他の住民・移民、商人など、多様な集団で構成されていた。このことから、テオティワカンのどの集団が何の目的で他の社会とのネットワークを築いていったのかに注目する必要がある。いくつかのエリート集団は、テオティワカンといった中央政府を介さずに、独自の交易ネットワークを築き上げていたことも最近の研究で判明している。テオティワカンとのつながりを表す投槍フクロウのマヤ文字は、テオティワカンではいくつか存在していた集団の中の一つであり、彼ら独自のグループのシンボルとして用いていた可能性を捨てることはできない（図24）。

一方、後三七八年前後にテオティワカンでどのようなことが起こっていたのかも考察の対象にすべきであろう。この時期テオティワカンは絶頂期の中にあったが、ある政治変動といってもいい出来事が起こっている。テオティワカンには、太陽のピラミッド、月のピラミッド、羽毛の蛇神殿の三大ピラミッドが

▲▼図24：テオティワカンの動物と融合した戦士の壁画。上：テチナンティトラで発見された鳥の戦士（Ruiz Gallut 2001, Lámina 17を抜粋）、下：サクアラで発見されたアテテルコの戦士の図（Miller 1973, Figure 200を抜粋）。テオティワカンでは、ときには神官の姿として、ときには戦士の姿として、数多くの動物が描かれている。各集団のリネージ（親族関係）を表していたのかもしれない。

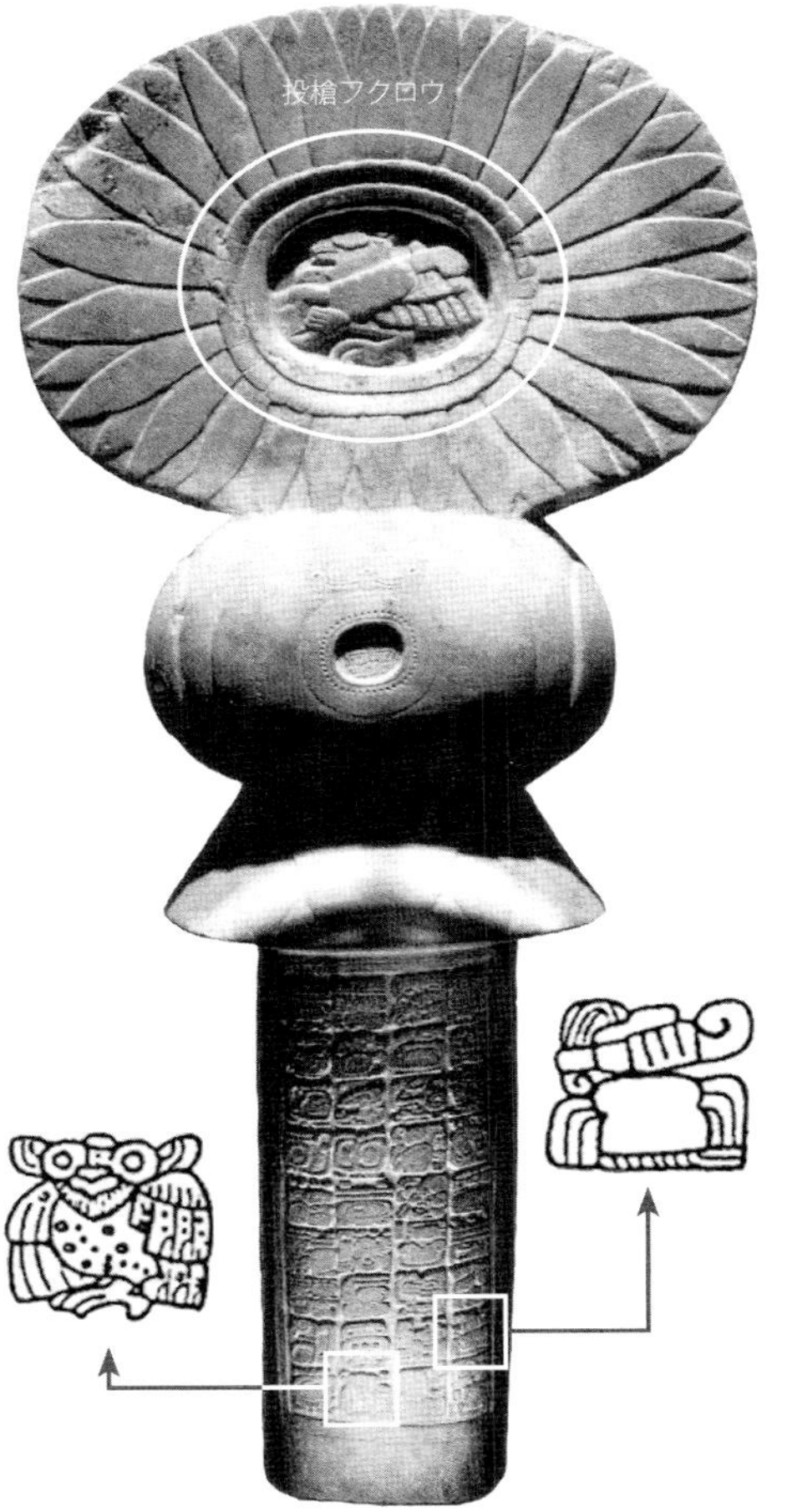

▲図23：ティカルから出土した球技場のゴールポスト（Martin 2012, Figure 166を基に作成）。このポストの支柱部分には、投槍フクロウを指すマヤ文字が刻まれている。

都市の中心部に建設されていた。政治権力と密接な関係のある羽毛の蛇神殿が、三五〇年頃に破壊されたのだ。ケツァルコアトル（羽毛の蛇）とワニ製の頭飾りの石彫で覆われていた羽毛の蛇神殿は、当時の権力者集団のシンボルとして建立されていた。その後、政変が起こり、敗者となった前政権は駆逐され、それに代わった新政権の集団が、勝利を目に見える形で示すために、羽毛の蛇神殿を冒とくしたと考えられている（図25・26）。

　テオティワカンには様々な政治集団が存在していたこと、そして政変が起こっていたという時代背景を考慮すると、ティカル王朝におけるシーヤ・カックと投槍フクロウの登場は、次のように解釈できるかもしれない。投槍フクロウをリーダーとする集団は、テオティワカンで三五〇年頃まで政治的に重要な位置にあったが、政変後、力を失った。行き場を失った彼らは新天地を求めさまよった。その後、マヤ地域へと行き着いた彼らは、ティカル王朝に何らかの政治的弱さを認め、好機を待った。その後、シーヤ・カックと共謀しティカル王朝を簒奪することに成功した。投槍フクロウとシーヤ・カックは野望を達成するために、テオティ

▲図25：羽毛の蛇神殿と前庭部。350年頃までは、羽毛の蛇神殿の四面にはケツァルコアトルとワニに似た動物の頭飾りの石彫がはめ込まれていた。上写真：北西より撮影。▼図26：羽毛の蛇神殿の石彫（Cabrera 2001, Lámina 6を基に作成）。

ワカンの威光を利用したのかもしれない。これらは推論の域を出ないが、マヤ地域とテオティワカンの関係をより深く理解するには、考察すべきテーマであると考える。

六〇〇年頃までには、テオティワカンは崩壊する。しかし、その後も、マヤ地域ではテオティワカン様式のモチーフが引き続き用いられる。ある一部のマヤ王朝は、滅んだ後もテオティワカンという覇権国家の栄光を利用しようとしたのかもしれない。

4 古典期マヤ文明の「崩壊」

一般的に使われる「古典期マヤ文明の崩壊」とは、低地南部の社会の衰退を指す。従って、マヤ高地やマヤ低地北部を含めたものではないことに留意する必要がある。さらに、マヤ低地南部では確かに多くの都市国家が崩壊したが、この地域のすべてにおいて王朝がなくなり、政治的に空白地帯になった訳ではない。

では、なぜそのように呼ばれているのか。

それは、古典期のマヤ低地南部にこれまで研究が集中してきたことと関係している。この地域では密林の中に古代都市が存在し、考古遺物に認められる造形美が、多くの研究者を惹きつけてきた。その結果、この地域の衰退が、マヤ地域全体の衰退を代弁するかのような解釈が流布していた。一方、マヤ低地南部における研究の集中は、相対的に古典期のマヤ高地とマヤ低地北部の研究の停滞を招くことにもなっており、研究のデータにおける量の多寡や質の高低が、マヤ低地南部はマヤ文明の花形であるとの印象を増長してきた。

現在では、マヤ低地南部の社会衰退を学術的により正当に考察する動きになっている。ここではどのように考えられているのか見てみる。

古典期におけるマヤ低地南部の社会衰退について、以下に見るように複数の仮説が提示されている。いずれかが決定的な衰退要因であるのではなく、これらが複合的な因子となっていたと考えるのが一般的である。

まず、生活状態の悪化が指摘されている。古典期後期では、マヤ低地南部の諸国では、さらに人口が増加するが、生活状態に改善策があった訳ではなかった。例えば、コパン遺跡では、形質人類学の研究から、九世紀末に、人口密度が急上昇したことが理解されている。しかし人骨から、多くの人々が栄養失調や感染症を患っていたことが証明されている。

この人口増加に伴う食生活の過密化は、集約農耕システムの弱体化とも関連している。古典期後期の諸国では、戦争が頻繁に繰り返され、これら軍事による緊張が拡大し、政治の不安定を引き起こしていた。そして土地は見放され、疲弊や急速な荒廃を招いたと考えられている。農耕における中心的な役割を果たすべき指導者（神聖王）は、軍事に忙殺されていたため、土地を回復させる政策を展開できなかったと指摘されている。

さらに、民衆が王を信頼しなくなったことが挙げられる。王家の長として、また神々や先祖の代弁者としての役割が、大衆の前で効果的に果たされている限り、王は自身の権力を維持することが可能であった。しかし、そのような権力は、為政者が自然災害を回避し、政治的危機を解決することができなければ、崩壊の危機にさらされる。このような超自然的な力の喪失が、権威の失墜を招き、崩壊へと導かれたと考えられる。

一方、マヤ社会は王と民衆といった二元的な社会ではなかった。王を支える貴族、専門の技術を用い工芸品を作成する技術者、長距離交易を行う商人なども存在しており、社会成層は複雑であった。そして王家の繁栄は、貴族階級の繁栄にもつながることであった。時の経過とともに貴族の人数は増加し、より多くの権力を獲得していった。その結果、貴族は王と徐々に競合することになり、王の権威の喪失につながったと考えられている。

これらの仮説から、マヤ社会の衰退が王の権威の喪失やその指導力の欠如と関連していることが理解できる。王の権力集中化は、都市やその領土に人口を大きく増加させることになる。人口拡大に伴う富の蓄積や交易の発展は、王のみならずそれを補佐する貴族権力の台頭を許す。他の王朝を支配することで王の権力を守ろうとするため、戦争が頻繁に勃発し、土地は荒廃する。つまり権力と権威への固執が、荒廃への悪循環を生み出したのだ。

それでは、一体どれだけの人口が増えたのだろうか。ティカルでは、約一二〇平方キロメートルにおよそ六万二〇〇〇人が暮らしていたと算出されている。この人口密度は、約五一七人／平方キロメートルである。たとえば京都府の人口密度と比べると、京都府は約五六六人／平方キロメートル（二〇一五年）なのでそれよりは少ないが、密集していたことは理解できる。もちろん、ティカルと京都府の市街区域はまったく異なるため、単純に比較することは危険である。しかし、密林の中でこれほどの数の人々が暮らしていたのは驚くべきことである。算出方法自体に問題があるのかもしれないが、仮にこの数値が正しいとすれば、いくら素晴らしい農耕システムを開発したとしても、また交易によって農作物の輸入に努めたとしても、破綻は目に見えているだろう。

このような農業生産高以上の人口の過密化や食生活の悪化を招きながらも、民衆が都市周辺に暮らしていたという事実は、それほど王の権威と権力が、民衆を魅了した証明といえるのではないだろうか。そして、その失墜が「文明の崩壊」といわれるほど社会を衰退させ、都市を空洞化させたのだった。

トピック②

マヤ人の美学

　古代マヤ人たちが遺したもの（考古遺物や壁画や建造物など）には、非常に高い芸術性が見られる（図1）。一方、彼らの美的感覚について考えるとき、美とは普遍的なものではないと感じる。そして彼らの美の根源には、他者に見せつけたり、自己満足に浸ったりする感情とは異なったものが存在していることに気付き驚かされる。もちろん、これらの感情が彼らの中になかったとは考えない。しかし、異なったものの正体とは、神々や世界とつながり、我々にとってはあまり馴染みのない悪霊から身を守ったりするために、美を追求していたということである。つまり、我々が一般に考える美とは異なる原動力が基準であったのだ。

　その最たる例は、頭蓋骨の形にある（図2）。骨が柔らかい乳幼児期に、額と後頭部を板などではさみ、形を細長く〝矯正〟する風習があった。トウモロコシから人が誕生したと信じていた古代人は、頭部をこの子実の形に近づけることによって、さらなる超自然の力を得ようと欲したからだとされている。この風習の起源は早く、既にオルメカ文明が栄えた時代にまでさかのぼる。

　一方、発掘調査から出土した頭蓋骨の形と壁画や土偶に表現されるものを比較すると、一つの違いに気付く。それは、額（前頭骨）と後頭部（後頭骨）の形である。図2の①と図2の②を比較してもらいたい。図2の②に描かれるマヤの王の額と後頭部は明らかに内部に窪んでおり、頭頂骨（頭の天辺）はかなり尖っている。この特徴は古典期マヤの間では、一般的に認められるものである（図3、第二章図27参照）。写実的性格の強いものではあるが、ここからマヤ王たちの「美」へのあこがれを読み取ることができる。より自分を美しく描いてもらいたいという、現代の我々も持っている願望である。恐らく古代マヤ人は、壁画などに描かれる理想的な頭頂部を獲得するために、頭蓋骨への変形をより強化する努力をしていたに違いない。しかし、過度の頭蓋への圧力は、重大な障害を引き起こす可能性がある。顔面変形や歯列異常といった症状だけでなく、脳の損傷が原因で発達遅滞も引き起こす。このような観点から、頭蓋骨の形における変化を分析することは、マヤ人の美を理解する上で興味深いと考える。

　先に、我々にとって奇妙に映る頭蓋骨への「美」の追求は、主食であるトウモロコシと密接な関係があると書いた。しかしトウモロコシの子実と頭蓋骨の形には、若干の違いがあることを見落としてはいけない。もし、トウモロコシの子実の形により近づけるという解釈が正しいのであれば、額と後頭部は湾曲せず、緩やかに先が尖る形に近いはずである。

　これは、トウモロコシの子実に似せることで得られる力の獲得の他に、別の重要な思想が関与しているからである。マヤ人のみならずメソアメリカの人々は、肉体を霊魂の器として捉えていた。特に後頭部の存在は、頭と上半身を行き来する霊魂の循環を阻害する働きがあると信じられていた。つまり、後頭部は邪魔な部位だったのである。これを取り除くために、彼らは「美」を追求していたのである。

　さらに、この良好な循環と良性の霊魂を確保するために、古代マヤ人は自身の身体に別の形で「美」を追い求めた。それは歯である。歯牙装飾や歯牙変工があり（図4）、メキシコ湾岸地域ではお歯黒の習慣もあった。歯牙装飾に関する一般的な解釈では、副葬品が豊富な埋葬墓から出土する被葬者の歯に、ヒスイなどのビーズで装飾された類例が多いことから、特権階級を表すシンボルの一つとして機能していたといわれている。また、歯牙変工は社会の成員として認められるための通過儀礼の一種であった可能性も指摘されている。

　これらの解釈も捨てきれないが、身体を霊

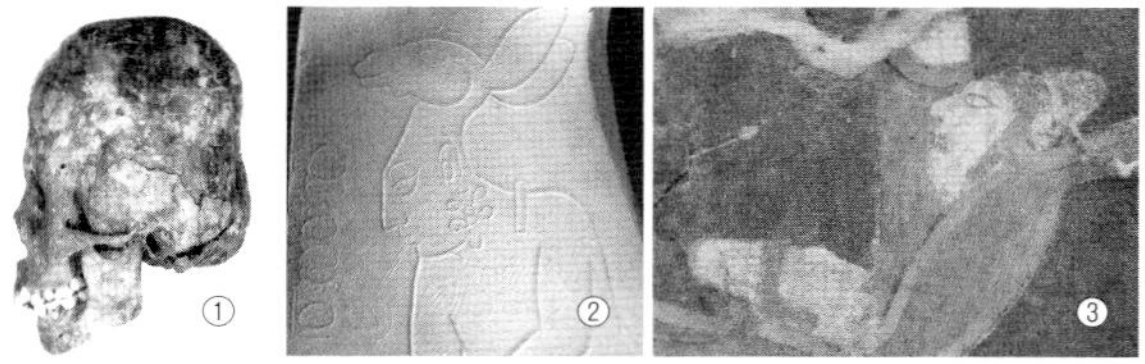

▲図2：古代メソアメリカ文明で実践された頭蓋変形（①：Tiesler 2017, 47を基に作成、②：Schele, and Miller 1986, Plate 59を修正、③：Brittenham 2015. Figure 260を修正）。写真①は、特にエリート階層の人々が頭蓋骨の形を細長く矯正していたことを示している。写真②は、貝製品に描かれたマヤの王の姿であり、頭蓋骨の形を写真①と同様に細長く描いている。写真③は、カカシュトラ遺跡に描かれた壁画の一部である。2つのトウモロコシの子実は、人の頭部として描かれている。

▲図1：ボナンパック遺跡の壁画（Miller 2012, Figure 373を基に作成）。中央には着飾った王が2名の家臣を従え描かれている。王の背後と頭部にはケツァル鳥の羽根で作られた巨大な羽根飾りと頭飾り、額、耳、肩、腕、足首にはヒスイ製の装飾品、そして腰にはジャガーの皮のスカートが描かれている。

◀図3：古典期に描かれたマヤの王族（Tiesler 2017, Figura 1を転用・修正）。両者の頭頂部は極端に細長く描かれている。古典期マヤを通して、エリート階層の頭頂部がこのように描かれることは一般的であった。

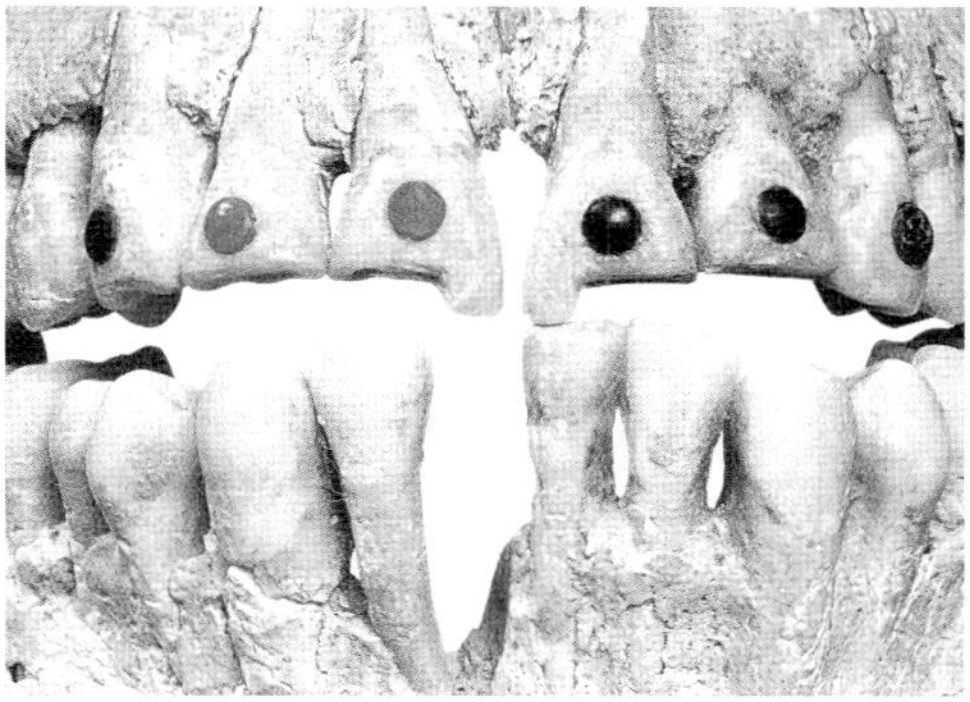

▲図4：古代メソアメリカ文明で実践されていた歯牙装飾と歯牙変工の例（Lagunas 2003, 42頁より転用・修正）。上の歯にはヒスイと赤鉄鋼のビーズがはめ込まれている他、歯牙変工が施されている。

魂の器として認識していた古代人にとっては、活力の入り口である口は非常に重要な部位であったという思想を考慮した上での解釈も必要である。貴石には生命の活力を吸収する役割があり、また活力自体のシンボルとして重宝されていた。さらに、霊魂の流れは空気の動きや息とも連動していた。従って、歯牙装飾には、一番初めに取り込む口で空気の浄化を行い、そして霊魂に活力を与える効果があったのだ。

一方、歯への装飾・加工の視覚的効果だけに注目するのではなく、音声効果にも目を向ける必要があるだろう。特に、歯牙変工は発音の変化を引き起こすと考えられる。先に指摘したように、息の重要性を考慮するなら、歯牙変工が広く実践されていなかった一般人とは異なる発音には、精霊を宿すという社会的意味も付与されていたのかもしれない。

過度に装飾されたマヤの王族たちには、現代の意味合いでは、ファッション・リーダーとしての役割があった。彼らを見る一般人の歓喜や羨望の声はいかほどであっただろうか。

しかし、その「美」へ向けられた価値基準は、私たちのものと比べ一部は共有できるものの、根本の面で大きく異なっていたと考える。王族たちの見た目(身体的特徴や装飾品)は恰好がよい。しかし、このイケてる姿の本質は、霊魂の寵愛を受けることができ、そして、神々と交信できることなのだ。

パレンケ

パレンケは古典マヤを代表する遺跡の一つである（図1）。それは、パレンケ（ラカンハ）王朝がこの時代の政治的な拠点の一つであったからだけではない。数多くのマヤ文字が解読されており、王の事跡や他王朝との政治関係などを解明できる考古学データを提供しているからである。さらに、この遺跡で実施されている考古学調査の多くが、この時代の社会を理解するための貴重なデータを提供しており、メソアメリカ考古学研究史に残るものだからである。

　マヤ文字から解読された王朝史の変遷と考古学調査の成果を合わせて解釈していくことで、当時の社会変化の実像がより明確になっていくと考える。ここでは、解読された王朝史とトレンチ発掘調査によって復元された都市範囲の変遷の両者からどのような姿が見えてくるのか考えてみたい。

　この遺跡では先古典期の後期頃に人々が住み始めるが（図2）、パレンケ王朝は後四三一年に王位に就いたバラム・クックⅠ世に始まり（図3）、最後の王であるハナーブ・パカルⅢ世（在位：七九九〜不明）まで、現在のところ一八代の王の存在が確認されている。

　先古典期後期の都市範囲では、未だ後に都市中心地となる場所には定住の痕跡は認めら

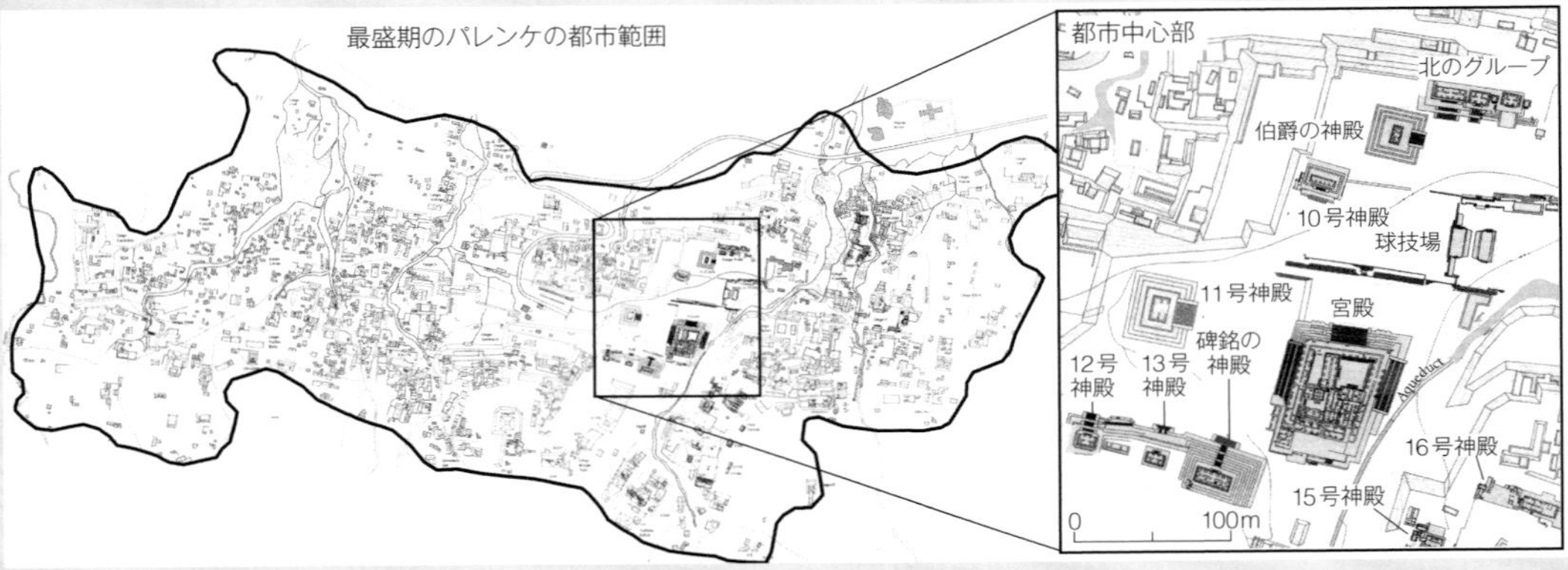

▲図1：パレンケの都市範囲と都市の中心部（Garza et al. 2012, 60頁を基に作成）。最盛期である7～8世紀には、2.2平方kmの範囲に1500以上の建物が建設されていたと推測されている。

▼図2：パレンケの都市の発展と衰退過程（López, and Venegas 2012, 40頁～43頁を基に作成）。パレンケ遺跡の広範囲においてトレンチ発掘調査が実施され、層位学的に基づいた土器分析によって都市範囲の変遷を復元している。パレンケは古典期前期に成長し、8世紀半ばに縮小し、9世紀には突然衰退していく。その後、復興することはなかった。

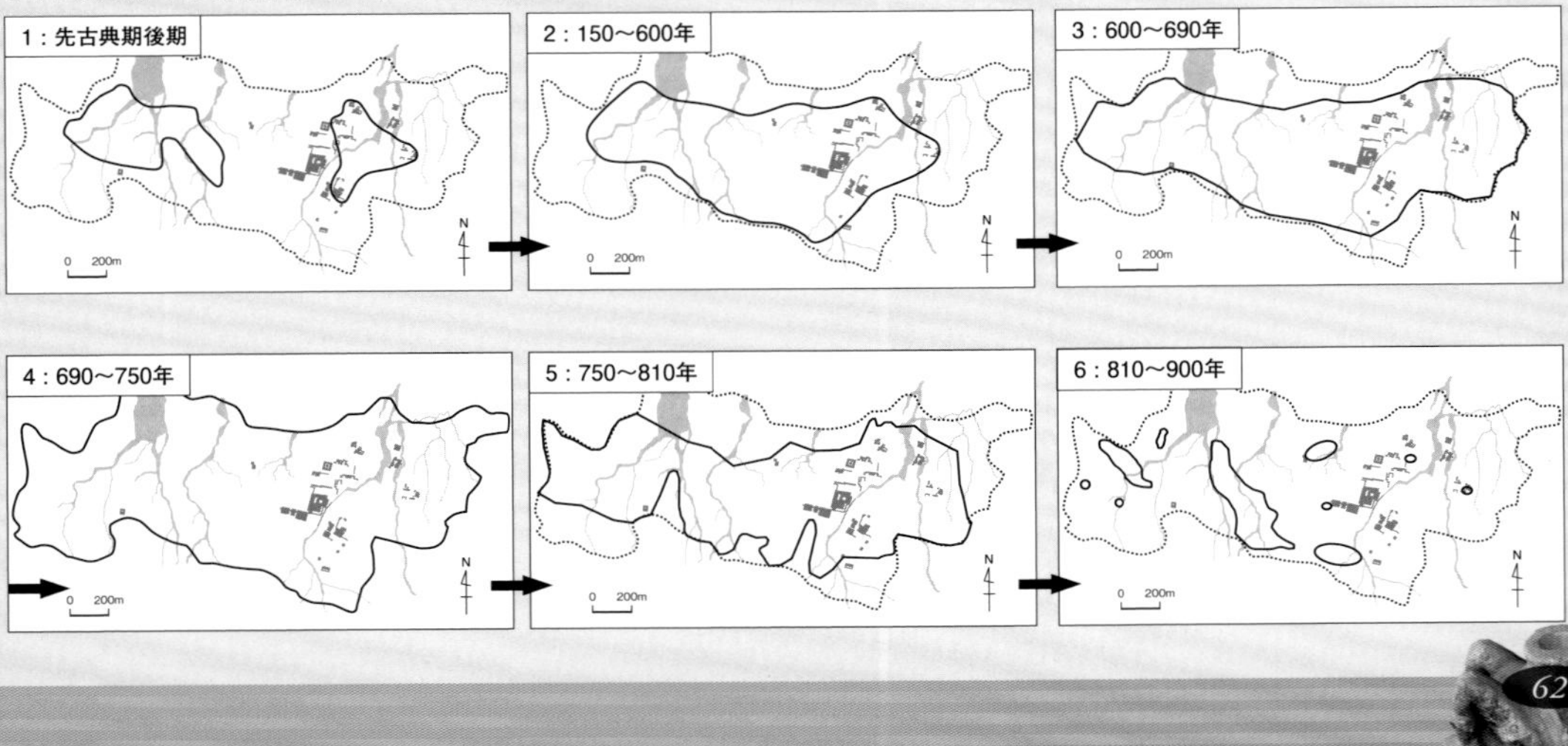

れていなかった（図２の１）。しかし、次の時期（図２の２）では、都市範囲は広がり中心部にも公共建造物の建設が開始された。このことから、王朝開始前からパレンケでは既に社会はある程度成熟していたことが理解できる。王朝開始後、都市範囲の継続した広がりから判断すると（図２の３）、パレンケ王朝は順調な発展していったことが理解できる。

しかし、マヤ文字による解読からは、五九九年と六一一年にカーン王朝によって二度敗北し都市は略奪にあったとされている。この敗北の痕跡は考古学データからは認められないが、恐らくキニチ・ハナーブ・パカルⅠ世（パカル王、図４・５）の治世によって、逆境を克服したと推測できる。パカル王の後を継いだ息子のキニチ・カン・バラムⅡ世は、トニナーを侵攻しこれに勝利しており、パカル王が築いた繁栄をさらに謳歌していった。これは、図２の４と対応しており、この時期にパカル王朝は絶頂期を迎えたと解釈可能である。一方、七一一年にはトニナーの報復にあい、キニチ・カン・ホイ・チタムⅡ世は捕らえられた。

しかし、図２の４ではこれによる衰退は確認できない。次の時期には、都市の領域は縮小する（図２の５）。マヤ文字解読から、七五〇年頃に再度トニナーに敗北したことがわ

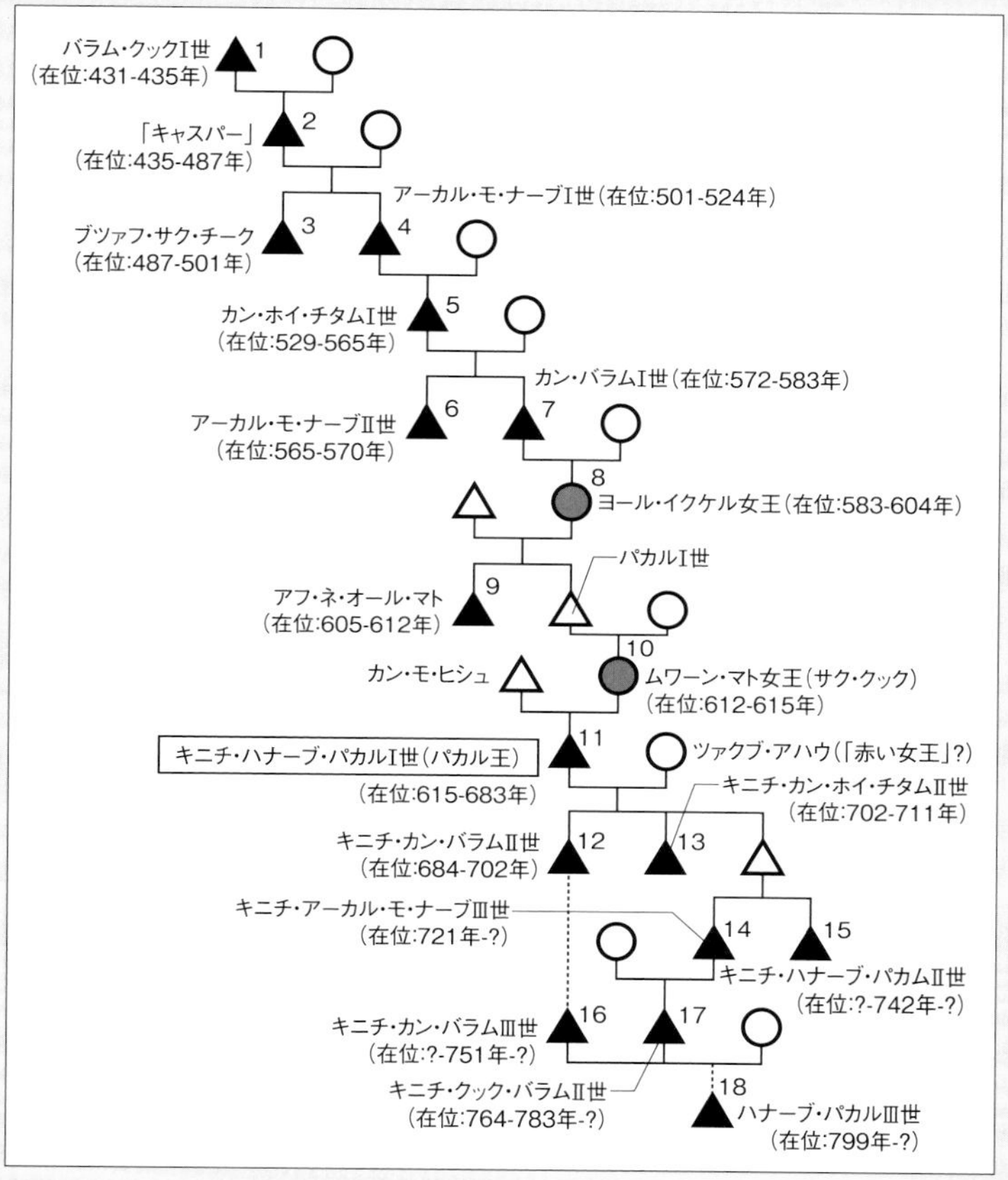

▲図3：18代にわたるパカル王朝の家系図（Schele, and Freidel 1990, FIG. 6：2を基に作成）。ムワーン・マト女王の父であったパカルⅠ世を王の一人と数える研究者もいるが、学術的に未確定であるため本書では王の一人に含めていない。新発見や今後のマヤ文字の解明によって、新たな王の存在がしられていく可能性が高い。

◀図４：パカル王の遺体が安置されている「碑銘の神殿」（手前左：北東から撮影）。この神殿の右側（中央）には「13号神殿」があり、ここに「赤い女王」（図６参照）が埋葬された。

かっている。これが引き金となり、パレンケは衰退に向かったのかもしれない（図２の６）。しかし、敗北後約六〇年間は都市機能が維持されていたことを考慮すると（図２の５）、敗北は決定的な要因ではなかったともいえる。七九九年にハナーブ・パカルⅢ世が王位に就いてすぐに、パレンケの都市中心部と大部分の都市範囲は放棄されている（図２の６）。他の王朝でも同様の現象が認められることから、後八〇〇年前後から神聖王の権威は、戦争による勝敗が直接的な原因ではなく、失墜していったといえるかもしれない。

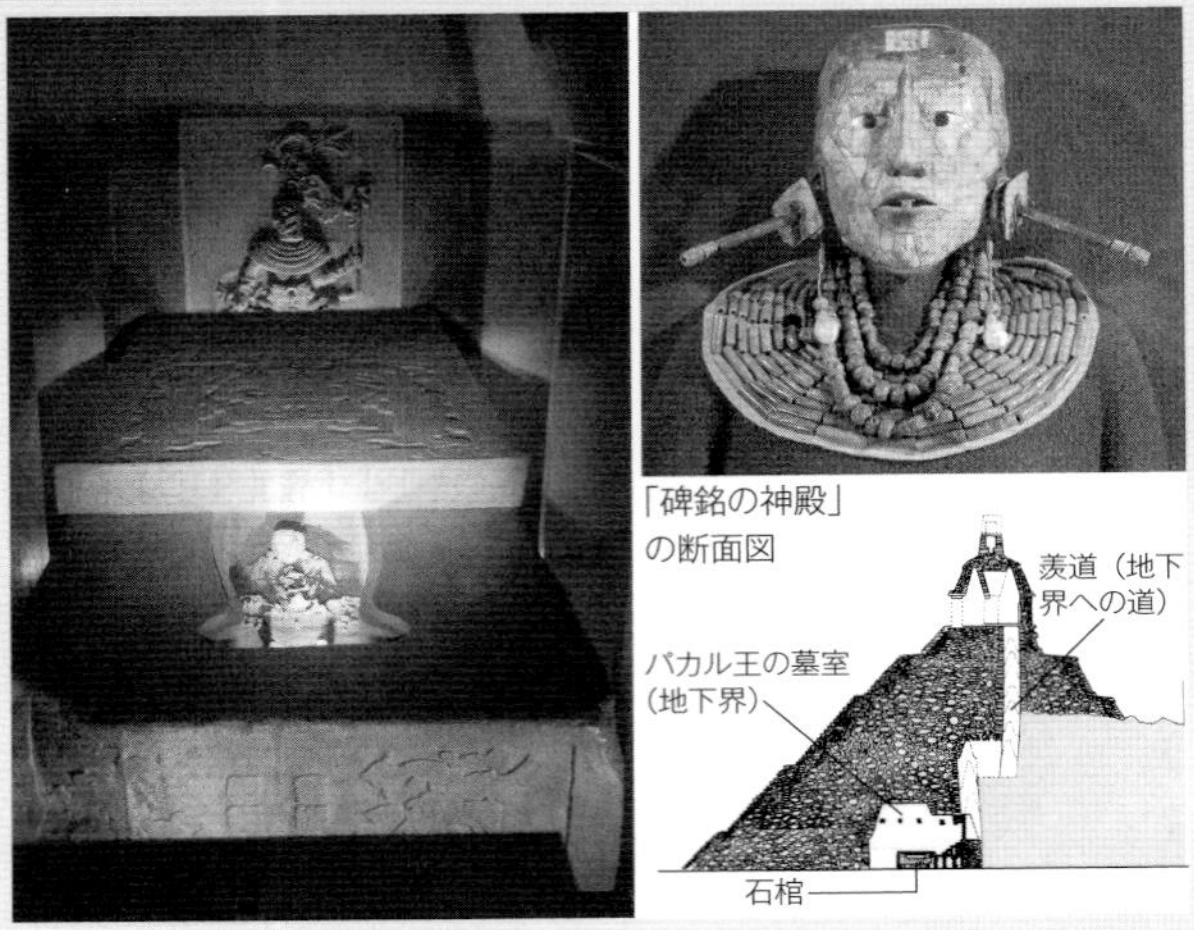

▲図５：「碑銘の神殿」の内部から発見されたパカル王（在位：六一五～六八三年）の石棺と被葬者に被せられていたヒスイのマスク（右下図：Ruz 2013, Figura 179fを修正・加筆）。六五〇年頃に建造された「碑銘の神殿」の内部からパカル王の墓室が発見され、王の埋葬の様子を理解するための貴重な考古学データを提供した。「碑銘の神殿」とパカル王の墓室の関係で重要なのは、王の存命時に既にこれらが建造されていたことである。また、建設の順序は、一番初めに石棺を安置して墓室を確保し、その後にピラミッドが建造されたことにも留意する必要がある（図７の説明文参照）

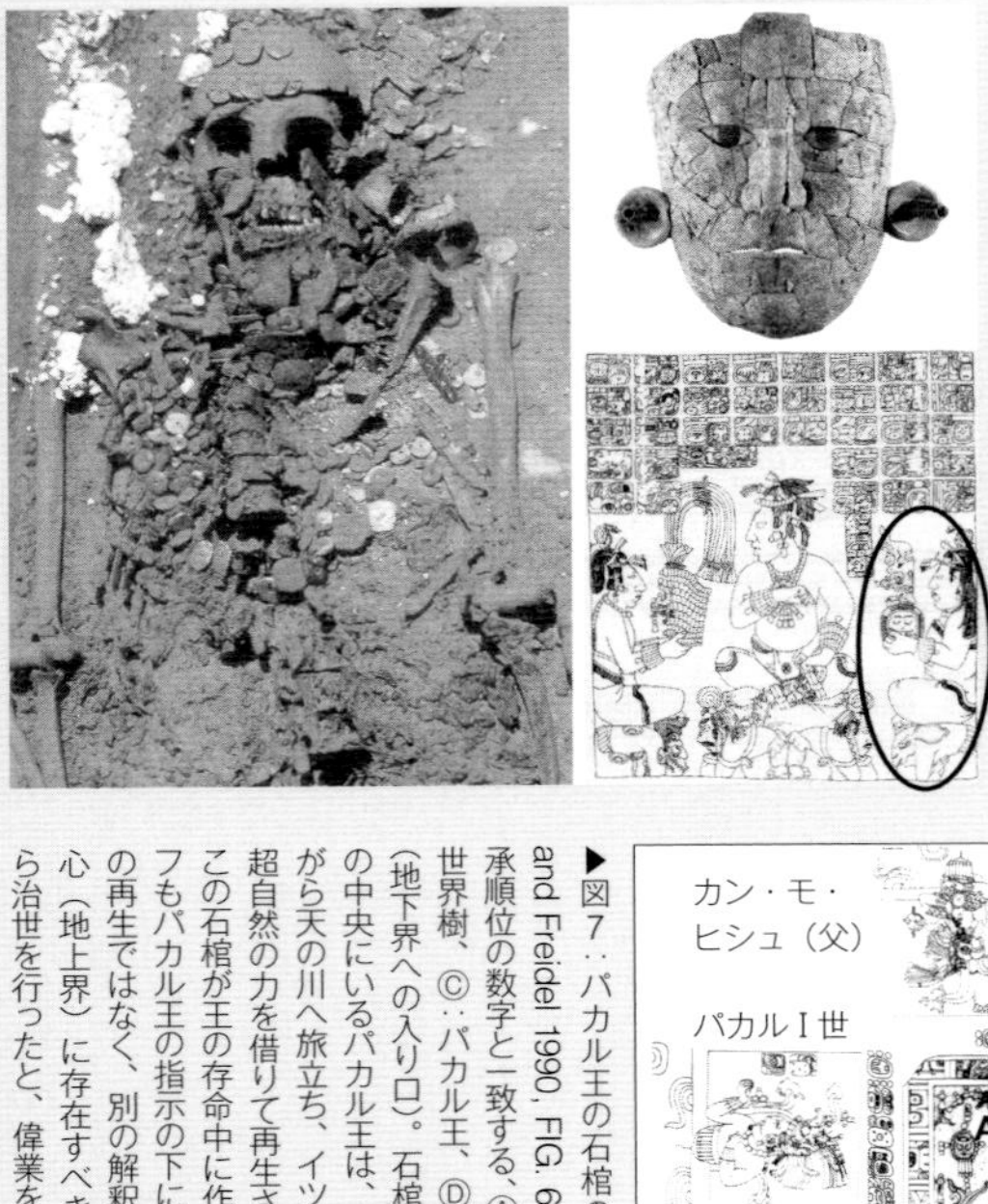

▲図６：「赤い女王」（López 2004, 66頁と68頁を基に作成）。左は「赤い女王」の遺体。「赤い女王」のあだ名は、石棺や遺体が辰砂によって覆われていたことから来る。右上は「赤い女王」の顔面に被せられていた、マラカイトを用いて作製されたマスク。現在、この被葬者を同定する研究が行われている。13号神殿は、パカル王の墓としても機能した「碑銘の神殿」と隣接することや建築様式の類似性から、「赤い女王」はパカル王の祖母や母や妻などが候補に挙げられている。最近のDNA分析によって、パカル王との類縁関係は低いことがわかり、妻（ツァクブ・アハウ）が有力候補とされている（右下）。

▲図７：パカル王の石棺の蓋と側面に描かれるモチーフ（Schele and Freidel 1990, FIG. 6:1を基に作成。図内の数字は図３の王位継承順位の数字と一致する。Ⓐ：イツァムナー神（天空と大地の神）、Ⓑ：世界樹、Ⓒ：パカル王、Ⓓ：人身御供のシンボル、Ⓔ：白骨化した蛇（地下界への入り口）。石棺のテーマは、パカル王の再生である。石棺の中央にいるパカル王は、人身御供によって誕生した世界樹を登りながら天の川へ旅立ち、イツァムナー神や石棺の側面に登場する先祖の超自然の力を借りて再生されることを表すと解釈されている。一方、この石棺が王の存命中に作製されていたことを考慮し、石蓋のモチーフもパカル王の指示の下に彫られたと仮定するなら、テーマは王自身の再生ではなく、別の解釈も提示できよう。王は天上界と地下界の中心（地上界）に存在すべき人物であり、神々や先祖の力を借りながら治世を行ったと、偉業を伝えたかったのかもしれない。

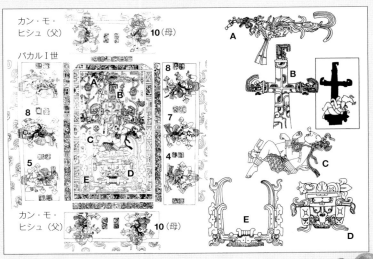

ティカル

ティカル（図1）は、古代メソアメリカ史の中で、古典期におけるマヤ低地南部社会の発展と衰退だけでなく、王権の萌芽を解明するための鍵を握る遺跡の一つである。それは、この遺跡ではおよそ一五〇〇年の長きにわたって、社会変化の軌跡を確認することができるからである。前五〇〇年頃から「ムンド・ペルディード」地区（図1の⑮）で「建造物5C－54」（図2）などの建築が開始され、都市化現象が徐々に引き起こされていった。その後、一世紀の終わり頃にティカル王朝が樹立し、一〇世紀の半ば頃に衰退した。古典期のマヤ地域において影響力のある強力な国家となり、この時代の中心的存在として扱われる傾向にある。一方でこの遺跡は、人類学のより普遍的な研究テーマである、都市化や王朝成立の原動力についての情報も提供している。

マヤ地域における都市化現象に関しては、社会の各成員をつなぐ役割を果たした「Eグループ」の存在を無視することはできない（第二章2節参照）。セイバルやワシャクトゥンでは先古典期中期から既に建造が始まっていたが、ティカルにおいてもこれが確認されている。それは、先に述べた「ムンド・ペルディード」地区の「建造物5C－54」と、この東に位置する「建造物5D－84／

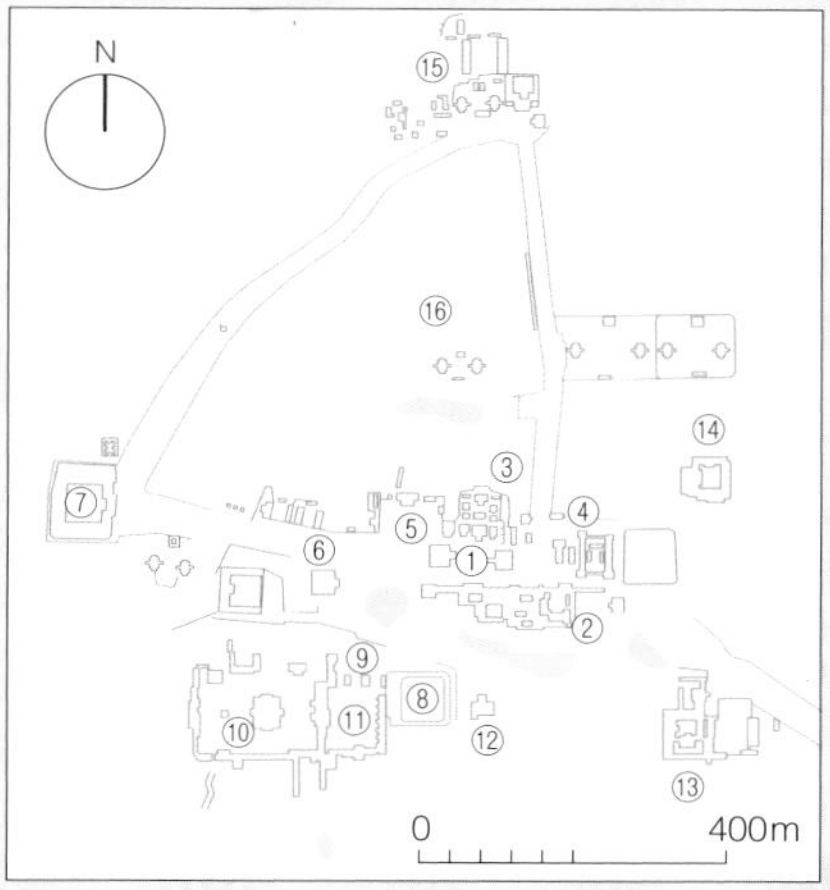

▲図1：ティカルの都市中心部の平面図　①：「大広場」、②：「中央アクロポリス」、③：「北のアクロポリス」、④：「東の広場」、⑤：「西の広場」、⑥：「3号神殿」、⑦：「4号神殿」、⑧：「南のアクロポリス」、⑨：「球技場」、⑩：「ムンド・ペルディード」、⑪：「七つの神殿」、⑫：「5号神殿」、⑬：「グループG」、⑭：「グループF」、⑮：「グループH」。

▼図2：「ムンド・ペルディード」地区の中央にある「グレート・ピラミッド（「建造物5C－54－5」）」（最後の数字の5は、写真の建造物の大きさに至るまでに合計5回の建て替えがあり、内部には古い時期の建造物が4基存在していることを表している。東から撮影）。古典期前期に建造されたと考えられる。ティカルの他のピラミッド型建造物と異なり、四方位に階段が設置されており珍しい。建築複合「Eグループ」を構成する主要ピラミッドであると考えられる。

88」である（図3）。この他、前一〇〇年頃から、後に王宮や王の墓としての機能を持つ「北のアクロポリス」（図4・5）のひな形が建造され、両地区はサクベによって行き来を容易にした。社会の成員全体を包含する空間と、特定集団のみが使用する空間との分化である。今後の研究課題として、分化の成立過程の理解が求められるだろう。

現在までのところ、ティカル王朝では三三代の王の存在が確認されている。九〇年頃に即位したと考えられる初代王ヤシュ・エーブ・ショークから、八六九年まで石碑に記録が残っている第三三代王ハサウ・シャン・カウィールⅡ世である。

四世紀半ば頃の第一四代王チャク・トク・イチャークⅠ世による治世から、ティカルはマヤ低地南部で急速に勢力を伸ばし、「新しい秩序」（第三章3節参照）により、さらに発展していく。しかし、六七九年にカーン王朝に敗れると一時衰退に向かう。この斜陽を食い止め、ティカル王朝を再建したのが、六八二年に即位したハサウ・シャン・カウィールⅠ世であった。ティカルで

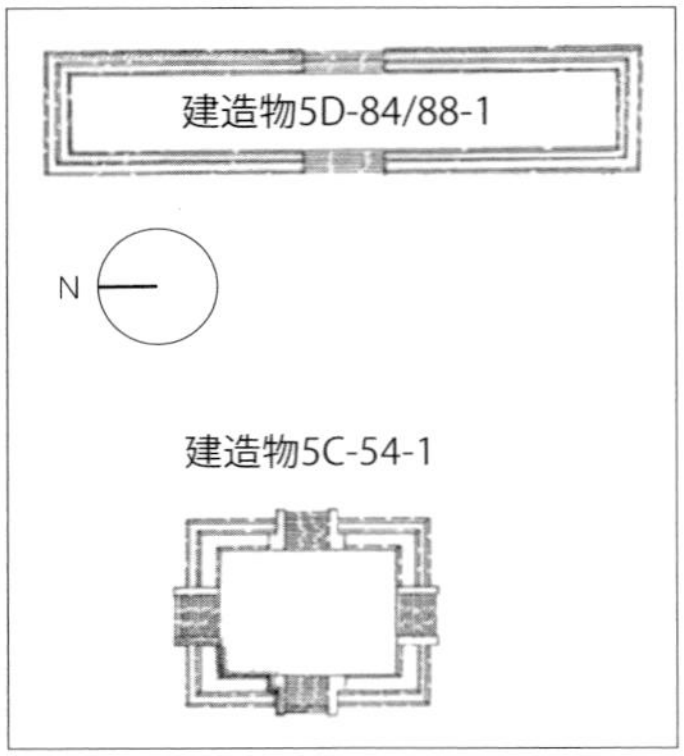

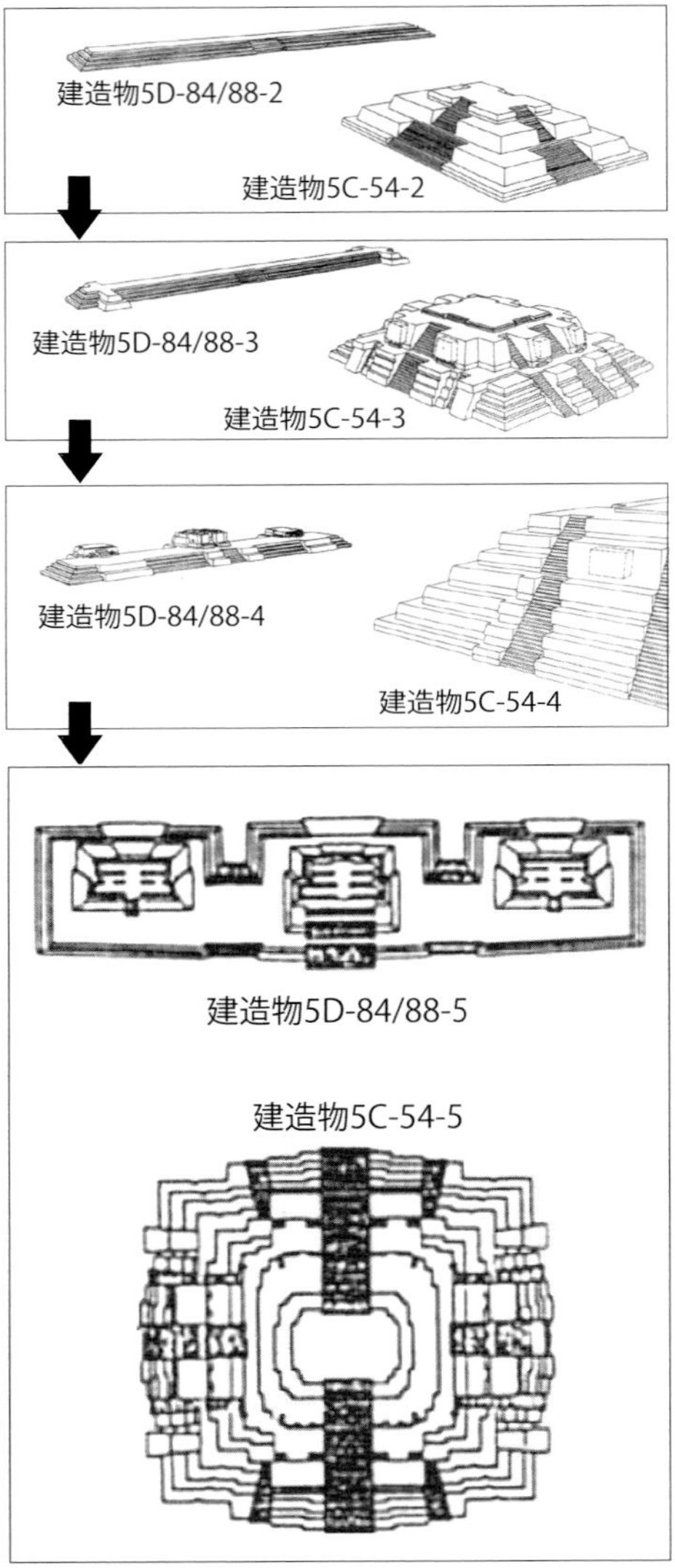

▲図3：「ムンド・ペルディード」の「Eグループ」の建築の変遷過程（Fialko 1988, Figuras 3～7を基に作成）。古代メソアメリカ文明のピラミッド型建造物に関して重要な点を1つ指摘しておきたい。それは、建造物単体で機能を果たすものもあるが、特別な目的を遂行させるために、複数の建造物をある規則性に基づき配列させる事例もあるという点である。この場合、基壇部（「建造物5D-84／88」）とピラミッド（「建造物5C-54」）」のセット関係により、天体観測施設としての用途が果たせた。

▼図4「北のアクロポリス」の風景（南西から撮影）。

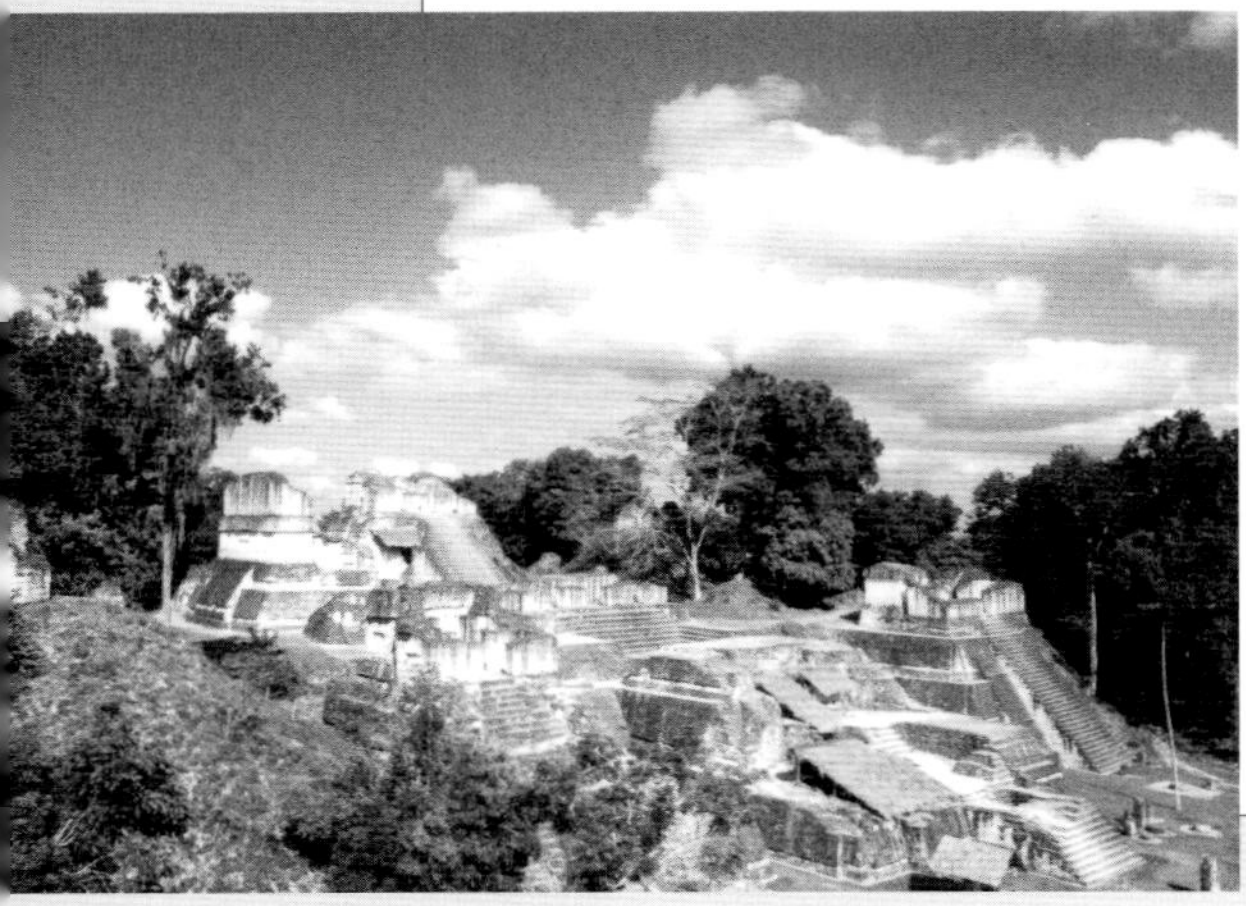

有名な「1号神殿」（図6右）は彼によって建立され、他界後、王の遺体はこのピラミッドの内部に埋葬された。この後も、ティカル王朝はいくつかの王朝と外交戦略を展開させ発展するが、第三三代王ハサウ・シャン・カウィールII世を最後に、次の王の名は石碑に刻まれることはなかった。

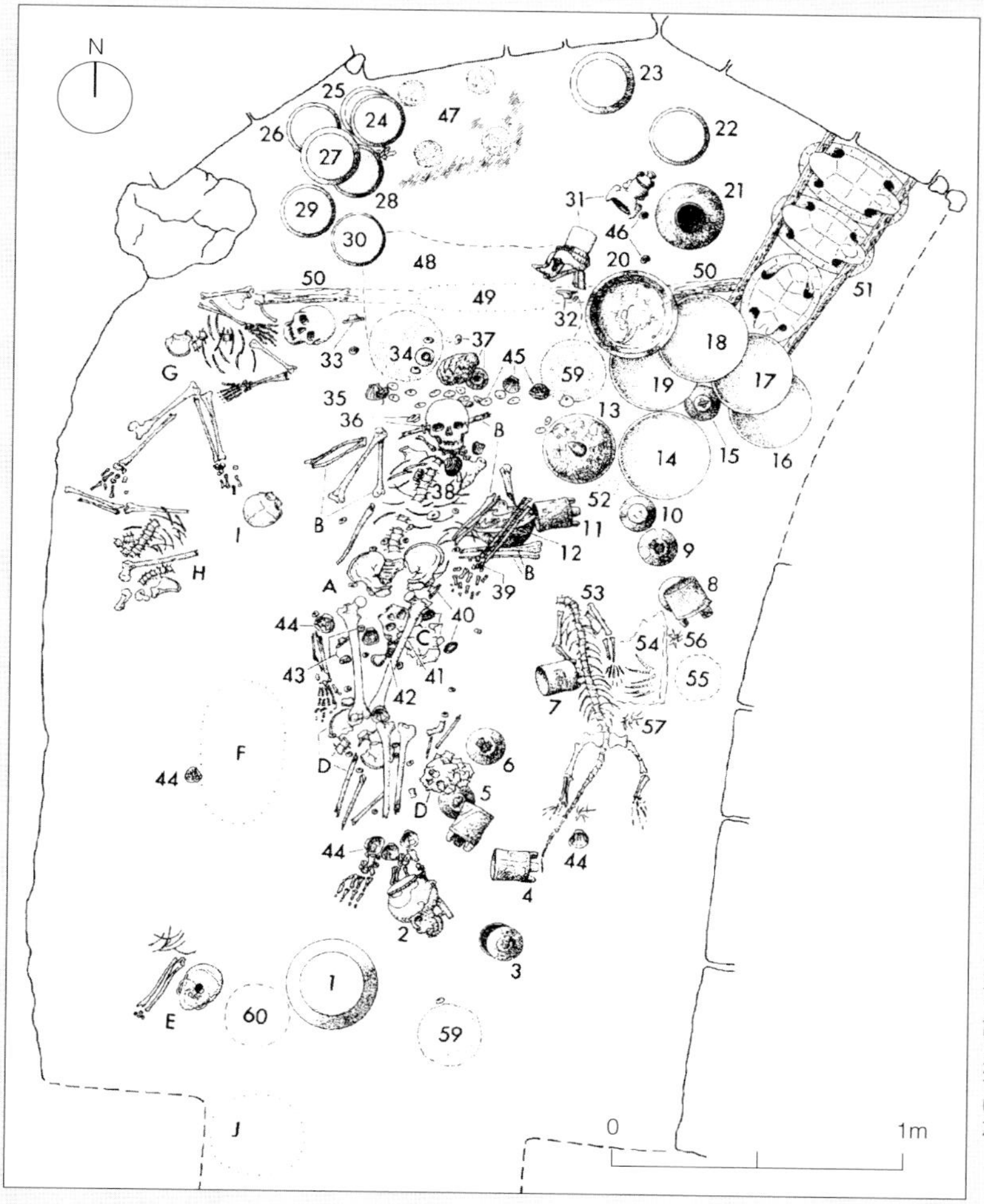

◀図5：「北のアクロポリス」の「建造物5D-34」の内部から発見された第一五代王ヤシュ・ヌーン・アイーンI世の「埋葬墓10」（Coe 1996, fig. 155を転用・修正）。中央に王が安置され、周囲に九人の若者が人身御供にされたと推測されている。王の東側には首のないワニが納められている。副葬品の一つであった土器に「投槍フクロウの息子」とマヤ文字で記されていた。

▼図6：（右）「1号神殿」（34×34×高さ47・2m、西から撮影）。（左）「2号神殿」（34×34×高さ43・5m、東から撮影）。

カラクムル

カラクムルは、コウモリの紋章を持つ土着の王朝に代わって、古典期後期にマヤ地域で大きな影響力を持つに至ったカーン（蛇）王朝によって、六三五年に首都として定められた。ティカル王朝と二分する勢力圏を戦争や外交戦略などによって形成するが、六九五年にティカル王朝との戦争に敗れた。しかし、その勢力は衰えず、ティカル王朝を囲い込むためにマヤ地域最南端にあるコパン王朝と同盟を結ぼうとした。ところが、七三六年頃に再びティカルに敗れたため、カラクムルではカーン王朝は衰退し、コウモリの紋章を持つ王朝が再登場した。

カラクムルでは、現在のところマヤ遺跡では最大多数の一二〇体の石碑が発見されている。石碑の数は王朝の繁栄度を測る尺度としても利用されることから、当時の繁栄を偲ばせる。後九一〇年を最後に石碑は建立されなくなったために、都市王朝は衰退したと考えられている。一九九〇年代の半ばに、七五

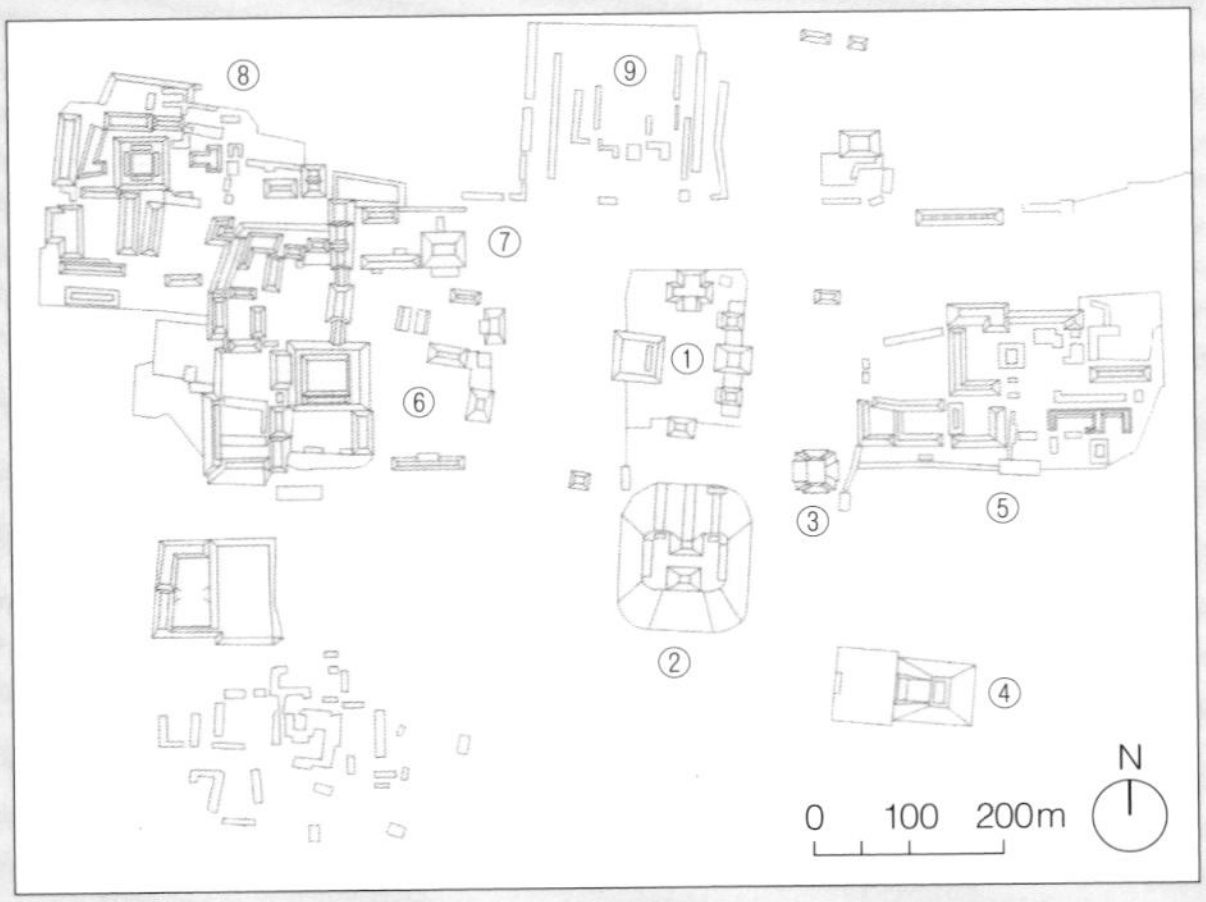

▲図1：カラクムルの平面図（①：「中央広場」、②：「建造物2」、③：「建造物3」、④：「建造物1」、⑤：「東グループ」、⑥：「大アクロポリス」、⑦：「球技場」、⑧：「西グループ」、⑨：「チーク・ナーブ」）。

▼図2：「建造物2」（北から撮影）。カラクムル遺跡の中でも最も重要なピラミッドの一つであり、現在の姿は五九三年頃に完成したと考えられている。カーン王朝の絶頂期が古典期後期にあるため、多くの研究はこの時期の社会をテーマとするが、建造物内部における近年の調査結果によって、王朝の揺籃期の解明も重要な研究テーマになっている。

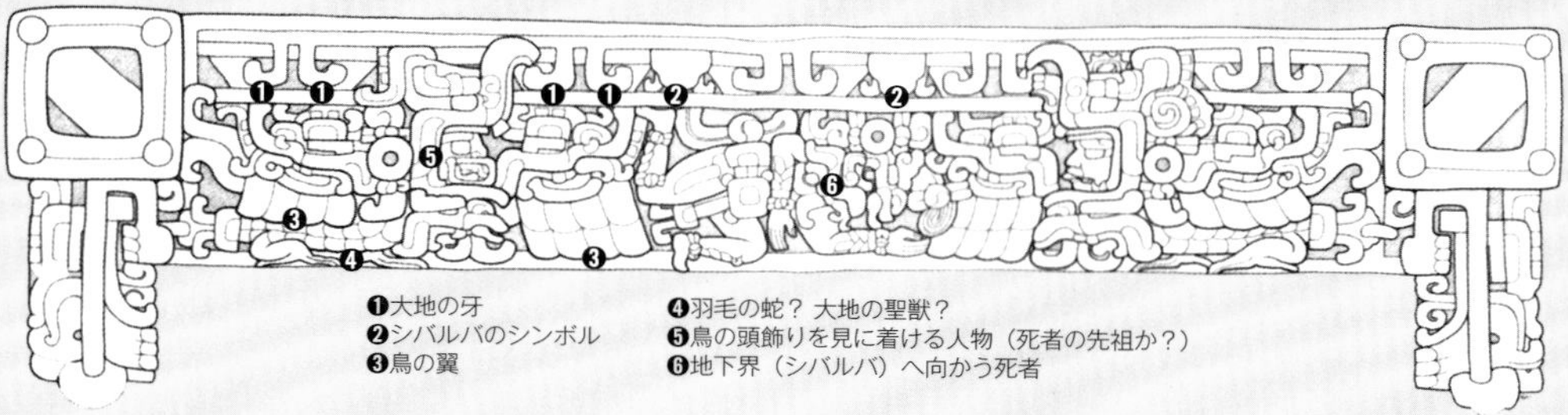

▲図3：「建造物2」の内部から発見された「建造物2c」のファサード（Carrasco, and Colón 2005, 44頁と45頁を基に作成)。この建造物は、前200年から200年の間に建造されたと考えられている。このファサードは、死者がシバルバ（冥界／地下世界）へ向かう様子を表現していると考えられる。このような思想の体系化とその表現の精緻さから、カラクムルは古典期前期に突然発展し、古典期後期に絶頂を迎えたのではなく、早い時期から人々が集まる中心地として機能していたと考えられる。

▼図4：「建造物1」の壁画（650年頃、Carrasco, and Colón 2005, 40頁を転用・修正)。研究者の間では、市場の場面であると広く認められているが、饗宴だと解釈する研究者も一部存在する。中央にいる女性は上質の素材で作られた青い紗を身に着けて、甕を女性に渡している。女性の顔が赤いのは、おそらく甕が重いからであろう。実際に、青い装束の女性の左側には、「荷物を降ろしなさい」というマヤ文字が書かれている。甕の右側にマヤ文字で「アトレの人」と明記されていることから、アトレ（トウモロコシの粉を溶かしトウガラシやカカオそして蜂蜜を混ぜた飲み物）が入っていたのではないかと推測されている。

〇年からおよそ二〇〇年間にわたり、カラクムルを含むマヤ南部低地は大規模な干ばつに見舞われたとの指摘がなされた。これにより、自然災害が有力な衰退要因と考えられた。しかし、マヤ低地北部においても干ばつの痕跡が確認されたことにより再考を迫られた。古典期終末期（後八〇〇～九五〇年）のマヤ文明は、一般的に、マヤ低地南部の衰退とマヤ低地北部の繁栄という枠組みで理解される（第四章参照）。両地域において干ばつが認められるにもかかわらず、なぜ南部は衰退し北部は発展したのか説明できず理論的根拠を失ったのだ。近年の調査から、水源が豊富なマヤ南部にあるペテシュバトゥン地域でも、都市王朝が衰退しているために、自然災害と衰退との相関関係は低い。また、干ばつは七五〇年頃に始まり、カーン王朝の終焉が九一〇年であったとすると、一六〇年もの間、存続できた理由を説明する必要があるだろう。

現在では、地域間交流がどのように行われていたのかを復元する分析が進み、古典期終末期以降、マヤ低地南部を経由しない、マヤ低地北部やメキシコ中央高原との関係が深まったと指摘されている。戦争による疲弊や人為による環境破壊や自然の環境変化、そして王の威信低下などの複合的要因が徐々にカラクムルのみならず、古典期マヤの各王朝を衰退に導いたと考えられる（第三章4節参照）。

コパン

マヤ低地南東部に栄えたコパン（図1・2）では、四二六年にキニチ・ヤシュ・クック・モによって王朝が樹立された。八二二年頃の王朝崩壊までの間、合計一七代の王が存在したと考えられている（表1・図3）。

コパン周辺では、先古典期前期から定住が開始されてきたと考えられ、前一〇〇〇年頃には公共建造物の建造が始まったと報告されている。また、オルメカ文明との関係もあったと考えられており、早い時代からメソアメリカ地域の広範囲にわたり交易が行われていたことがうかがわれる。

キニチ・ヤシュ・クック・モ王が初代の王と呼ばれているが、これ以前にも王は存在していたことがわかっている。しかしながら、キニチ・ヤシュ・クック・モ王よりも前の王に関する記録はほとんど遺されていない。ここには、歴代の王による意図的な歴史の改ざんがあったのかもしれない。

それは、キニチ・ヤシュ・クック・モ王とテオティワカンとの密接な関係にあるのかもしれない。初代王は常にメキシコ中央高原のトラロック（雷鳴の神）を模した姿で表現される（図4）。さらに、彼はテオティワカンで

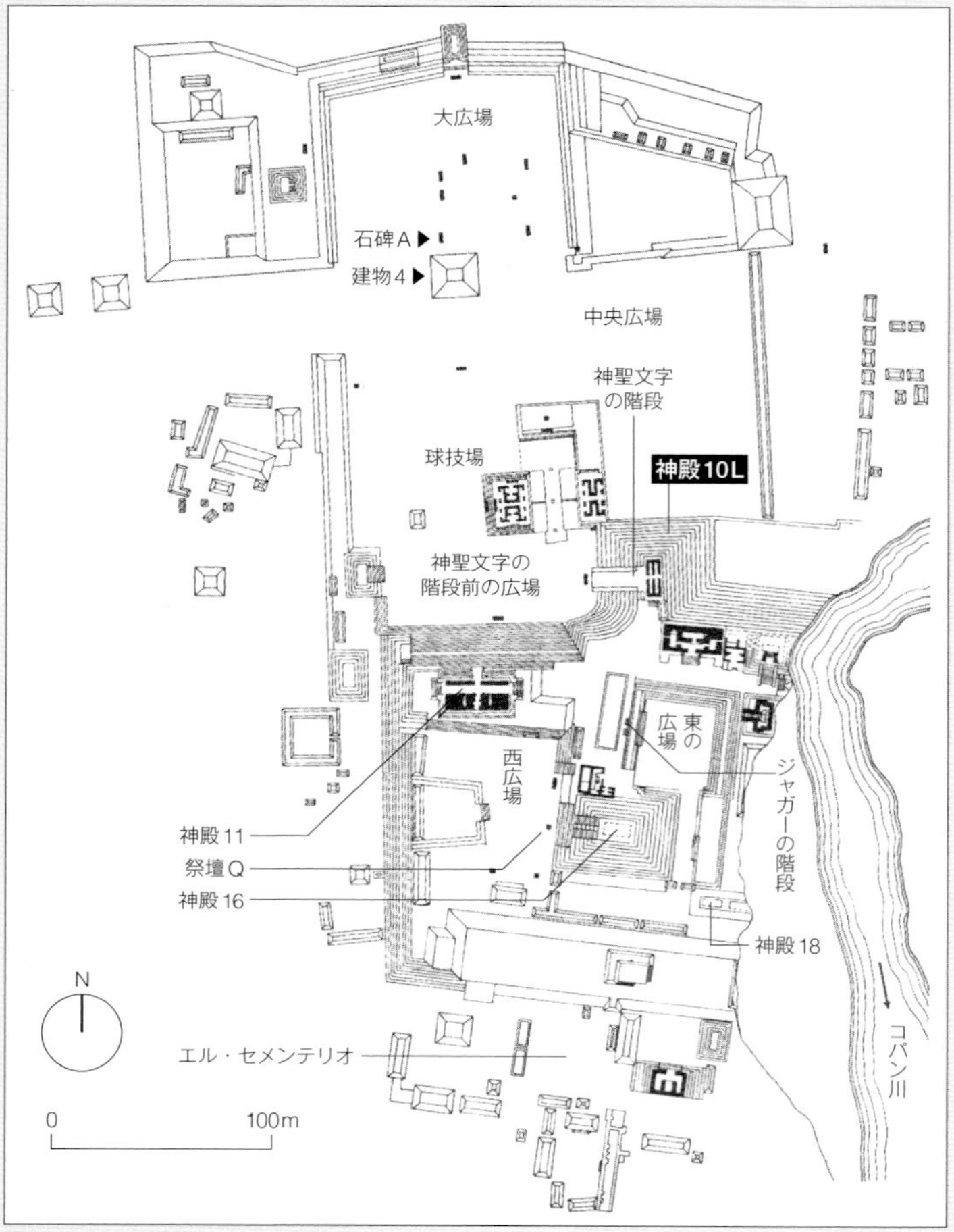

▲図1：コパンの都市中心部の平面図。
▼図2：コパン遺跡公園の模型（北西から撮影）。

継承順	王の名前	在位	継承順	王の名前	在位
1	キニチ・ヤシュ・クック・モ	426～437年頃	10	あだ名「月のジャガー」	553～578年
2	キニチ・ポポル・ホル	437年頃～	11	カック・ウティ・チャン	578～628年
3	不明：支配者3	455年頃～	12	カック・ウティ・ハ・カウィール	628～695年
4	ク・イシュ	465年頃～	13	ワシャックラフン・ウバク・カウィール	695～738年
5	不明：支配者5	475年頃～	14	カック・ホプラフ・チャン・カウィール	738～749年
6	不明：支配者6	485年頃～	15	カック・イピヤフ・チャン・カウィール	749～761年
7	あだ名「睡蓮のジャガー」	500～545年	16	ヤシュ・パサフ・チャン・ヨアート	763～810年
8	ウイ・オール・キニチ	～551年	17?	ウキト・トーク	822年～
9	不明：支配者9	551～553年			

表1：コパン王朝の歴代の王とその在位（Fash 2011, 36頁を基に作成）。未だ解読されていない王の名もあり、あだ名のみわかっている人物も存在する。17代目の王に「?」がついている理由は、16代目の王との在位期間に12年間の空白があることから、ウキト・トーク王よりも前に別の王がいた可能性を示している。しかしウキト・トーク王によって作成された石碑には、16代王と対面して描かれている場面が彫られており、彼が17代目の王であった可能性が高い。ウキト・トーク王がコパン王朝の最後の王であったと考えられている。

王の戴冠の儀礼を受けたのではないかとも考えられている（図3の説明文参照）。このような関係は、ティカル王朝を中心に引き起こされた「新しい秩序」が要因になっているのかもしれない（第三章3節参照）。後の王は常に初代王への畏敬を忘れず、建造物やマヤ文字を用いてこれを表している（図3・6・7）。

しかし、筆者には過度に映ってしまう。なぜこれほど繰り返し初代王が登場するのか、また、なぜこれ以前の歴史について記述しないのか。ティカル王朝のように、テオティワカン人による何らかの政治的介入がコパン地域でもあり、かつて支配していた前コパン王朝の王族は駆逐された結果、歴史的に抹殺されたのかもしれない。

コパン王朝は順調に発展しこの地域全域を支配していった（図5）。第一三代王ワシャックラフン・ウバク・カウィールは、中でも多くの石碑を建立し文化を開花させ、王朝を発展に導いていたが（図8）、七三八年にコパンに従属していたキリグア王朝に敗北し絶命した。第一五代王カック・イピヤフ・チャン・カウィールと第一六代王ヤシュ・パサフ・チャン・ヨアートは、主要神殿であった「神殿10L」に「神聖文字の階段」（図3・6）を建設し再起を図るが、八〇〇年頃この地域では人口が密集しており、また環境破壊も進んでいたと考えられており、王朝は時を待たずに崩壊した。

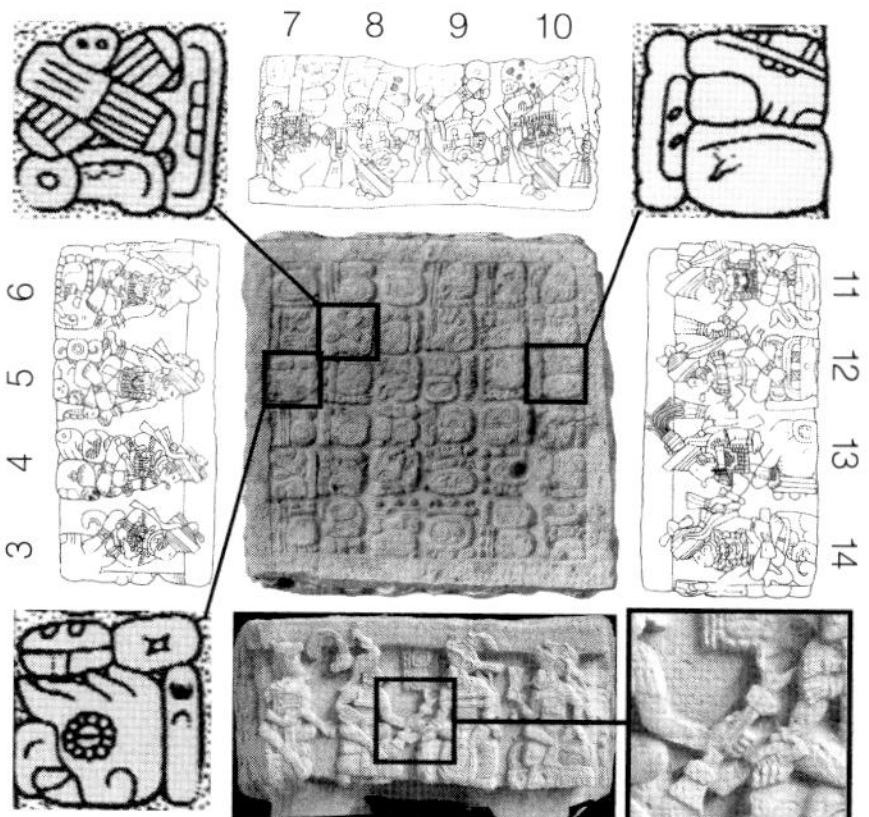

▶図3：「祭壇Q」に彫られた16人の王とマヤ文字（図内の数字は王の継承順位を表す。表1と対応）。第一六代王ヤシュ・パサフ・チャン・ヨアート（図内右上拡大図）によって、七七六年に作製された。コパン遺跡から発見された祭壇の中でも最も重要なものである。第一六代王が初代のキニチ・ヤシュ・クック・モ王（図内左下拡大図）から王杓（図内右下拡大図）を受け取っている場面も見える。祭壇の上面には、キニチ・ヤシュ・クック・モが四二六年九月五日にカウィール（王の称号）を得て、王位に就いたことが記されている。また、この称号は、「起源の住処」（図内左上拡大図）で実施されたとあり、それはテオティワカンを指すのではないかと推測する研究者もいる。

◀図4：キニチ・ヤシュ・クック・モ王と考えられる石彫と背後の壁のモチーフ（Fash 2011, Figura 73を転用・修正）。大地の聖獣が彫られた部屋の内部にキニチ・ヤシュ・クック・モ王の石彫が安置されていた。王が地下界から超自然の力を得ていたことを物語っている（第二章図21と図25参照）。

建築年代	建造した王	建造物の名称
400年代初頭	キニチ・ヤシュ・クック・モ	ヤシュ
450年頃	キニチ・ポポル・ホル	モットモット
460年頃	ク・イシュ	パパガジョ
630年頃	カック・ウティ・ハ・カウィール	マスカロネス
650年頃	カック・ウティ・ハ・カウィール	チョルチャ
700年代初頭	ワシャックラフン・ウバク・カウィール	エスメラルダ
700年前半	ワシャックラフン・ウバク・カウィール	エスメラルダの増築
750年頃	カック・イピヤフ・チャン・カウィール	神殿 10L-26-2
755年	カック・イピヤフ・チャン・カウィール	神殿 10L-26-1
710年	ワシャックラフン・ウバク・カウィール	神聖文字の階段
755年	カック・イピヤフ・チャン・カウィール	

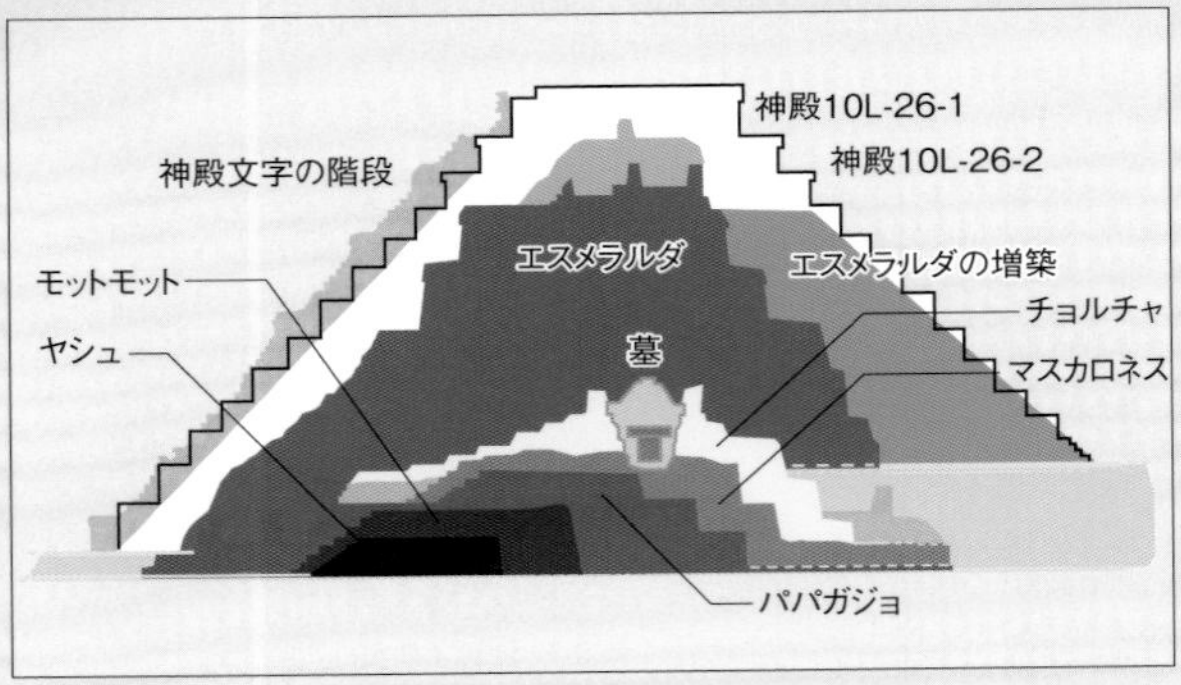

▲図5:「神殿10L」と内部建造物の時期関係（Fash 2011, Figura 124を基に作成）。コパン王朝の発展と共に、主要神殿も段階的に拡大していったことが理解できる。

▶図6:「神聖文字の階段」（西から撮影）。63段ある階段におよそ2200のマヤ文字が刻まれていた。7代王「睡蓮のジャガー」から15代王カック・イピヤフ・チャン・カウィールまでの王権の正統性や、初代王キニチ・ヤシュ・クック・モを称えている。

▼図7:「神殿16」の内部から発見された「ロサリラ神殿」のレプリカ（Museo de Escultura de Copán展示）。571年頃に「月のジャガー」王によって建造されたと考えられる。この神殿は、天上界と地上界そして地下界をつなぐ場所（「聖なる山」）を表していると解釈されている。特に創始者であるキニチ・ヤシュ・クック・モ王（下左右囲み部、左上拡大図）を称えることで、コパン王朝のさらなる繁栄を祈願している。

▶図8:「建造物4」のすぐ北に設置された「石碑A」（Museo de Escultura de Copán展示）。ワシャックラフン・ウバク・カウィール王によって七三一年に建立された。この石碑の左側側面には、コパンの他、この時期にマヤ地域の強大王朝であったティカルとパレンケとカーンの名が刻まれており、ワシャックラフン・ウバク・カウィール王はこれらに伍する王朝であることを誇ったのかもしれない。

聖なる泉セノーテ

マヤ低地北部は熱帯サバナ気候で、年間降雨量は一一〇〇ミリメートルほどであり、六月から一〇月にかけて集中的に降る。ちなみに、現在の日本の年間降雨量は約一七〇〇ミリメートルで、マヤ低地北部はその三分の二ほどである。トウモロコシが栽培され始めた当初、乾燥地帯ではその育成に年間降雨量が八〇〇ミリメートル以上必要であった。一方、標高が一〇〇〇メートル以上の温暖または寒冷地帯では、五〇〇ミリメートルほどで栽培が可能だった。マヤ低地北部では一一〇〇ミリメートルもあり、トウモロコシの栽培は可能だったと思われるが、大地は石灰岩質であるため、降雨が大地に達すると保水性が弱いため、すぐに地中深くに流れ込むか乾燥により蒸発してしまう。さらに、河川や湿地帯の乏しい地域であるため、水源の確保は容易ではなかった。

　このような自然環境ではあったが、セノーテ（図１・２）と呼ばれる天然の泉の存在により、人々の定住が可能となり、徐々に古代

◀図１：チチェン・イッツァにあるセノーテ（南から撮影）。

▼図２：ボロチェンのセノーテ（一八四四年に出版されたフレデリック・キャザウッドの石版画集より）。

都市が誕生していった。メソアメリカ地域において、セノーテはこのマヤ低地北部に集中している（図3）。それは、まずこの地域の大地がカルスト地形であることと関係する。多孔性の石灰岩の大地は、雨水や土壌水や地下水によって浸食を受けやすく、時の経過と

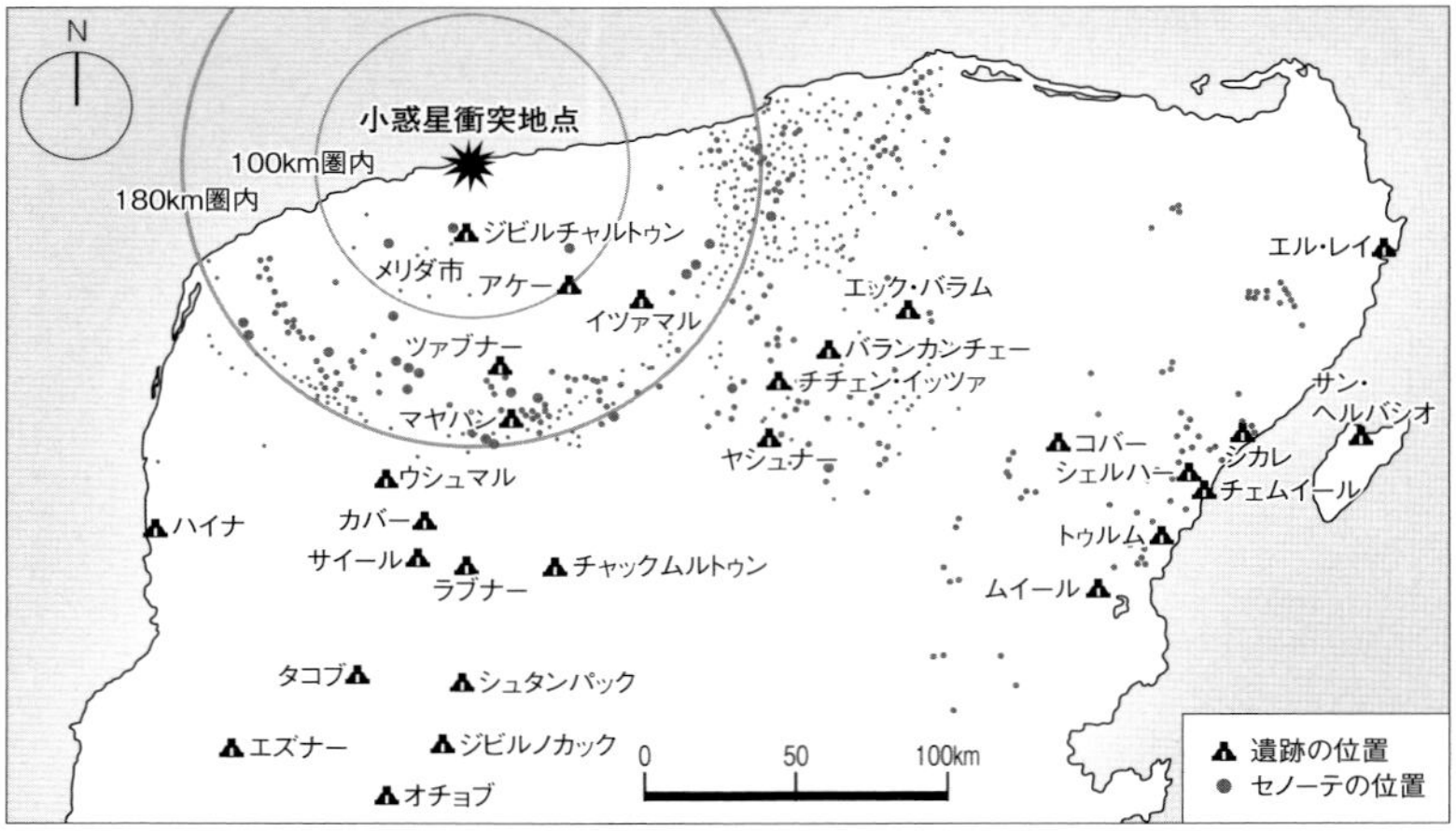

▶図3：セノーテの分布と小惑星衝突地点。

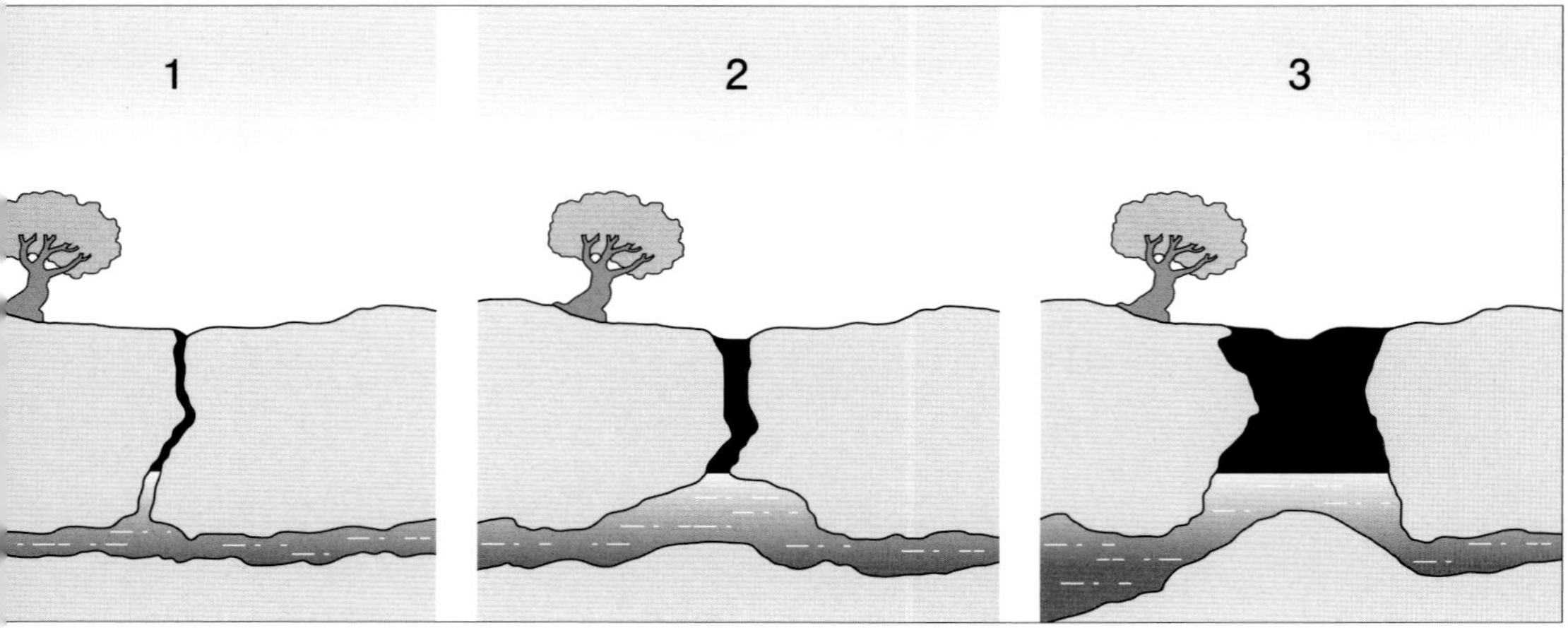

▲図4：セノーテの形成過程。

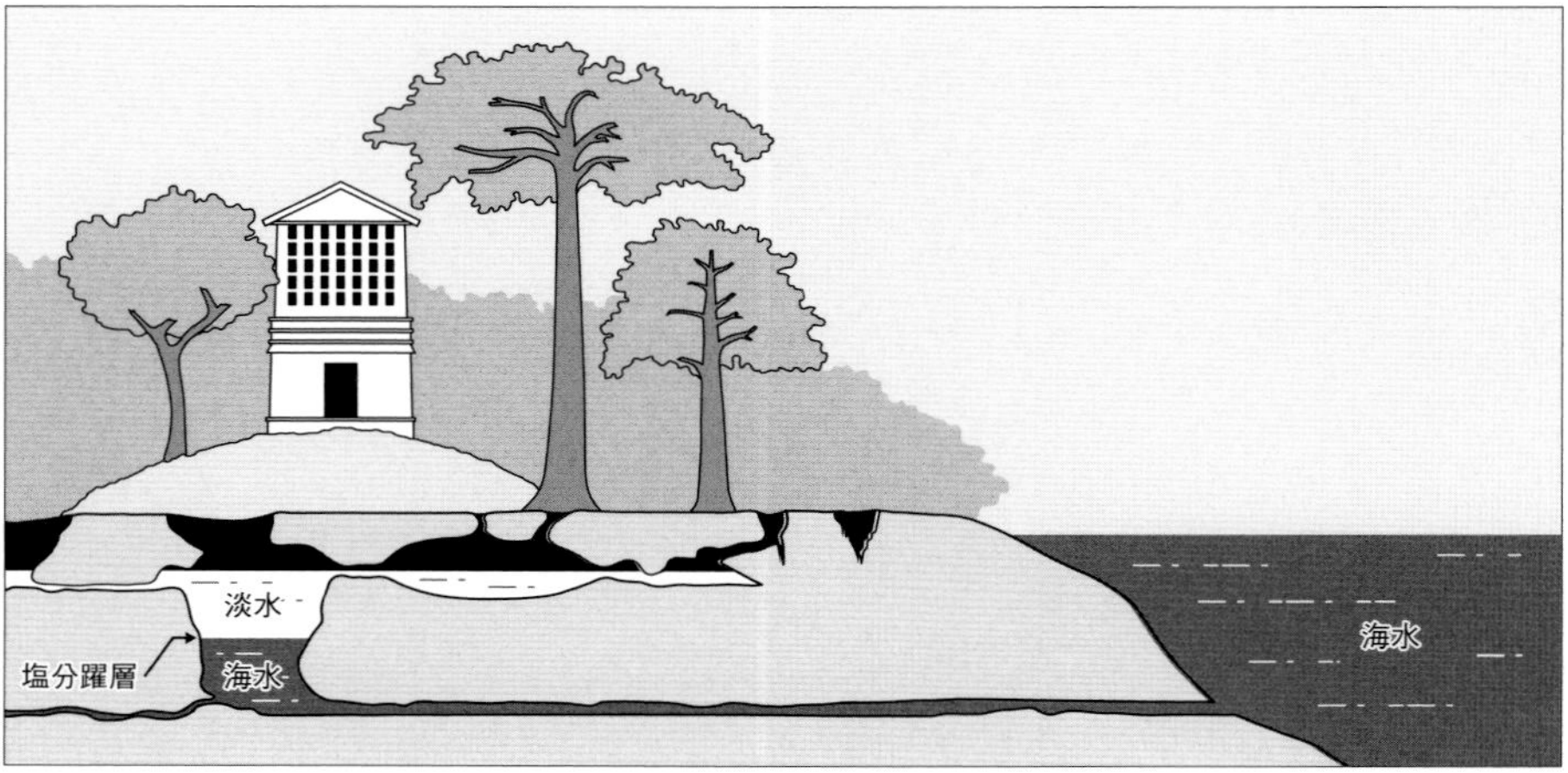

▶図5：セノーテで塩分躍層が生じる原理。海に近いセノーテの中には、水脈が海につながっているものもある。その際、セノーテ内の水は、塩分濃度の違いにより淡水と海水に分かれる現象が起こる。塩分濃度が極端に変わる層（淡水と海水の交わる部分）を塩分躍層と呼ぶ。

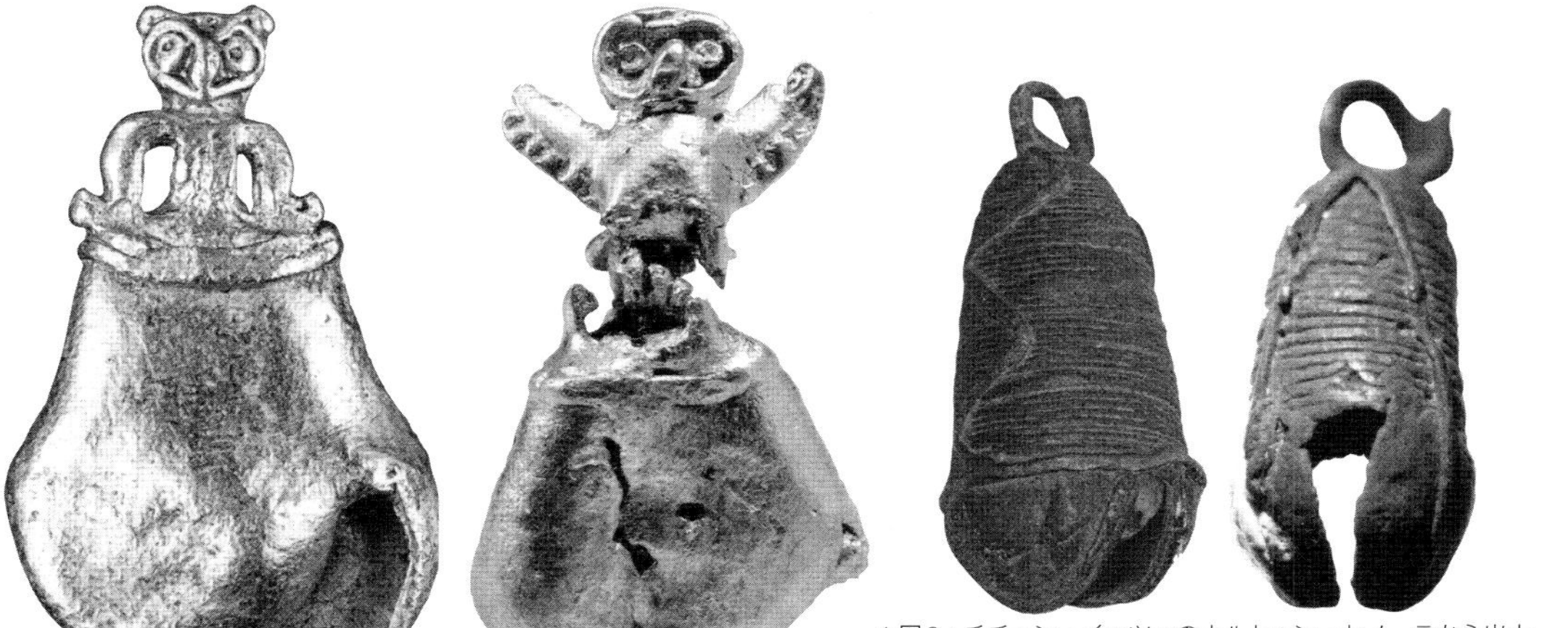

▲図６：チチェン・イッツァのホルトゥン・セノーテから出土した鈴（Ortiz et al. 2016, 72-73頁を基に作成；左2つ：金と銀と銅の合金製の鈴；右2つ：青銅製の鈴）。

ともに大地は脆くなり、その一部が陥没する。結果、陥没した穴は地下水脈とつながり、天然の井戸が形成される（図４）。

この形成過程により、現在でも人知れず新しいセノーテが誕生している。しかし、その多くは約六五五〇万年前の小惑星の衝突にさかのぼる。チクシュルーブ・クレーターと名付けられた衝突の位置は、メリダ市から約三五キロメートル北北東へ向かった地点であると推測されている。興味深いのは、衝突地点は実際に確認されたのではなく、推測されているということである。推測を行うためのデータの一つとして、セノーテの空間分布が利用されている。この分布には、ある規則性が認められているというのだ。それは、衝突推測地点から直径約一八〇キロメートルの円周の周辺に集中している事実である。つまり、セノーテの多くは衝突の衝撃によって形成されたのだ。さらに、沿岸部周辺に位置するセノーテでは、興味深い自然現象も見られる。塩分躍層と呼ばれるものである（図５）。

マヤの人々にとって、セノーテは単なる水を供給する場所ではなかった。いくつかのセノーテと地下水脈で形成された洞窟空間を、シバルバ（冥界）として畏敬していた。特に、チチェン・イッツァのオルトゥン・セノーテ、プンタ・ラグーナのラス・カラベラス・セノーテ、バランカンチェの水脈洞窟からは、人骨、動物骨、土器、ヒスイ製品、チャート製のナイフ、エイのとげ、土製紡錘車などの考古遺物が発見されており、古代マヤ人の世界観を理解するための貴重な資料を提供している。

雨季に雨が降らないときは、チャック神に雨を乞う目的で、大人だけでなく子供までも生贄にされたことがわかっている。バランカンチェの大洞窟では、メキシコ中央高原で崇められていたトラロックの土製香炉台やシペ・トテックが彫られた石製香炉台が発見されており、このような空間では、雨乞いのみならず死からの再生や豊穣を願う儀礼が行われていたと考えられている。一方、ホルトゥン・セノーテからも、メキシコ西部で作成されたと考えられる、金と銅の合金製（トゥンバガ）の鈴や青銅製の鈴が出土しており（図６）、この仮説を支持している。それは、古代メソアメリカ文明では、鈴の音には豊穣や再生の含意があることによる。ラス・カラベラス・セノーテには、生贄にされた人骨だけでなく、埋葬されたと考えられる人骨も発見されている。これらの事例から、セノーテや地下洞窟をシバルバと見立てた古代マヤの人々にとって、シバルバは単なる死者の国ではなく、人々の願いを叶えることができる神聖な空間であったことが理解できる。

第四章

つながる世界——後古典期

1 古典期終末期（後八〇〇〜九五〇年）から後古典期前期（後九五〇〜一二五〇年）

古典期終末期のマヤ低地南部における社会の衰退により、定説として、マヤ文明の中心はこの時期にマヤ低地北部に移ったとされている。それは、この地域ではウシュマル、ジビルチャルトゥン（図1）、エック・バラム、コバーなどの都市が繁栄を迎えるからである。しかし、マヤ低地南部の社会の衰退が低地北部の社会の発展につながったと単純に図式化することは、マヤ地域全体の動きを見誤ることになる。

もちろん、ある地域の社会の衰退により近隣地域が突然中心地として機能する事例もあるが、これとは異なり、近隣地域の急速に見える社会発展は、外部による何らかの作用ではなく、内部の持続的な成長に主要因があることも考えられる。そして、かつての中心地の衰退（マヤ低地南部）と近隣地域の発展（マヤ低地北部）の差が大きかったと解釈されればされるほど、表面的には、後者の発展は前者の衰退と密接な関係があったと印象付けられてしまう。

確かに近年までは古典期終末期は、このような枠組みから捉えられていたが、ここ二〇年の間、特にマヤ低地北部において考古学研究が盛んになり、古典期の考古学データが増えてきた。さらに過去の研究成果の再解釈により、別の視点から古典期のこの地域の役割を理解する動きもある。それは、マヤ低地南部と北部の対比関係からだけではなく、先に書いたように、マヤ低地北部における社会の持続的な成長からも、この時代を考察しようとするものである。

重要なのは、古典期においてマヤ低地南部は文明の中心地として発展したが、これは他

▼図1：ジビルチャルトゥン遺跡の「七人形の神殿」（北西から撮影）。この神殿の内部から、七体の土偶が副葬品として発見されたことから命名された。この遺跡では前四五〇年頃から定住の痕跡が確認されており、最盛期は古典期終末期であると指摘されている。

のマヤ地域が文明後進国であったということではない。マヤ低地南部に研究が集中しており、この地域が古典期の花形であったとの認識が、周辺地域の社会的役割を曇らしていた。

例えば、ユカタン半島のメリダ市の東方約六〇キロメートルにあるイサマルは、先古典期後期から都市性を備え始め、その最盛期は古典期前期であったことがわかっている。最盛期には遺跡の面積は約五三平方キロメートルに広がり、「イツァムナー（約三〇〇×二〇〇m）」や「キニチ・カクモ（約二〇〇×一八〇m）」といった基壇型ピラミッドが建造され、この地域一帯を統治していたと考えられている。人口は三万一〇〇〇人から四万三〇〇〇人と推測されており、これは同時期に栄えていたマヤ低地南部のティカルやカラクムルの人口を凌ぐものであった。

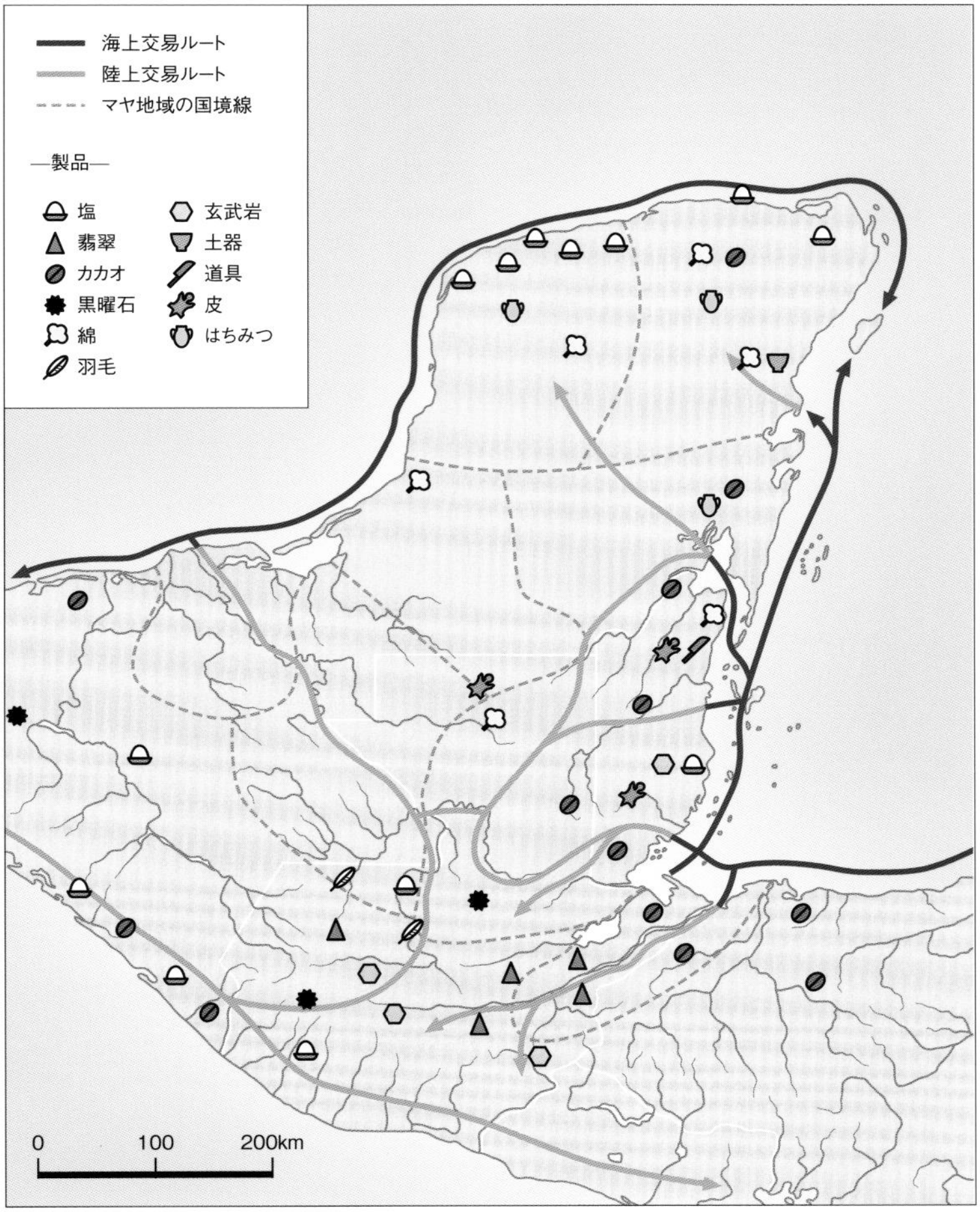

◀図2：マヤ地域の交易ネットワークの復元図。陸海両方の交易網が広がっていたと考えられる。

一方、メリダ市の西方に位置するチュンチュックミル遺跡の調査から、古典期終末期から後古典期に成熟したと指摘されているユカタン半島の海洋交易は、古典期前期に既に発展しており、この遺跡が海洋交易の重要な拠点の一つであったと指摘されている。また、チャックⅡ遺跡やオシュキントック遺跡から出土した物質文化に、テオティワカンからの文化的影響が認められることから、新たな解釈が提示されている。古典期に確立していた長距離交易は、マヤ低地南部とメキシコ中央高原間を中心としたものであったと現在まで考えられていたが、マヤ低地北部にまでこの交易網は広がっていたと考えられるようになってきた（図2）。このように、古典期におけるマヤ低地北部の社会の再評価により、現在ではこの時代のマヤ文明をより包括的に理解できるようになってきた。

さらに、マヤ低地北部を包含する長距離交易に注目すると、古典期後期から後古典期前期にかけて、メキシコ中央高原とマヤ地域との関係が、どのように変化したのかを理解することができ興味深い。一つは、長距離交易の質的変化であり、もう一方はトゥーラ（五五〇～一一五〇年）とチチェン・イッツァ（全盛期は九〇〇～一二〇〇年）の関係である。

長距離交易の変化に関して一言で表せば、それは為政者同士が主体となって構築した交易ネットワークから、様々な階層の人々が参加する経済社会への構造的な変化である。古典期におけるテオティワカンの繁栄は、マヤ低地南部だけではなく低地北部やマヤ高地でも確認されているが、これらは、在地のエリート集団とテオティワカンの政治的関係によって確立されていたものであった。第三章3節で見たように、古典期ではマヤ地域のエリート階層とテオティワカンにおける国家レベルでの交易が盛んであり、これを主軸として各周辺地域へとネットワークが拡散していったと考えられる。

一方、テオティワカンの衰退によって、これらの地域圏では、必ずしも政治組織が主体とならない、より包括的なネットワークが構築されていった。この交易圏では様々な資材や製品が異なる原産地や生産地から各地に流通した。例えば、メキシコ－グアテマラ国境沿の太平洋岸で生産されたプランベート土器（図3）や、ベラクルス州南部とカンペチェ州の間のメキシコ湾岸低地で生産されていたオレンジ色薄手土器、そしてメキシコのウカレオ産とパチューカ産の黒曜石などが挙げられる。古典期後期から後古典期前期における社会的特徴の一つが、この交易における質的変化である。

一九八〇年の初め頃までは、このようには解釈されていなかった。これまでの解釈では、トルテカ人がトゥーラを首都に帝国を誕生させたとの認識から議論は出発していた。各地域で出土した資材や製品はトルテカ人の征服による、また建造物やチャック・モール（図4）を代表とする石彫に表れる芸術様式の類似性は、彼らの侵略や影響力によると考えられ、「トルテカ様式」と呼ばれていた。

この解釈を前提に、古典期終末期に絶頂期を迎えたユカタン半島北部のチチェン・イッツァは、トゥーラ・グランデ（一般的にはトゥーラと呼ばれている）を帝都とするトルテカ人によって建設されたと、以前は考えられていた。現在では、このような解釈を支持す

▲図3：プランベート土器の一例（Museo Nacional de Antropologia展示）。

▲図4：アステカ王国の「テンプロ・マヨール」にあるチャック・モール（西から撮影）。メキシコ北西部が起源と考えられているチャック・モールは、トルテカ人の繁栄と共にメソアメリカの各地域へと伝えられたと考えられている。この伝統は後古典期のアステカ王国でも踏襲された。

る研究者は少なくなったが、チチェン・イッツァとトゥーラにおけるこの解釈の変遷を知ることは、次の重要な二点の理解につながるため、本章ではこれを中心に見ていきたい。一つ目は、この時代（古典期終末期〜後古典期前期）のマヤ文明、特にマヤ低地北部の役割が評価されてきたことによって、古典期マヤの繁栄と遜色なく、古代メソアメリカ文明史の中で歴史学的にしっかりと位置付けられるようになってきたことである。もう一つは、考古学的解釈は、各時代の支配的な見方に強い影響を受けており、研究者は、常にこれに留意し再解釈していかねばならないということである。

2 トゥーラとチチェン・イッツァの関係――根本的な問題点

トゥーラは、テオティワカンやテノチティトランと同じく、メソアメリカに一大文明を産んだ揺籃の地メキシコ中央高原に位置している。この遺跡は、続古典期（五五〇／六〇〇〜九〇〇年）から後古典期前期のメソアメリカ地域を研究する上で、欠くことのできない都市の一つとなっている。それは、トゥーラがテオティワカン崩壊後からその文化を受け継ぎ、一般にトルテカ人と称される混合部族集団の首都として機能していたからである。

この節の議論に入る前に、混同を避けるため、古典期終末期（八〇〇〜九五〇年）と続古典期の違いについて明記しておきたい。メソアメリカ地域は広大であるため、自然環境にも多様性が認められる。これにより、各地域は交易を行い相互に影響を受けながらも独自の社会発展を遂げていった。結果、古代メソアメリカ文明では、三大時代区分（先古典期、古典期、後古典期）を採用することで一致しているが、これらの年代に差異が生じる。また、ある特定地域に特有の社会変化を解明する目的で、時代はさらに細分（時期区分）されることになる。マヤ地域では南部低地の各王朝の発展期（古典期後期）と衰退期（古典期終末期）を区分する目的で、この古典期終末期が使用されている。一方、メキシコ中央高原では、テオティワカンの衰退後からトルテカ集団によって社会が再編成される前段階までを続古典期と呼び表している。他方、このような社会変動が認められない地域では、古典期終末期や続古典期といった用語が採用されないことにも留意していただきたい。

全盛期のトゥーラは約一三平方キロメートルの範囲に、六万の人々が居住していたと推定される。都市中心部の中央広場周辺には神殿ピラミッド群や球技場や宮殿などが並び、これらの周囲には何百にも及ぶマウンド状の遺構が散在している。政治的・経済的求心地として繁栄し、その影響力は広くメソアメリカ世界全域にまで及んでいったと考えられている。さらに、メソアメリカ史上において、有名な伝説的神官であるセ・アカトル・トピルツィン・ケツァルコアトル（以下、トピルツィン・ケツァルコアトルと略記。ケツァルコアトルはナワトル語で「羽毛の蛇」の意味）が君臨していた都市でもあった。このトピルツィン・ケツァルコアトルの「歴史」をめぐる解釈が、トゥーラとチチェン・イッツァの関係理解を複雑にしている。

口頭伝承やクロニカ（スペイン人征服者や宣教師によって書かれた記録）を基に歴史を復元するエスノヒストリーの成果によると、一〇世紀半ば頃、トゥーラでは覇権闘争が起こったと考えられている。これ以前（コラル期：七五〇〜八五〇年）は、トルテカ人はトゥーラ・グランデから見て北北東に一キロメートルほど離れたトゥーラ・チコを拠点にしていた。しかし、コラル終末期（八五〇〜九五〇年）に、トルテカ人の王トピルツィン・ケツァルコアトルを推戴するケツァルコアトル神派と、トピルツィンの補佐神官であった者を推すテスカトリポカ神派との対立が表面化した。闘争の結果、テスカトリポカ神派が勝利し、この一派はトゥーラ・チコからトゥーラ・グランデに都市の中心部を遷したといわれている。そしてこれ以降（トラン期：九五〇〜一一五〇年）、トルテカ人は最盛期を迎える。敗れたトピルツィン・ケツァルコアトルとその集団は逃げ落ち、放浪の末、チチエン・イッツァにおいて都市国家を建国したと伝えられている。そして、トピルツィン・ケツァルコアトルは国家を発展へと導き、この地でククルカン（マヤ・ユカテカ語で「羽毛の蛇」の意味）と呼ばれるようになったと考えられていた。

かつての考古学データは、両地域で認められる物質文化の類似性を、このエスノヒストリーの「歴史」に合わせる形で解釈されていった。しかし、口頭伝承自体が実際の出来事に基づいているのかも怪しい。それは、トピルツィン・ケツァルコアトル一派が駆逐された後も、トゥーラ・グランデにおいてケツァルコアトルを崇拝するピラミッドが建造されているからである。さらに当時は、チチェン・イッツァの発展は九五〇年頃から始まったと解釈されており、トピルツィン・ケツァルコアトルの伝承の到着時期と符合していた。しかし現在では、チチェン・イッツァにおける発展の開始は、八五〇年頃、遅くとも九〇〇年頃であったと理解されるようになってきたため、トピルツィン・ケツァルコアトル一行によって「トルテカ様式」の導入が行われたとはいえなくなった。その上、この遺跡の建造物は純粋な「トルテカ様式」ではなく、マヤ低地北部のプウク地域を中心に採用されていたプウク建築様式（図5）の影響も多大に受けているため、これらの融合であると考えられるようになった。

文化の伝播は、トルテカ人からイッツァ人への一方向ではなく双方向的であり、在地の伝統を残しながら互いに影響し合った結果、新たな様式が誕生したとの考えに変化していった。そのため、現在では「トルテカ様式」とは呼ばず、「マヤ・トルテカ様式」または「修正開花様式（Modified Florescent style）」と改名されるに至った。

では、なぜこのような征服史が通説であったのだろうか。

これには、考古学データを通時的に解釈する困難さ、エスノヒストリーの成果への過度な依存、メキシコ考古学のナショナリズム化（トピック④参照）、植民地時代（特に一六～一七世紀）のヨーロッパ文明の影響が複雑にからんでいる。

トゥーラの本格的な考古学調査は、一九四〇年代に始まる。これまで、トルテカ人の首

▲▼図5：プウク建築様式でつくられたサイール遺跡の「宮殿」（北から撮影）。ユカタン半島の北西部（プウク地方）を中心に、古典期後期から古典期終末期の間に採用されていた建築様式。建物の装飾は幾何学文様を基調とし、大きな目と長い鼻を持つ巨大な顔の石彫を、天井部分に単体であるいは上下にいくつも配置するのが特徴的である。このモチーフは、一般的にウィッツであると指摘されている（遺跡紹介❼図5参照）。

都はトゥーラではなく、テオティワカンであるという説が有力であった。この誤解は、メキシコでは二〇世紀に入ってようやく本格的な考古学調査が始まったため、当時の古代史の編年がまったくといっていいほど進んでいなかったことが原因である。トゥーラにおける調査が二〇年も続き、その成果のお陰で、テオティワカンの後トゥーラが発展したとの理解に落ち着いた。そして次に、このトルテカ人は、古代メソアメリカ文明圏において、どこまで支配地域が広がりどのように統治していたのかが、研究テーマになった。

トゥーラやトルテカという呼称は、スペイン人によってアステカ王国が滅ぼされた後（植民地時代：一五二一～一八一〇年）、徐々に広がっていった。それは、クロニスタ（クロニカの著者や編纂者）によって、トルテカ王国はアステカ王国と等しく軍事拡張主義の性格を持ち、広大な領土を征服したと伝えられたからである。一方、カトリック教徒への改宗を目的とし、数多くの絵文書を焚書したランダ神父は、『ユカタン事物記』の中で、「チチェン・イッツァはククルカンという偉大な王によって統治され、彼は西からやってきた」と記している。これらのクロニカの記述とチチェン・イッツァで認められる「トルテカ様式」の存在のため、トルテカ人による征服史が通説となっていった。

同時に、この通説を後押ししたのが、カスタ戦争（一八四七～一九〇一年）であると筆者は推測する。メスティソやクリオーリョ対ユカタン半島に住んでいたマヤ先住民との戦いである。この戦争の発端は、重税を課せられた先住民側が改善を求め武力を行使したことにあった。しかし、メキシコ中央政府のユカタン政府への援助により、鎮圧されていった。

現在までのところ、カスタ戦争という歴史事項がトルテカ人によるチチェン・イッツァの征服史の復元に、どのような影響を与えたのかを考察する研究は存在しない。しかしながら、中央（メキシコ市）から周辺地域への統治、同時に、白人系による先住民の服属が支配的であった当時の状勢が、これに加担したと筆者は考えている。つまり、中央に位置するトルテカ人も、かつては周辺にあったチチェン・イッツァを征服したはずだとの一元的な考えの援用である。

それは、次の「口頭伝承」とも関係してくる。先に見た口頭伝承と異なり、トピルツィン・ケツァルコアトルはいつの日かメキシコに戻ってくるとのいい伝えがある。また、彼は白い肌をしており、髪を長く伸ばし鬚を生やしていたといわれている。先住民の肌は褐色である。壁画や石彫に描かれるモチーフを参考にすると、長髪であると断定できる男性は見つからない。さらに、アステカ社会では髭（特にあご鬚）を伸ばすのは衛生上の問題から一般的ではなかったとの報告がある。「口頭伝承」のトピルツィン・ケツァルコアトルのイメージは当時の西洋人に似る。エルナン・コルテスとその軍隊が新大陸に到着してから、アステカの時の王モクテスマⅡ世（在位一五〇二～二〇年）は、エルナン・コルテス（図6）をトピルツィン・ケツァルコアトルの再来と信じ、恐れたといわれている。

近年の研究により、このトピルツィン・ケツァルコアトルの西洋人的イメージは、口頭伝承から来るものではなく、アステカ王国の崩壊後（一五二一年）以降に、形作られたイメージであると解釈されるようになった。スペイン人によるメソアメリカ地域支配によって、本来の口頭伝承の内容は、スペイン人にとってのみならず、さらには先住民にとって

◀図6：エルナン・コルテスの肖像画（Museo Nacional del Virreinato展示）。「口頭伝承」の中で語られるトピルツィン・ケツァルコアトルのイメージと似る。

も都合のいいものへと上書きされていった。『マヤ神話――チラム・バラムの予言』を邦訳した望月芳郎氏の解説に興味深い一文が引用されている（新潮社、二四四頁より引用）。「スペイン人はキリスト教徒のシンボルである十字架によく似たものを異教の土地に発見して、そこにある種の神秘性を感じとっているし、マヤ人の方はマヤ人で、修道士たちが喜びそうないい加減な説明をして、何とか自分たちの宗教の偶像を守ろうとしたのだ」。

▶図7：一四九〇年に作製されたサンドロ・ボッティチェッリによる「地獄の図」。地獄が階層化されていたことが理解できる。

　また、古代メソアメリカ文明の世界観についても、このような書き換えが行われていた可能性がある。にもかかわらず、史料批判を行わず直接援用される事例が多い。その一つに、天上界は一三層、そして地下界は九層から成り立つとの理解が挙げられる。考古学データには、このような明確に階層化された異世界があったとの証拠は存在しない。この階層化は、西洋文学の中でも最高傑作の一つとして評価されているダンテの『神曲』の「地獄篇」（図7）や「天国篇」による影響が大きく関与していたと考えられる。

　現在では、このような先入観を自覚し、その上で考察が行われるようになってきた。結果、チチェン・イッツァとトゥーラの関係について、より説得力を持つ解釈が提示されている。では、チチェン・イッツァにおける「マヤ・トルテカ様式」の存在はどのように理解できるのだろうか。

3 つながるメソアメリカ ――羽毛の蛇の役割

「マヤ・トルテカ様式」とは、古典期終末期のメソアメリカ地域がより有機的につながった結果、チチェン・イッツァを中核に誕生したものである。テオティワカンとマヤ低地南部と北部のエリート階層が確立した古典期前期以降のネットワークは、古典期終末期になると、テオティワカンとマヤ低地南部の衰退により、トゥーラとチチェン・イッツァの両雄に継承されていった。

　しかし、「マヤ・トルテカ様式」は、単にトゥーラとチチェン・イッツァの特別な関係を表すものではない。確かに、他の同時代の遺跡では、これらに酷似した類例は存在しないため、両者の間に特別な関係があったと理解できる。しかし、この類似性の中から、他の地域でも共通して登場するモチーフがあり、この関係性を理解することで、古典期終末期と後古典期前期のメソアメリカ地域のつながりを考察することが可能である。

　それは羽毛の蛇である。

　メソアメリカ地域のより広い範囲において、民族や政治的な単位を超越し、「羽毛の蛇」信仰を基に交易ネットワークが確立した結果と考えられる。古典期までの世界は、各地域の政治集団はその成員との統合を図るために、核となる複数のシンボルを独自に発明しまたは借用していた。テオティワカンという超大国の存在のお陰で、為政者間においては、このようなシンボルが徐々に共有され、そして統合されていったと考えられる。地域間をつなぐ強力なシンボルとして、羽毛の蛇が採用された。その拠点となったのが、トゥーラやチチェン・イッツァの他、ベラクルス州のエル・タヒン（図8）やプエブラ州のチョルーラ（図9・10）である。

宗教的なシンボルとしては、他に雷鳴の神やトウモロコシの神や火の老神といったものが挙げられる。これらは古い時代から物質文化として表現されている。

では、なぜ羽毛の蛇が選ばれたのだろうか。一般的に、古典期終末期から共有される羽毛の蛇は、テオティワカンに起源を持つケツァルコアトルであると指摘されている。それは、古典期のマヤ低地南部ではテオティワカンと関連するモチーフが多く認められることにより、この地域の羽毛の蛇の登場もテオティワカンの影響によると解釈される傾向にあるからなのかもしれない。この超大国の影響力が他地域においてもケツァルコアトルの存在感を増すことに成功した。一方、国家は衰退したが、かつての栄光により、その後も継承されたと考えられている。

しかし筆者は、古典期終末期において共有された羽毛の蛇は、必ずしもテオティワカンに起源を求める必要はないと考えている。まず、テオティワカンのケツァルコアトルは、各政体圏を超越するシンボルとしては、この国の権力者集団との関係が深すぎるため（第三章3節参照）、また、一般階層も含めたネットワークの構築のシンボルとしては、彼らにとっては馴染みが薄いため、普遍性に乏しい。

さらに、羽毛の蛇をシンボルとして建立された神殿ピラミッドは、テオティワカンの羽

◀図8：エル・タヒン遺跡の「壁龕のピラミッド」（東から撮影）。このピラミッドには合計三六五個の壁龕があり、太陽暦と密接に関係した機能を果たしていたと考えられている。チチェン・イッツァの「エル・カスティージョ神殿」と同様に、羽毛の蛇を崇める目的があったと推測されている。

▼図9：『トルテカ・チチメカ史』の中で描かれる「羽毛の蛇神殿」。神殿は、サン・ペドロ・チョルーラ市のカトリック教会の敷地内に埋まっており、神殿の一部のみ調査が実施されている。

◀図10：アメリカ大陸の中で最大規模を誇るチョルーラの「グレート・ピラミッド」（南東から撮影）。トラロック神（雷鳴の神）を祀るために建造されたと考えられる。この巨大なピラミッドを中心に先古典期前期からチョルーラは発展した。

毛の蛇神殿の影響を受けていると解釈できるものもあるが、地域色が目立っており、この国家から派生した思想の延長上にあるとは明言できない点である。この理由のため、本書では、ケツァルコアトルは日本語で羽毛の蛇と訳されるが、メキシコ中央高原で発展したものとその他の地域で体系化されたものを区別するため、前者をケツァルコアトル、後者を羽毛の蛇と呼ぶことにする。

筆者は、古典期終末期において羽毛の蛇が共通のシンボルとしての地位を確立できたのは、メソアメリカの各地域でこの神が天地創造を行い、そして人類の誕生や繁栄として崇めるべき神であるとの下知が整っていたことによると考える。マヤ・キチェ族の『ポポルヴフ』の中では、グクマッツ（羽毛の蛇神）とテペウが、一方アステカ神話の中では、ケツァルコアトル神とテスカトリポカ神が大地を創造する。また、古典期においては、羽毛の蛇がどのような役割を人類に与えたのかの思想体系が明確に物質文化の中で表現され、羽毛の蛇の重要性が多くの人々に周知され始めた（図11）。

トルテカ人のユカタン半島北部への侵入といった従来の解釈に基づくと、この地域は従属的な役割しか与えられていなかったとの評価になる。「マヤ・トルテカ様式」という視点に基づくと、これらの地域間の交易が活発になったと理解できるが、ここには古代メソアメリカ文明史の中における、マヤ文明の役割にまで考察は及ばない。

新たなネットワークが構築するのは、チチエン・イッツァやトゥーラが勃興する前であり、さらに、両遺跡ではそれぞれの地域で発展した物質文化と連続している。各地域で類似した様式の登場は、古典期終末期に確立された相互交流ネットワーク内での多方向的な交流の結果として理解する必要がある。それを促進させたのが、羽毛の蛇である。

筆者は、トルテカという用語とトゥーラを同義語として理解するのではなく、異なったものとして把握するべきであると考える。古典期終末期あるいは続古典期から後古典期前期にメソアメリカ地域で広く共有された文化を、「羽毛の蛇文化」といったより中立的な用語に変化させる、あるいは、メソアメリカ各地で認められる「トルテカ文化」を少なくともこの意味で再定義するべきであろう。これに従えば、「マヤ・トルテカ文化」というのは、トゥーラとチチエン・イッツァの関係性を考察する際のみに使用するべきだといえる。第四章2節で見たように、トルテカという用語には、学問的に解釈されてきた以上の政治的価値が付加されている。このイメージを払拭させる枠組みの設定理解が、今後の研究の発展において非常に重要になると考える。

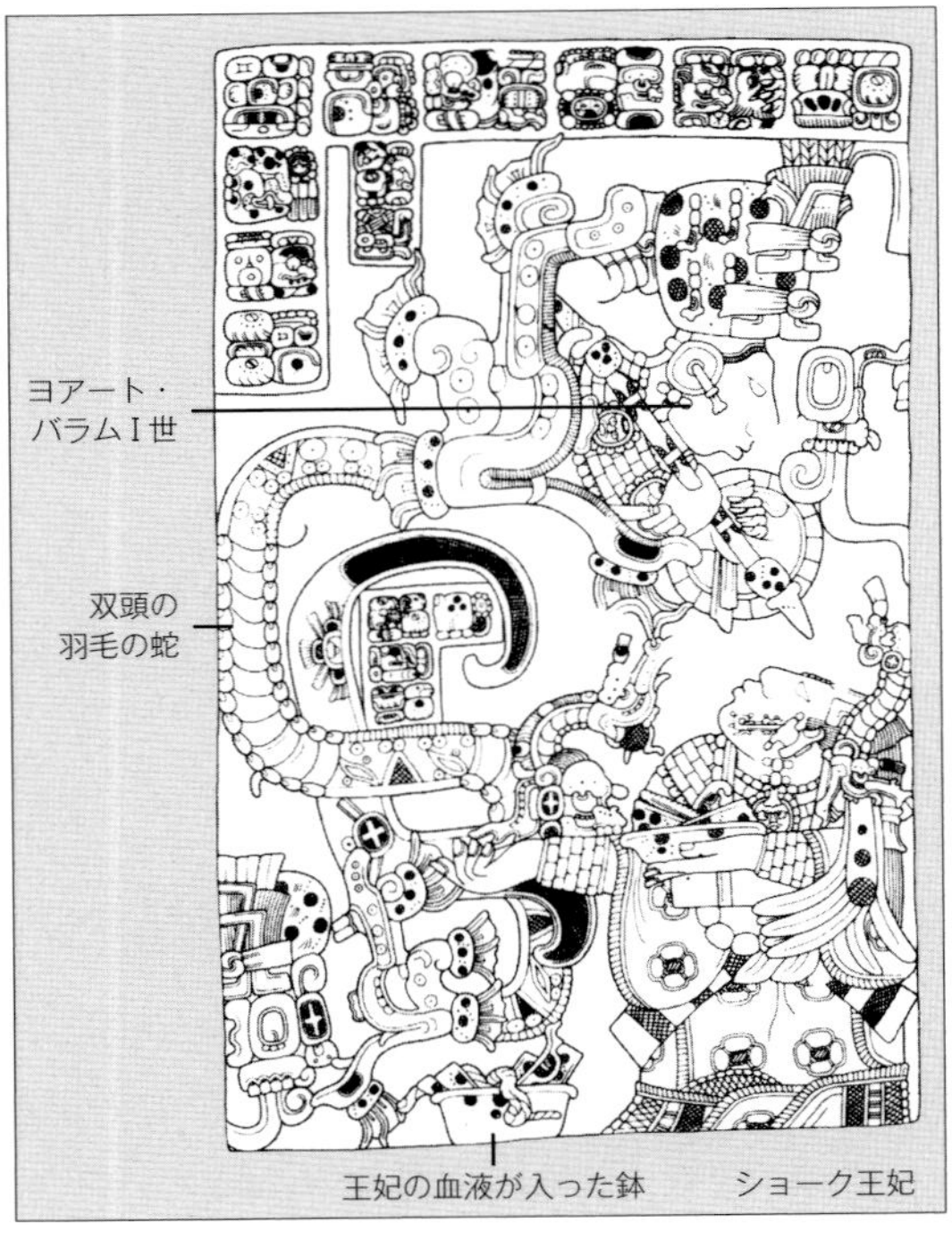

▶図11：ヤシュチランの「25号リンテル」(Schele and Freidel 1990, FIG. 7: 3bを基に作成)。六八一年一〇月二三日に、ヤシュチランの王イツァムナーフ・バラムⅡ世（在位：六八一～七四二年）は王位（六八一～七四二年）に就いた。この際、妻であるショーク王妃は、新王に超自然の力を獲得してもらうため、エイのトゲで放血儀礼を行いその血を神々に捧げた。王妃の血液が入った鉢からは双頭の蛇が現れ、上の口からは、創始者であるヨアート・バラムⅠ世（在位：三五九～不明）が登場し、もう一方の下にある口からは、テオティワカン様式のトラロックが登場した。蛇は現世と異世界をつなぐ神獣であったことが理解できる。

コイントスから見るメキシコ考古学

硬貨を投げて表か裏かで物事を決めるコイントスの行為はシンプルであるため、世界中の多くの社会で行われている。メキシコでは「鷲か、太陽か」というが、ここから意外なことがわかる。

筆者は、二〇一三年の秋学期からラス・アメリカス・プエブラ大学に着任し、人類学科に所属する新入生を対象として、「古代メソアメリカ文明」の科目を担当することになった。初めのガイダンスの授業の中で、なぜメキシコではコイントスの表と裏を「鷲か、太陽か」というのか質問する。すると、ほぼ全員間違いなく「鷲と太陽が彫られているからだ」と答える。筆者は「本当にそうか？」と質問する。怪訝な顔をする学生。

「では、一〇ペソと、それ以外の硬貨をよく見てください」と続ける。確かに一〇ペソ硬貨の片面には、メキシコ国旗の中央に描かれている「鷲」が彫られている（公式にはこの面が表、図1の①）。一方、裏面の中心には円形の中に奇妙な顔があり、ここから上下に二つずつ長方形の枠が突起している（図1の②）。人類学を研究したい学生だけあって、すぐに、「これはアステカ社会の『太陽の石』だ」と答える（図2）。

「素晴らしい！　では、今度は一〇ペソ以外の硬貨を見てみましょう」

硬貨の表面には一〇ペソ硬貨同様に「鷲」が描かれるが、裏面にはあの「太陽」はいない（図1の③～⑥）。ここで多くの学生は考え込む。頭の回転の速い学生は、「上手く投げてキャッチするには、一〇ペソ硬貨の重さと大きさが程よく、この硬貨が使われ続けてきたため、慣例として鷲と太陽と呼ばれるようになったのだろう」と推測する。

「素晴らしい？　でも、違う。すべての硬貨に『太陽』が分割されて描かれています」

一〇ペソ硬貨には、「太陽の石」の中央部のモチーフのみが採用されている。ここには、トナティウ（五番目の太陽）とこれ以前に滅びた四つの太陽（長方形の枠内）が描かれている。「太陽の石」の中央部以外には、これを取り込むように暦や双蛇や太陽の光そして生贄といった、古代メソアメリカ社会で重要だった文化要素がシンボル化されている。これらのモチーフが他のすべての硬貨に刻まれており、硬貨全部を合体させると「太陽の石」が完成するのだ。

話はこれで終わらない。ここからが重要だ。「なぜ、すべての硬貨にはアステカのシンボルが使われているのでしょうか？」

新入生の多くはここで答えに窮してしまう。同様の質問を上級生に尋ねると、「私たちメキシコ人にとって重要なシンボルであり共有できるから」と返ってくる。筆者は、とても素晴らしい答えだと思う。しかし、ここから推論をさらに発展させてもらいたいとも思う。

国土の広さが日本の約五倍あり、自然環境が一様ではないこの国では、文化も多様である。そして、同じ国といえども異なる歴史を刻んできた。それは、古代メソアメリカ文明が一度も一つの政体によって統一されたことがないことからも理解できるだろう。

果たして、アステカ王国が栄えた以外の地域に生きる人々は、このシンボルを共有できるのだろうか。メキシコ北西部やユカタン半島に暮らす人々にとっては、他者のシンボルと映るのではないのだろうか。

新入生には、このガイダンスの授業で筆者の考えを披露しない。

「この答えを自分なりに得てもらうために、古代メソアメリカ文明について学んでいきます。古い時代の知識を得ることは重要ですが、これがどのように現代とつながるのかを考察することの方が必要とされます」

「ヒントは、硬貨は誰もが日常生活の中で使う点にあります。つまりメキシコに住んでいれば、潜在意識として『鷲と太陽』は常に記

憶されるのです」

「何のために？　誰のために？」

　現在メキシコで流通している「鷲」と「太陽の石」の硬貨は、一九九三年に刷新されたものである。しかし、コイントスの「鷲か、太陽か」の起源は古く、メキシコ独立戦争（一八一〇～二一年）と密接な関係がある。一八二一年八月一九日にアメリカ国立最高評議会がミチョアカン州シタクアロ市で開催され、この公式会議の場で、アステカの「鷲」が銅貨のモチーフとして採用されることになった（図3の①）。これ以降「鷲」は硬貨に常に刻まれる。一方の「太陽」は、一八二三年の銀貨（図3の③）が初出である。銀貨の裏面の中央にはフリジア帽が、そしてこれを中心に太陽の光が放射状に描かれている。フリジア帽は「隷属からの解放」の比喩であり、太陽の光は栄光を意味する。つまり、スペインから独立を勝ち取った自由と栄光が、この硬貨に刻まれているのだ。その後、硬貨の裏面には様々な意匠が採用されるが、太陽の放射状の光は多くの硬貨で継承された。硬貨の「太陽」がアステカの「太陽」として採用されるのは、先に書いたように一九九三年である。両者は異なった形で「太陽」を表現するが、栄光の暗喩であることに違いはない。

▶図2：アステカ社会のシンボルの一つであった「太陽の石」。一枚の玄武岩に彫刻されており、直径は約三・六m、重さは二四トンある。

◀図1：現在のメキシコで流通する硬貨（①と②：一〇ペソ硬貨、③：五ペソ硬貨、④：二ペソ硬貨、⑤：一ペソ硬貨、⑥：五〇センターボ。

　では、なぜアステカのシンボルが利用されるに至ったのだろうか。この答えが「何のために？　誰のために？」の宿題と関連する。

　メキシコ独立戦争は、スペインとの決別や新国家樹立の理念の下、勃発した。この勝利により、スペイン本国とは全く関係のない先スペイン期のシンボルを硬貨の意匠に採用した。さらに、新たな国旗の中心には、硬貨の表面と同様にアステカの「鷲」が登場する（図4）。この社会背景から、表面上はメキシコ固有のシンボルを利用する因果関係を理解できる。

　しかし実情は複雑だ。

　独立戦争を指揮したのはクリオーリョたちであった。彼らは新大陸で生まれたスペイン人ではあったが、スペイン本国で生まれヌエバ・エスパーニャに派遣されるスペイン人とは明確な身分格差があり、蔑視されていた。そのため、スペイン本国よりもこの地により

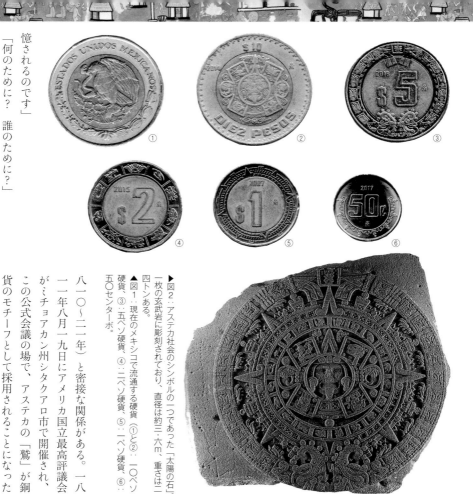

強い帰属意識を持っていた。スペイン人であるという血統は等しくとも、特権階級の恩恵を授かるには出生地も重要な条件であった。一方で、先住民やメスティソは生物的にも文化的にも劣った人種であると認識していた。では、なぜクリオーリョたちは「劣った人種」の遺産をシンボルとして利用したのだろうか。

彼らはヌエバ・エスパーニャという地理的領域に、かつてアステカ王国は君臨したという事実に栄光を与えた。我々より劣っていたといえども、この地には偉大な古代文明が存在し、カトリックの名の下、我々はこの地を正統に導く指導者である、と誇りたいのだ。この心理は、メスティソが台頭しメキシコ革命（一九一〇〜一七年）の後も引き継がれる。

アステカ王国は、支配の正統性の強化に、トルテカ人やテオティワカン人に栄光を与えた。歴代の為政者は、その正統支配を主張するため、常に過去の文化に栄光を与えてきた。

これは、歴史学的・人類学的に見て、批判すべき点ではない。より重要なのは、古代遺産は常に時の為政者や中央政府によって政治的に利用されるため、これを念頭に置き、古代史を復元する必要があるということだ。

古代メソアメリカ文明の中心地域の多くを領土とする現代メキシコは、政治的には統一されトウモロコシを主食にしているが、文化的には内部は多様である。この異質性が一つの政治単位として存在するには枷となった。社会統合を進めるにあたり滅んだ文化を称え、この歴史性を共有することで、ナショナリズムの形成に役立てる戦略が採用されたのだった。

▲図3：「鷲」と「太陽」が刻まれる硬貨（Banco de México 2019, 11頁と14頁から転用・修正、①：一八一一年に発行された銅貨、②と③：一八二三年に発行された銀貨）。
▲図4：メキシコ第一帝政時代（一八二一〜一八二三年）の国旗。

歴代の政府は、メキシコ中央高原で盛衰したテオティワカンとトルテカとアステカに栄光を与えてきた。これにより、メキシコの歴史は、「偉大な古代三文化」を軸に語られることになった。

マヤ地域では、古典期のマヤ低地南部に研究が集中し、この時代のこの地域のマヤがよりクローズアップされることになった。マヤ文明の一人歩きである。

しかし、マヤ文明は他地域と隔離され発展したのではない。古くはオルメカ文明とも深い関わりを持っていた。メソアメリカという豊かな土壌の中で、いくつもの社会が影響し合いながら盛衰を繰り返した。このような視点からマヤ文明をメソアメリカ文明の中に位置付ける視点が、今後さらに必要とされる。

そしていつの日か、メキシコの硬貨に、メキシコ中央高原だけでなくオルメカ文明やマヤ文明でも共通している大地の化身であった、ワニや亀に似た聖獣が意匠として現れてほしいと願う。コイントスの掛け声が、「ワニか、太陽か」あるいは「亀か、太陽か」と変わればいいと思う。その時は恐らく、古代メソアメリカ文明を考察する視点はより大局的なものとなっており、さらに地域住民のアイデンティティーはより歴史性を伴って構築されているのではないかと考えるからである。

エック・バラム

エック・バラム（星のジャガーの意味）は、古典期後期におけるマヤ低地北部の社会形成を知る上でも、さらには、チチェン・イッツアのユカタン半島における覇権の確立過程を理解する上でも、非常に重要な遺跡である。当遺跡の中で最も重要な「アクロポリス」（図1〜3）にある部屋の壁に描かれた九六のマヤ文字から、エック・バラム（タロル）王朝は後七七〇年に樹立したことが判明した

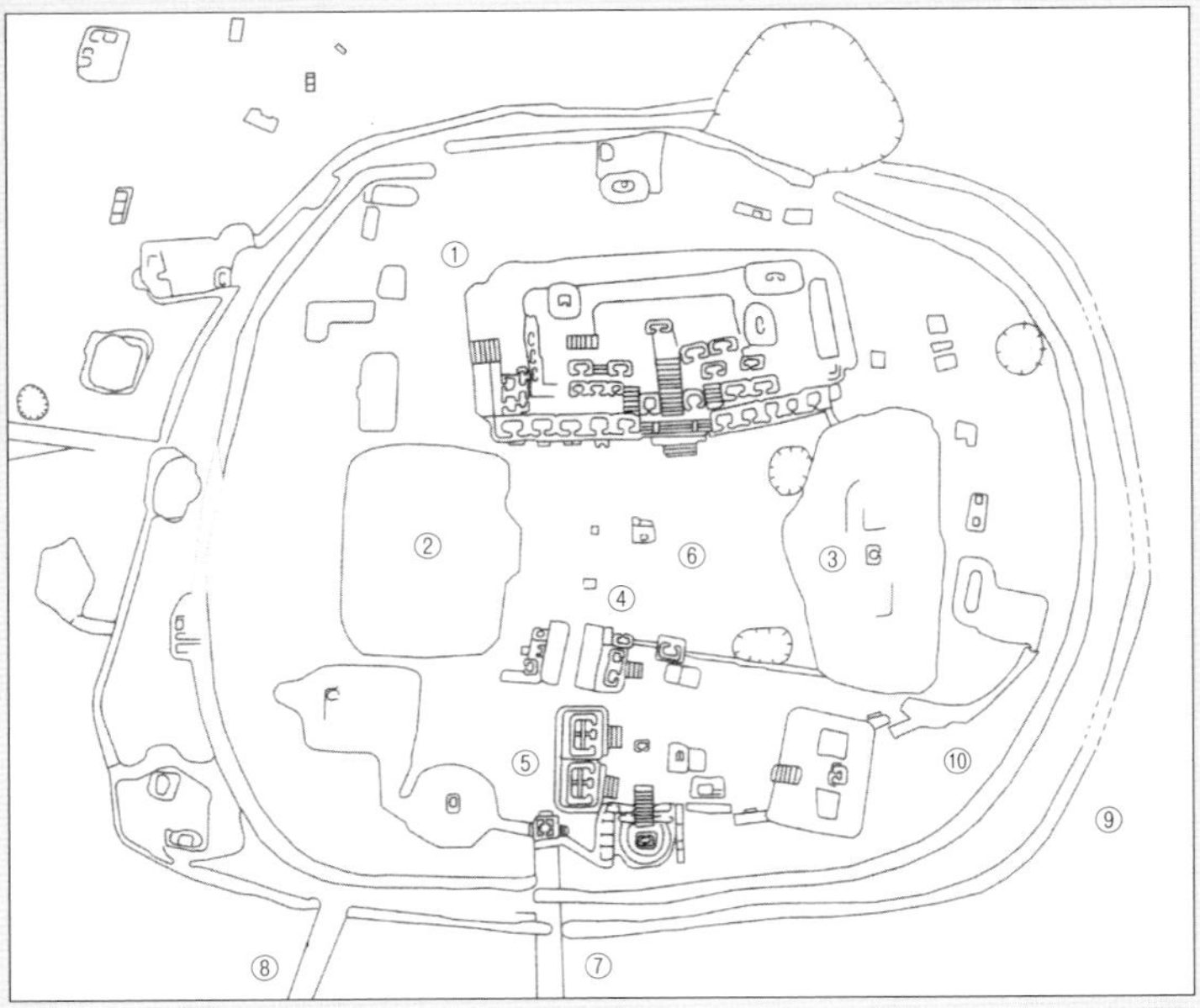

▲図1：(Vargas, and Castillo 2005, 57頁を基に作成)。①：「アクロポリス」、②：「2号建造物」、③：「3号建造物」、④：「球技場」、⑤：「双子の建造物」、⑥：「北の広場」、⑦・⑧：「サクベ」、⑨：「外の城壁」、⑩：「内の城壁」。

▼図2：エック・バラム遺跡の風景（南から撮影）。奥には「アクロポリス」の頂上部分が覗いている。

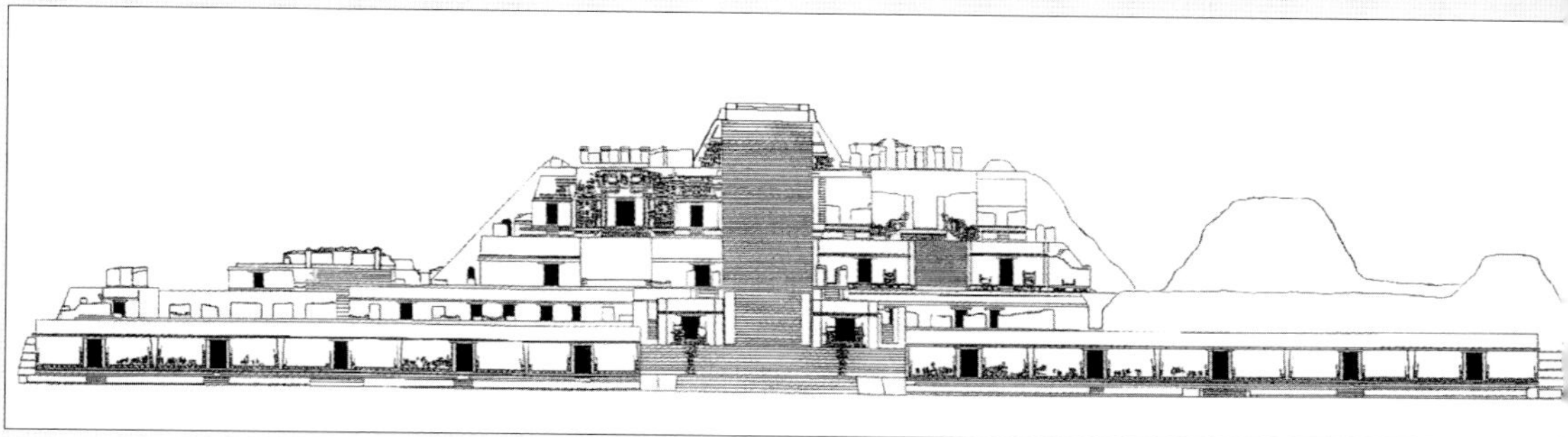

▲図3：「アクロポリス」の立面図（Vargas, and Castillo 2005, 57頁を基に作成）。この建造物は6段の基壇部からなり、数多くの部屋や回廊や階段が設置されている（長軸162×短軸68×高さ32m）。

▲図4：「アクロポリス」の「部屋29」から発見されたマヤ文字の一部（Lacadena 2005, 67頁を基に作成）。ここには、出自は不明であるが、ウキット・カン・レック・トックがこの地に到着し、王位に就いたことが記されている。

（図４）。これによると、ウキット・カン・レック・トックと呼ばれる人物が初代の王位に就き、エック・バラム王朝を導いた。「アクロポリス」における調査から、この初代王の業績は卓越しており、さらに、後継者からも建国の父として非常に英雄視されていたようである。「アクロポリス」の内部からは、彼の亡骸を安置した建造物が用意されており、ここからは豪華な副葬品が発見されている（図６）。

現在までのところ、石碑の解読から四代目

▲図5：1号石碑の写真と実測図（Lacadena 2005, 65頁を基に作成）。840年に、エック・バラム王朝の4代目の王キニチ・フンピク・トクの指示により作製された。中央にこの王が描かれており、その頭部には、異世界にいる初代の王が登場している。初代の王の超自然の力を借り、現世を統治していた様子がうかがわれる。

▶図6：「アクロポリス」から発見された「35号内部建造物」の入り口（南東から撮影）。内部に王が安置され、7000点以上の副葬品が出土した。この建造物のファサードで興味深いのは、大地の神獣のモチーフが入り口の装飾として採用されていることである。写真の右下に階段があり、このすぐ左には大地の聖獣の牙がある。部屋の入り口が神獣の口を模しているため、王がここから地下界へと旅立っていくことがわかる。異世界から後継者を守り導く目的で安置されたことを表している。

の王キニチ・フンピク・トクまでの統治があったことがわかっているが（図5）、これ以降新たな王の名は石碑に刻まれない。これはエック・バラム王朝の終焉を表すのかもしれない。しかしながら、「アクロポリス」の発掘調査からは、八七〇年から九〇〇年まで活動の痕跡が認められていることから、五代目の王が存在していたとの推測も捨てきれない。

この時期はちょうどチチェン・イッツァが台頭する時期であった。そのため、この新王国がエック・バラムの崩壊に直接関与したとの解釈もある。一方で、土器の分析を基に、チチェン・イッツァはエック・バラムに侵攻しなかったとの解釈もある。エック・バラムの衰退に関する現在の研究は、確かにチチェン・イッツァのユカタン半島における影響力は大きかったが、これは必ずしも軍事力を基盤にしたものではないとの方向に向かっている。古典期から後古典期への移行には、社会発展の立役者であった神聖王が統治する時代から、「羽毛の蛇」という信仰を中心に社会を統合する時代への変化が大きく関与していたのかもしれない（第四章3節参照）。

ウシュマル

ウシュマルは、マヤ・ユカテカ語で「豊穣の地」という意味がある。この遺跡がある大地は石灰岩質であるため、土壌の保水力は低く、雨水は地表面に留まらず流れ去ってしまう（トピック③参照）。にもかかわらず、ウシュマル周辺での農耕生産高は優れていた。それは、第一に、この地域がすり鉢状の地形をしており、降雨が流れ込みやすかった点にある。第二に、この遺跡の古代人たちは、防水加工した人工の貯水池（図１）やチュルトゥン（貯蔵穴、図２）を一〇〇カ所以上の地点に設置し、水の確保に努めたからである。この努力により、トウモロコシの二期作が可能であったと報告されている。古典期終末期には、都市は一二平方キロメートルにまで広がり、およそ二万人が生活していたと指摘されている。しかし、古典期終末期の終わり頃から徐々に衰退していった。環境破壊やチチエン・イッツァの台頭などが要因として指摘されている。

ウシュマルはプウク建築様式を代表する遺跡としても有名である。この様式は後五五〇年頃から一〇〇〇年くらいの間にプウク地域一帯に広がったものである（図４）。特徴的な要素の一つは、建造物の正面の上部に巨大な顔の彫刻がはめ込まれていることである

▲図１：エル・パルマール遺跡の貯水池（塚本憲一郎氏提供）。特に乾季の生活水を確保するため、マヤ低地ではこのような貯水池を造ることが一般的であった。

◀図２：水を貯蔵するために設置されたチュルトゥンの一例（塚本憲一郎氏提供）。発掘調査を行うと、人骨や副葬品などが出土することもある。この場合、埋納遺構への転用または雨乞い儀礼、あるいは井戸の息抜きのような終結儀礼の一環などであったとの解釈が可能である。

▲図3：「魔法使いのピラミッド」（南東から撮影）。楕円形をしておりメソアメリカ地域の中でも珍しい形をしたピラミッドである。合計5期にわたって増改築が行われ、長軸75×短軸54×高さ36mの巨大なピラミッドになった。
▼図4：「魔法使いのピラミッド」の建築拡大過程（Evans 2008, Figure 14.8と14.9を基に作成）。「鳥の中庭」と呼ばれる建物が550年頃に建造される。その後、ウシュマルの発展と共に建造物は巨大化し、この過程の中でピラミッドが建造された。「鳥の中庭」は、恐らく王族の宮殿として、その中庭は儀礼の場として利用されたのであろう。

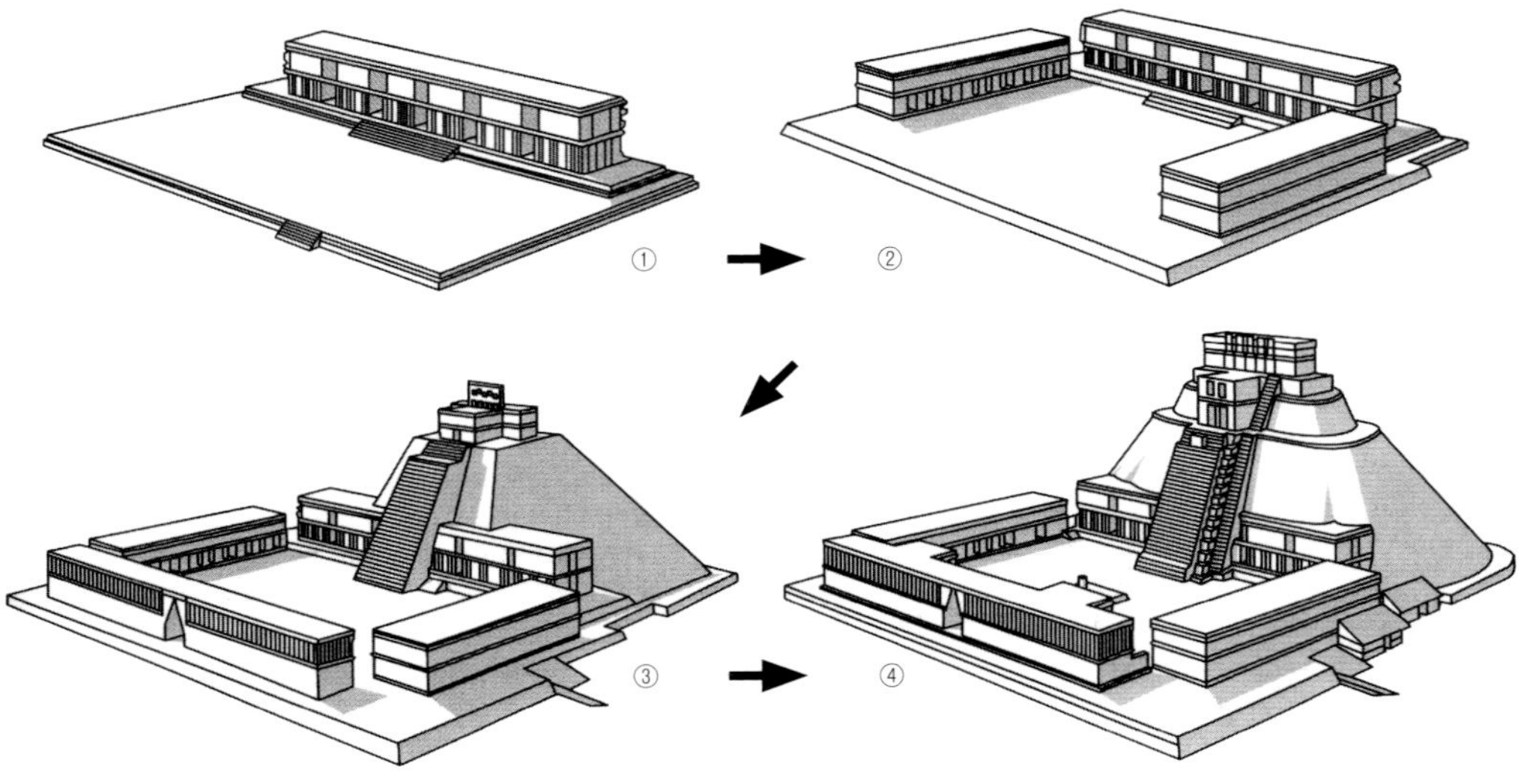

▲図５：「尼僧院」の「東の宮殿」（南から撮影）。「尼僧院」は東西南北に配置される４つの長方形の建物と、この内部に存在する広場から構成される。「魔法使いのピラミッド」から見てすぐ西に位置することや、建物や装飾の丁寧な造りから、ウシュマルの高官が住む宮殿であったと推測されている。天井部分の外壁上（左写真）には、ウィッツと考えられている装飾が施されている（右枠内の拡大図）。

▼図６：「尼僧院」の「西の宮殿」の装飾（東から撮影）。ウィッツだけでなく、羽毛の蛇神もモチーフとして描かれている。この羽毛の蛇神と口の中から人物が覗く図像は、「マヤ・トルテカ様式」の影響を受けたものであると考えられる（第四章３節参照）。

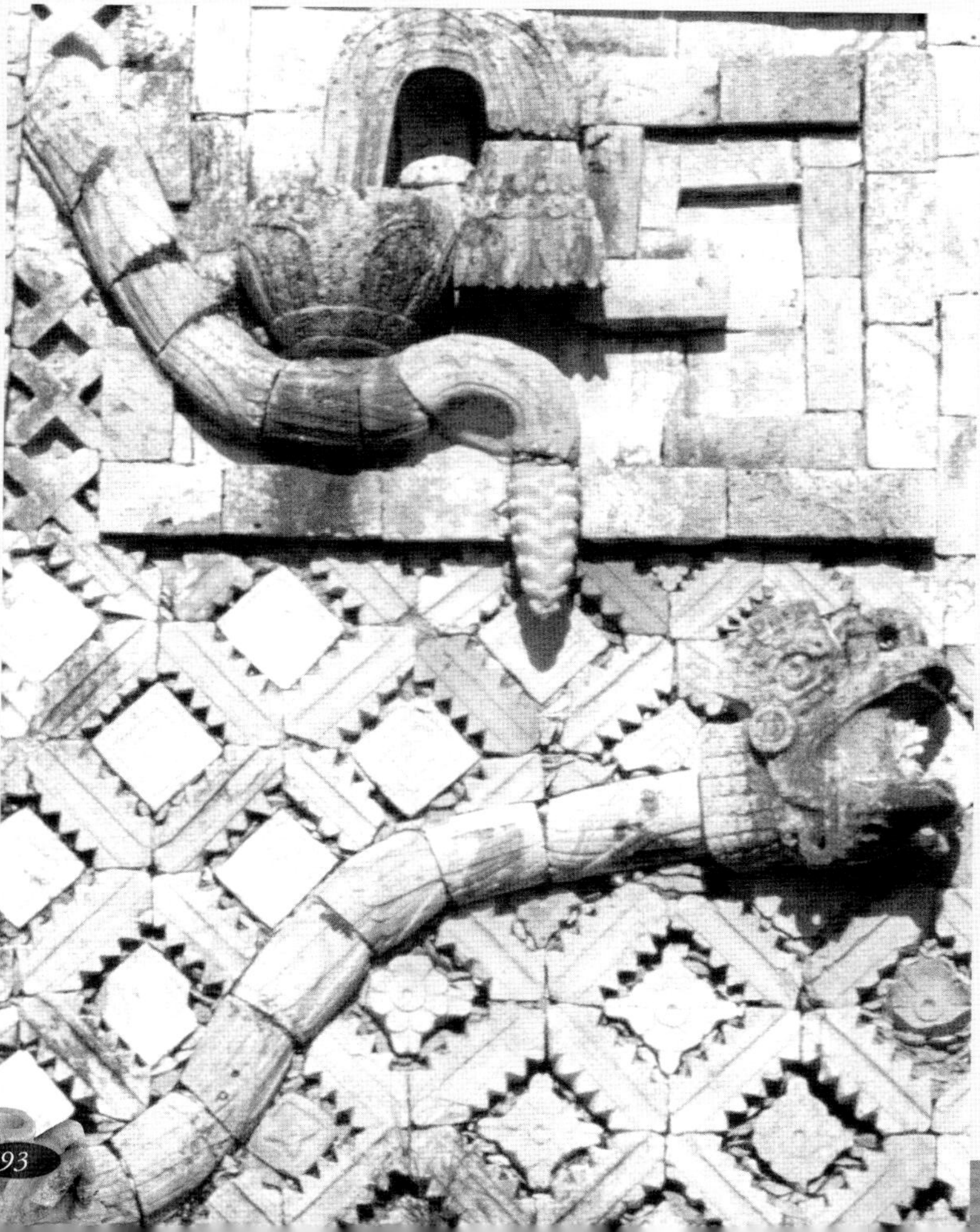

（図５）。ウィッツをモチーフにしていると考えられている。一方、目や鼻が大きく牙があることから図像学的にチャック神（雷鳴の神）を祀っているともいわれている。水の確保が困難であったこの地域では、雨の神が第一に祀られると推測されるのも自然な流れであろう。

しかし、イツァムナー（天空と大地の神：チャック神と属性が被る）や羽毛の蛇神も、このような特徴を持ち絵文書や石彫に描かれるため、さらに、メソアメリカの神々は多くの属性を持っていたため、この図像の同定にはより深い考察が必要とされる。

チチェン・イッツァ

チチェン・イッツァには、「魔法使い（イッツァ人）の泉の入り口」という意味がある。その理由は、この都市には「エル・カスティージョ神殿」を中心軸に東西南北に四つのセノーテが存在していることと関係する（図1）。「ホルトゥン（西のセノーテ）」と「シカンフユム（東のセノーテ）」は、「エル・カスティージョ神殿」（図2）を基点として、それぞれ二・六キロメートルの地点にある。一方、北の「聖なるセノーテ」と南の「シトロック」は、ピラミッドから同じ距離に位置していない。この南北のセノーテの規模が大きいことから、

▶図1：チチェン・イッツァ遺跡公園の鳥瞰図（de Anda et al. 2019, 38・39頁を基に作成）。

▼図2：「エル・カスティージョ神殿」（北から撮影）。別名「ククルカン（羽毛の蛇）の神殿」とも呼ばれる。四面のすべてに階段が設置されている建造物である。春分と秋分の日には、太陽はこの神殿を通過する。その際、階段の外面両端（斜壁装飾帯）は、徐々にピラミッドの陰で覆われ、階段の一番下にある羽毛の蛇の頭部（図2右上拡大図）とつながる。これは太陽の力を活力とした羽毛の蛇が、異世界からこの世に姿を現す様を表現している。このピラミッドの内部には、古い時期に建造された別のピラミッドとヒスイの埋め込まれたジャガー像が存在する（第二章図18参照）。

▲図3：「戦士の神殿」と「千柱の回廊」（西から撮影）。トゥーラの「ピラミッドB」とほぼ同様の形をする。頂上にある寺院入り口には二体のケツァルコアトルの柱が、そしてこの正面にはチャック・モールが設置されている（遺跡紹介❾の図2・5参照）。

▼図5：球技場（右.Marquina 1951, Lám. 265を転用・修正、左：南から撮影）。球技場の最大区域は長さ168×幅70×高さ8mもあり、マヤ地域最大のものである。右の壁の上には、「ジャガーの神殿」があり、この内部に戦いの場面の壁画（第一章図27参照）が収められていた。

◀図4：「金星の基壇」の装飾（南から撮影）。壁龕の内部には、トゥーラの「ピラミッドB」で描かれるケツァルコアトルに類似したモチーフが登場する（遺跡紹介❾の図3参照）。この上段には羽毛の蛇が、左側には金星のシンボルが、右側には支配者を意味するシンボルが彫刻されている。

これらは自然に大地が陥没して形成されたと考えられる。しかし、東西のものは小さいため、イッツァ人自身がこの地点を意図的に掘り、セノーテの入り口をつくり出した可能性がある。その証拠として、イッツァ人は都市の地中に天然の地下水脈が存在していたことを知っていたことを指摘できる（トピック⑤の図6参照）。さらに、近年、「エル・カスティージョ神殿」で地中探査が行われ、ここでも地下水脈が流れていることが判明している。

イッツァ人は、「エル・カスティージョ神殿」が地上界の中心にあり、その四方位に世界が広がるとの世界観を物質化したと考えられる。当時の人々にとって、優れた天文知識や土木建築技術を基に都市設計を実現させたイッツァ人は、魔法使いのなせる技を用い、生命の象徴であるセノーテを生み出したように見えたため、そのように呼ばれるようになったのかもしれない。

古典期終末期に絶頂期を迎えるこの都市は、周辺地域の都市を従え、ユカタン半島北部を掌握する広域国家の首都として繁栄した。その後、一二〇〇年頃から衰退を迎えていくが、その要因については解明されていない。

◀図6：球技場に彫られていた浅浮き彫りのパネル（Marquina 1951, Lám. 266を転用・加筆）。中央の下の円形は球技のボールであり、その内部には死のシンボルである頭蓋骨が描かれている。このすぐ右の球技者の頭部は既に切られてなく、左の人物の左手にある。この人物の右手にはナイフが握られているため、斬首を執行したと考えられる。斬首された人物の首からは六匹の蛇が登場している。蛇は再生や豊穣のシンボルであることから、人身御供によりこれを求めたことが理解できる。

▲図7：「ジャガーの神殿」の背面（西側）に増築された小神殿内部のレリーフ（Marquina 1951, Fot. 436を基に作成）。「ジャガーの神殿」には多くの羽毛の蛇が登場するため、本来ならこの神殿の名称は羽毛の蛇を冠するのが望ましい。「ジャガーの神殿」と命名されたのは、このレリーフの上段左端にいる人物が、ジャガーの上に座っているため王と解釈されたこと、そして、その小神殿内部にジャガーのチャック・モールが発見されたことに由来する。しかし、このレリーフは、上段は生をそして下段は死を象徴として、それぞれ左端にいるリーダーによって、軍が組織されていたことを物語ると考えられる。上段のリーダーはいくつかの三角形が右に飛び出す円（太陽）の中におり、下段のリーダーは蛇が絡み付く姿（死への誘い）で登場している。ちなみに、拝謁する戦士の半数の胸には、トルテカ人のシンボルであった蝶の形の胸飾りが描かれ、アトラトルを手にしている。人物の名称が彫られていないことに留意。これは古典期マヤのように神聖王によって統治される社会構造ではなかったことを表している。

トゥーラ・グランデ

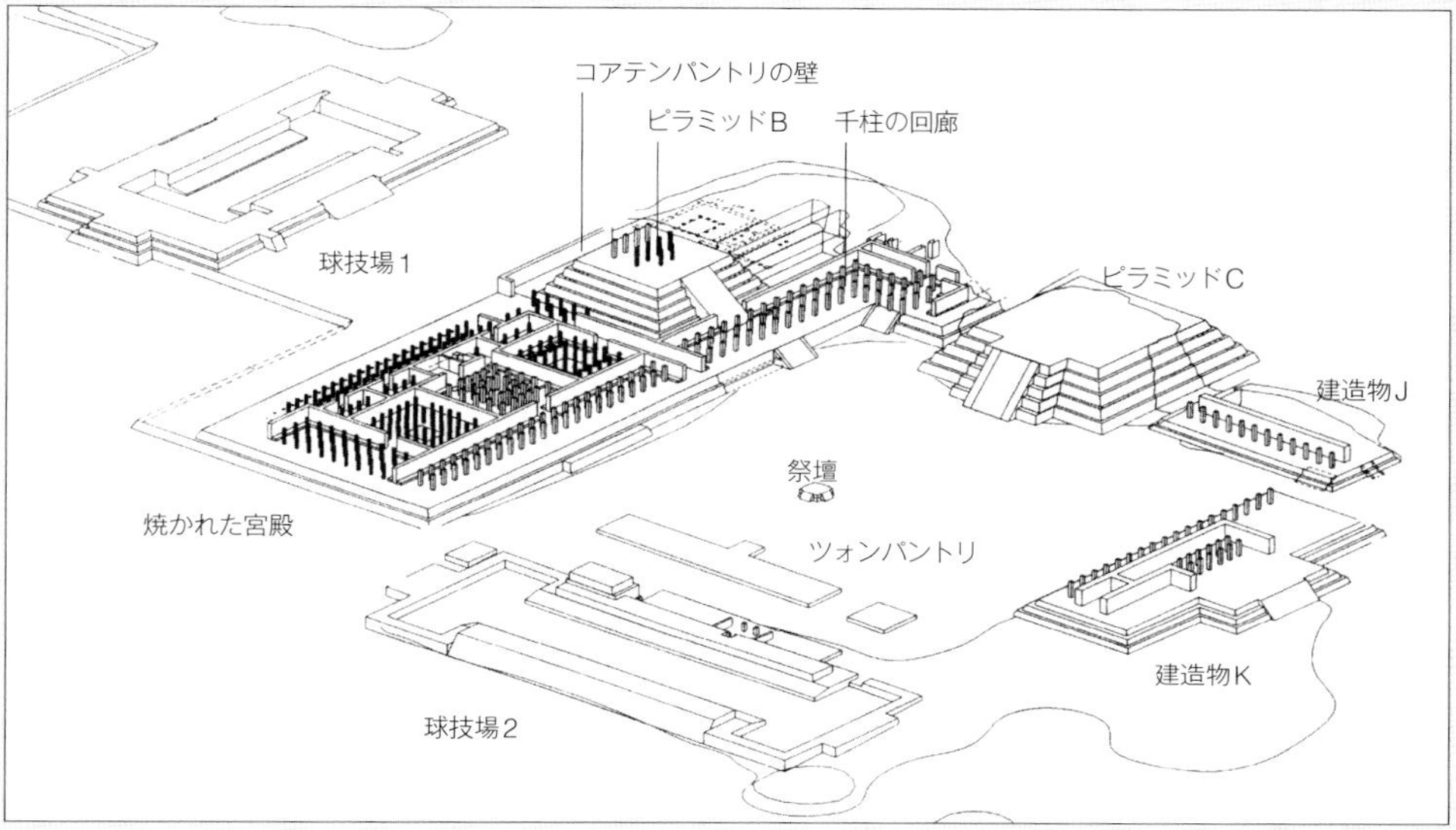

▲図1：トゥーラ・グランデの都市中心部の復元図(Mastache et al. 2002, Figure 5.7を転用・加筆)。南北350×東西300mの聖域は、多くの建造物によって構成されていた。

後古典期前期に繁栄を迎えるトゥーラの歴史は、五五〇年頃にまでさかのぼる。テオティワカンの衰退までトゥーラ地域は、この古代国家によって支配されており、メキシコ北部からやってきたと考えられているトルテカ人の先祖は、周辺にある丘の上で生活を送っていたと指摘されている。トルテカ人は、テオティワカンの衰退後にトゥーラ・チコに生活の拠点を移動させ徐々に発展を迎えていく。トルテカ人は、一〇世紀半ば頃、拠点であったトゥーラ・チコからトゥーラ・グランデ（図1）に遷都する。考古学的にはトゥーラ・チコは火災によって破壊されたとの証拠はあるが、遷都の根本的な原因は解明されていない。

トゥーラ・グランデの物質文化において興味深いのは、チチェン・イッツァの芸術様式と多くの共通点が認められることである（「マヤ・トルテカ様式」）。例えば、「ピラミッドB（図

▶図2：ケツァルコアトル神を崇めたと考えられる「ピラミッドB」とその西と南に建設された「千柱の回廊」(「ピラミッドC」から撮影)。「ピラミッドB」の頂上部には寺院があったと考えられている。

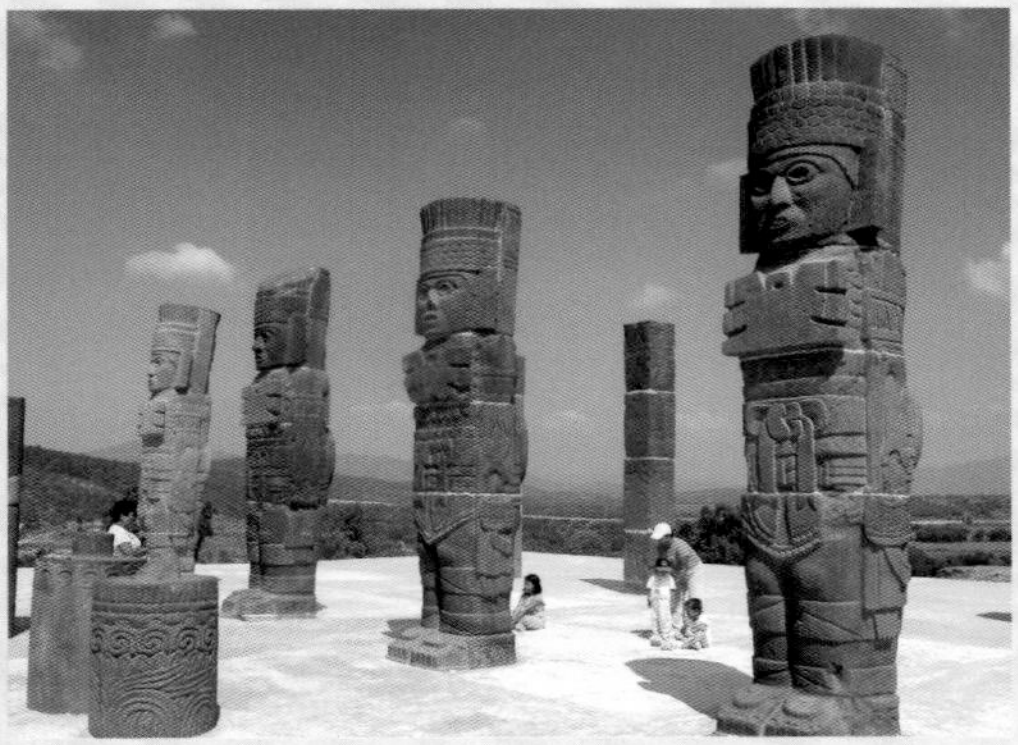

▲図4：「ピラミッドB」の頂上に設置された四体のアトランテ（南東から撮影）。玄武岩を用い作成されたこの石彫は約4.6mあり、トルテカ軍人を象徴していると考えられている。胸にはトルテカのシンボルである蝶をモチーフにした胸飾りが描かれている。この他、軍人を表すアトラトル（投槍器）や投げ槍やナイフが彫られている。

▲図5：「焼かれた宮殿」で発見されたチャック・モール。横たわってこちらを向いている人物のおへその辺りに、四角い皿が彫られている。ここに生贄体の心臓を供えた。

▲図6：コアテパントリ（ナワトル語で「蛇の壁」の意味）。「ピラミッドB」の北側に設置された壁は、ケツァルコアトル神の口から頭蓋骨が飛び出すモチーフがあった。このモチーフは、死と再生を象徴している。このように生と死の両者を司る羽毛の蛇はメソアメリカ各地域で認められる。

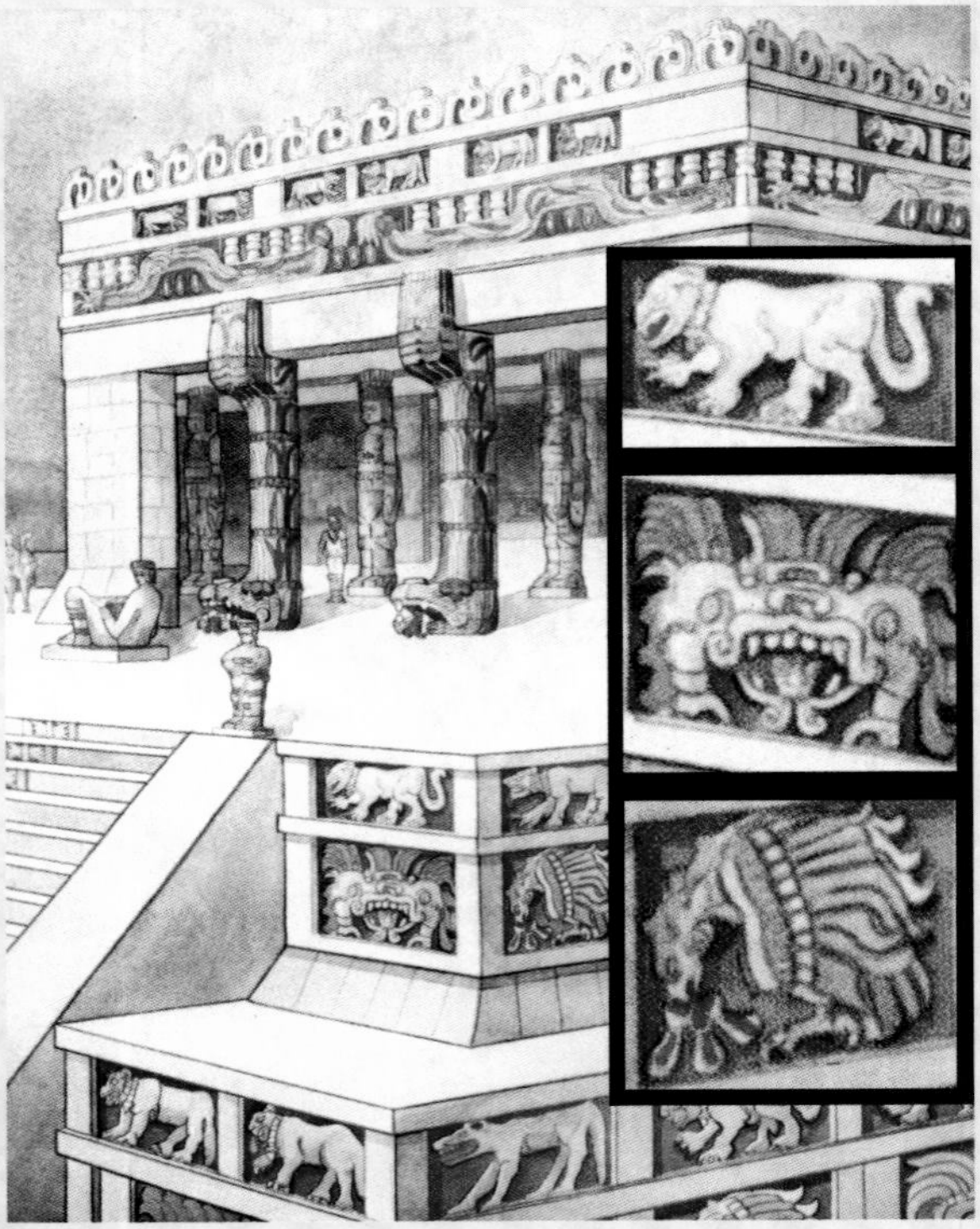

▲図3：「ピラミッドB」の復元図（Marquina 1951, Lám. 46を転用・修正）。寺院の入り口は、2体のケツァルコアトルの柱で支えられている。天井から床に向かう姿は、異世界からこの世に羽毛の蛇が現れる意味が込められている。寺院の内部には、4体のアトランテが安置されている。「ピラミッドB」の壁には、コヨーテまたはジャガー（図3内の拡大部の上）と鷲（図3内拡大部の下）が繰り返し描かれ、これらの動物に守られるかのようにケツァルコアトルの頭飾りを付けた人物（図3内の拡大部の真ん中）が登場する。

2）」の頂上に存在していたとされる寺院の入り口には、二体のケツァルコアトルが登場する（図3）。一方、チチェン・イッツァの「戦士の神殿」においても同様に二体の羽毛の蛇が、酷似する様式で現れる。この他、「ピラミッドB」の壁面に描かれているレリーフのケツァルコアトル（図3の拡大図の中央）も、チチェン・イッツァで頻繁に登場する。また、トルテカ人が軍事拡張主義者であったとの解釈を生みだした、アトランテ（戦士像、図4）のような芸術様式もチチェン・イッツァで認められている。これら以外にも類例（図5）を指摘できるが、物質文化の類似性は、宗教体系における思想の共有が根底にあったと考えられる（図6）。

マヤパン

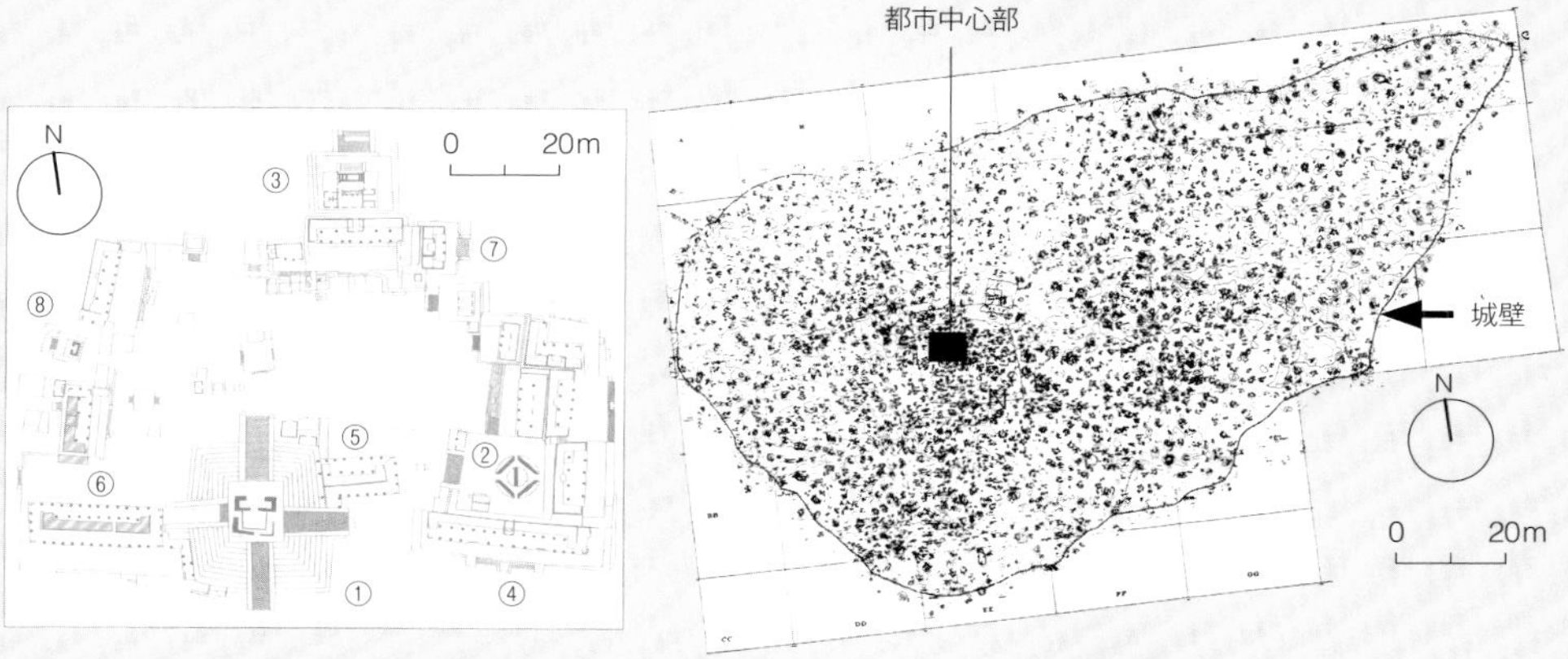

▲図1：都市中心部の拡大図と城壁で囲まれたマヤパン（Evans 2008, Figure 16.4を基に作成)。①：「カスティージョ・デ・ククルカン神殿」、②：「円形神殿」、③：「壁龕の神殿」、④：「マスカロンの広間」、⑤：「フリスコの広間」、⑥：「王族の広間」、⑦：「戦士の神殿」、⑧：「金星の神殿」。

マヤパン遺跡の周辺には、先古典期後期から人々が住み始めた。しかし、古代メソアメリカ史の中で、この遺跡が政治的に重要になるのは、後古典期後期からだといえる。ユカタン半島で起こったとされる歴史事項について、後一六世紀から一七世紀にマヤ語で書かれた『マヤ神話――チラム・バラムの予言』の訳者の解説によると、マヤパンはユカタン半島北部の西域を支配する連合王国の首都として、一二六三年から八三年の間に発展したといわれている。この時期まで、チチェン・イッツァが国際都市として繁栄を謳歌していたが、マヤパンの台頭の前にもしくはこれと共に衰退していく。先の『マヤ神話』に従うなら、チチェン・イッツァを統治していたココム家は、この時期にチチェン・イッツァを放棄し、マヤパンに遷都して再起を図ったと考えられる。

長さが約九キロメートルにわたる城壁で囲まれ、内部には四〇〇〇以上の建造物が見つかっており、およそ一万七〇〇〇人が暮らしていたと算出されている（図1）。チチェン・イッツァの創設者と出自が等しいココム家によって主要な建造物が建設されたため、チチェン・イッ

◀図2：マヤパン遺跡の風景（北東から撮影）。奥に当遺跡で最大規模であり主要神殿の「カスティージョ・デ・ククルカン神殿（底辺30m×高さ15m）」が見える。チチェン・イッツァの「エル・カスティージョ神殿（底辺39×高さ16m）」を模倣して建造されたといわれている。「カスティージョ・デ・ククルカン神殿」のすぐ東にはセノーテが存在しており、これは神殿の地中にある水脈とつながっている。

ツァの「エル・カスティージョ神殿」と類似する「カスティージョ・デ・ククルカン神殿」（図2）や、チチェン・イッツァの天体観測施設であった「エル・カラコル」の形状を踏襲する「円形神殿」（図3）が、都市の中心部に設置されている。一方、チチェン・イッツァの都市計画と異なるのは、住人を城壁の内部に集住させたことによる人口密度の高さである。ユカタン半島北部を統治するために、絶え間なく戦争が勃発していた証拠の一つであると考えられている。

マヤパンで行われていた興味深い統治政策として、江戸時代の参勤交代制度のようなものがあったことを指摘できる。マヤパンでは合議によって施政が行われていたが、支配した地域の豪族の後継者を首都マヤパンに集め、教育を施したと伝えられている。首都への定期的な出仕が義務化されていたかどうかはわからないが、少なくとも子息を人質に取ることで造反を防ぎ、さらには首都で育った後継者の地元における地縁的なつながりを弱めることに成功したのではないかと推測できる。

しかしながら、このような制度は豪族に徐々に敵対心を植え付けていったと指摘されている。結果、マヤパン連合王国は、一四四一年から六一年の間に、シウ家や人質の蜂起によって崩壊した。

▲▼図3：マヤパンの「円形神殿（上）」とチチェン・イッツァの「エル・カラコル（下）」。「円形寺院」は、長軸20×短軸18×高さ3.5mの基壇の上に、直径約10×高さ7.5mの円柱形の神殿部分で構成されている。主に太陽の運行を観測したと考えられている。

トゥルム

カリブ海に臨むこの遺跡は、美しい海と古代のピラミッド群が神秘的な景観を生み出していることから観光の名所となっている(図1・2)。その一方で、この遺跡は考古学的に様々な点で重要である。一つ目は、海洋交易の拠点としてこの古代都市がどのように発展していったのかを理解できる指標遺跡だからである。二つ目は、この遺跡の「16号建造物」から神話の世界を物語る壁画が発見されており、当時の世界観を知る貴重なデータを提供しているからである(図3)。そして最後に、この壁画に描かれる芸術様式が、メキシコ中央高原で採用されていたミシュテカ・プエブラ様式の影響を受けており、後古典期後期のメソアメリカ地域が、どのように各地域と文化的接触を行っていたのかを知る手がかりになっているからである。

古典期終末期にはプウク建築様式の影響を

▲図1：トゥルム遺跡の都市中心部（Velázquez 2002, 52頁を転用・修正）。

▼図2：カリブ海に面する断崖に築かれた「エル・カスティージョ神殿」（南から撮影）。

受けていくつかの建物が建造されていった。後古典期前期に徐々に都市として成長していき、最盛期は一四〇〇年から一五五〇年であったことがわかっている。この時期には都市を覆う城壁（約四〇〇m×一七〇m）が築かれ、防御設備を備えていたことが判明している（図４）。その後、廃墟となるが、一九世紀の初め頃から、スペイン人により搾取を受けるマヤ人たちの聖域の一つとして再利用されていた。

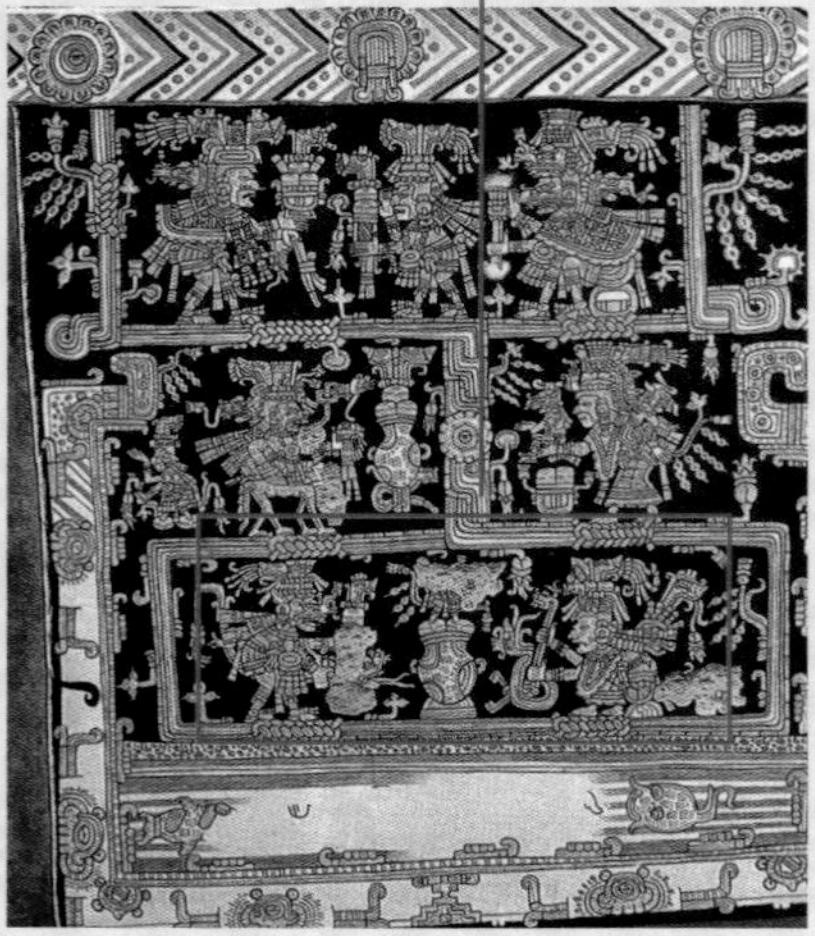

◀▶図３：「16号建造物」の内部から発見された壁画（Escalante and Yanagisawa 2008, 62頁を基に作成）。画枠の下には大地の聖獣がシンボル化されて登場している。この上に、神々が三段に分かれて描かれている。各段の左には雨を司るチャック神が、右には生命と破壊の属性を持つチャック・チェル女神が繰り返し描かれている。各段を分ける縦と横の直線は、二匹の蛇が絡まったものである。大地の聖獣の中で（地下界）で、チャック神とチャック・チェル女神が対となり、人類に恩恵（水やトウモロコシやカカオ）を授けるために儀礼を行っていると考えられる。古代人は、このような壁画が描かれた建造物の前で、定期的に神々に感謝するための祭りを行っていたと推測できる。

▼図４：トゥルム遺跡公園の平面図（Velázquez 2002, 53頁を修正）。①：「エル・カスティージョ神殿」、②：「祭壇」、③：「内の城壁」、④：「風の神殿」、⑤：「セノーテの館」、⑥：「北西の館」、⑦：「宮殿」、⑧：「柱の館」、⑨：「16号建造物（フレスコ画の神殿）」、⑩：「チュルトゥンの館」、⑪：「住居基壇」、⑫：「監視塔」、⑬：「外の城壁」、⑭：「複合宮殿」。

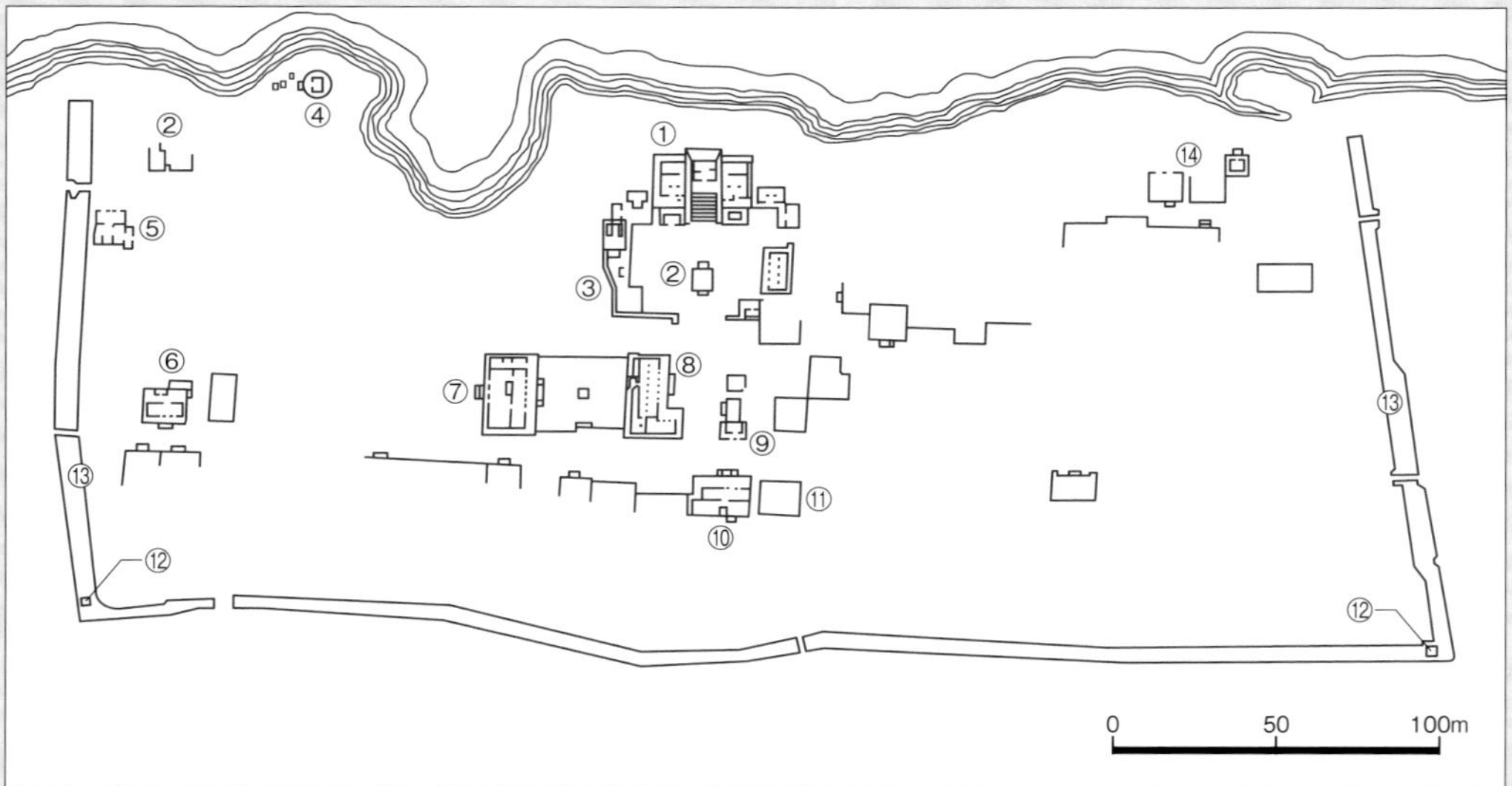

第五章

マヤの戦争——計算された戦い

古典期マヤの石碑や壁画には、戦闘服に身を包んだマヤの王（図1）、戦士、捕虜などがレリーフとしてよく刻まれていることから、この時代の戦争はとても重要なテーマであったことがわかっている。そして、戦争における勝利は、王権の安定、領土の維持と拡大、交易ルートの確保、人口の増加を約束するため、古典期に都市国家として成立していた各マヤ王朝にとって、優先すべき事柄であった。

戦争に関連する碑文の多くは戦勝記念を誇るものであり、どのように戦争を組織し、実行に移していたのかについて知ることは困難である。しかしながら、クロニスタらによる報告からある程度のことを知ることができる。特に、ベルナル・ディアス・デル・カスティージョは、一六世紀の初めから半ばにかけ先住民の戦闘に何度も従軍しており、彼自身の経験や得られた情報を基に、『メキシコ征服記』を記し、戦争について興味深い資料を提供している。

▲図1：パレンケの「17号神殿」に存在する石板。キニチ・カン・バラムⅡ世（右）が戦闘服に身を包み、右手で槍を持っている。その左には捕虜がひざまずいている。

▲図2：ボナンパック遺跡の「部屋1」に描かれる楽団（Miller, and Brittenbam 2013, Figure 212を転用・修正）。左から、亀の甲羅を利用した打楽器奏者、ドラマー、そしてマラカスを両手に持つ4名の人物が登場する。

▶図3：カラクムル遺跡で発見された古典期後期の壁画（Golden et al. 2012, Figure 13を転用・修正）。この人物は従軍した運搬人ではないが、戦闘のための物資はこのように人力で運ばれたと考えられる。

戦争の準備

まずは、戦争の準備や兵站はどのようなものであったのかについて見ていこう。

最初に戦闘員と非戦闘員の人選から開始される。どれくらいの人員で構成されていたのかの報告がないため、軍の規模については不明であるが、戦闘員は王、高官、そして歩兵として一般の農民が動員されていたようである。非戦闘員は主に楽団（図2）、聖職者、物資の運搬人（図3）、斥候（スパイ）、武具職人で構成されていた。聖職者は、病や怪我を治癒する呪術だけでなく薬草にも造詣が深かったため、傷ついた戦士を介護する役割も持っていたと考えられる。古典期マヤでは、一般的に戦には王やエリート階層などに限られた人数で臨んでいたといわれるが、実際には非戦闘員を含めるとかなり大規模な軍隊であったことが想像できる。

戦闘目的地までのルートと到達日数も詳細に練られていたようだ。乾季である場合、陸路のみならず水路も考慮され、水を確保しながら軍を進めていた。さらに、兵糧を節約するために、行軍中、狩猟や採集も行っていたようである。この行軍には、兵糧や武器などの物資のほか、行軍時や戦闘時に損傷を受けた武具を修理するための資材も運搬されていた。運搬される武器の中には、槍、投石用の石、野営や防御用に利用されたと考えられる丸太などがある。この他に、スズメバチの入った箱も運搬されていた。また、毒蛇も利用されていたとの報告がある。昆虫や動物が戦闘時に利用されたことから、戦闘は原始的な肉弾戦のみによって行われたのではなく、戦術というものが考案されていたことが理解できる。石碑や石彫に描かれるモチーフからは知ることのできない軍事内容でありとても興味深い。さらに、戦闘時に敵味方を識別するために、顔にペイントが施されたり、戦士の階級を一目で理解させるために、髪型や頭飾りも工夫されていた。

武器――弓矢、投槍器

考古資料やクロニカからの情報から、どのような武器が戦闘時に利用されていたのか理解できる。古代メソアメリカ文明では、青銅器が存在していなかった訳ではないが、装飾品の一部として利用されたのみで、日常生活

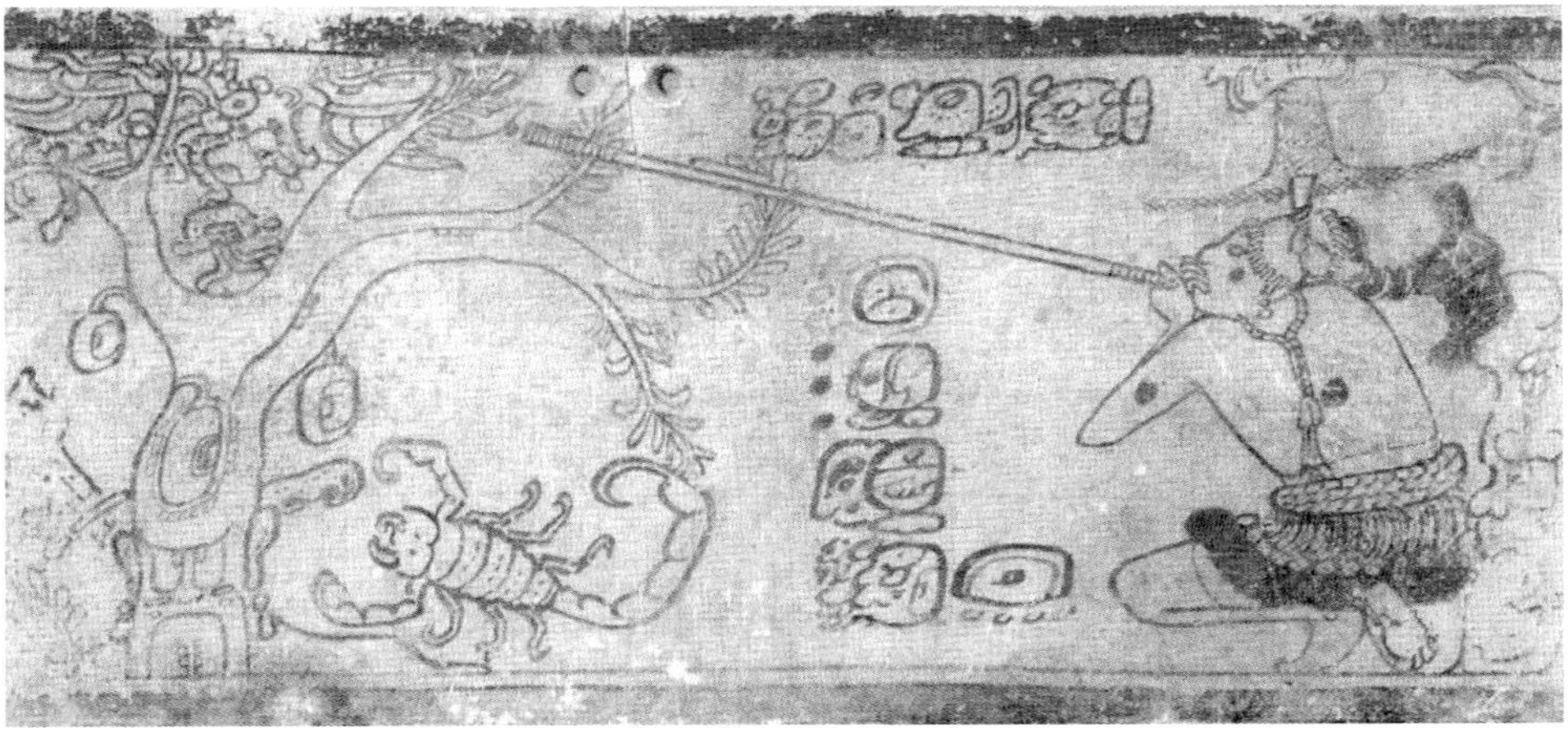

◀図４：多彩色の円筒形壺に描かれる吹き筒（Chinchilla 2001、一〇八頁を転用・修正）。神話に登場する双子の英雄の兄フンアフプー（左）が、木の上で休んでいる鳥の姿をしたヴクブ・カキシュを吹き筒で退治している場面と考えられる。

にまでは浸透していなかった。このため、戦争でも石器を多用していた。黒曜石やフリントでできた石槍、そして吹き筒（図４）が主な武器であった。石槍は、殺傷力を高める目的を持ち、場所によってはアトラトル（投槍器、第一章図25・27参照）とともに利用された。一方、小石や土製の弾を用いるスリングショット（パチンコ）も一般的な武器の一つであった。

弓矢に関して、メソアメリカ地域でいつから利用され始めたのか定かではない。最も信用できる資料は、アステカ時代に属する黒曜石の矢じりである。また、『メンドーサ絵文書』にも、弓矢を扱う戦士が描かれており、おそらく一五世紀頃には弓矢は普及していたと思われる。古代メソアメリカ文明でこの発明が遅れた理由は、矢じりの素材が石器であったことと関連する。弓矢の開発において重要なことは、まず矢じりの規格を統一することである。青銅製の矢じりは、大きさと重さを統一するために鋳型を利用することができる。そして、その結果、短時間での量産が可能となった。規格化された矢じりを利用することで、射手は矢の軌道を読み、その安定性を確保することが可能となる。一方、石材では鋳型から矢じりを作成することは不可能である。打製によって加工されていた石器の規格化を図るには、工人の熟練が必要となる。矢じりの重さや形状の違いは、命中率にも影響を与える。また、同一形状に仕上げるための加工には多大な時間を要する。したがって、良質な石材の供給、石器加工の技術力の向上と継承、規格の統一、量産性という条件を必要とする矢じりの開発は、アステカ王国のような成熟した国家の誕生を待たねばならなかったのだろう。

ここで、マヤ地域の自然環境と弓矢と投槍器の関係について述べておきたい。古典期には弓矢も投槍器も利用されていたことが考古学や図像学のデータから理解されている。しかしながら、この利用は限定的であったと推測できる。まず弓矢に関しては、先に述べたように矢じりの規格化という点において問題があった。さらに、古典期マヤの各王朝が繁栄していた地域は低地南部であり、密林によって覆われていた。これらの障害により、弓矢や投槍器は、編隊を組んで戦う場合、充分な効力が発揮できなかったと考えられる。

一方、後古典期に繁栄したチチェン・イッツァでは、戦の場で投槍器が使用されており、古典期マヤにおける戦の仕方から変化したように思える（第一章図27参照）。その理由は、一つにはマヤ低地南部と比較して、低地北部における植生が密集していなかったことが考えられる。他方、これに関して、メキシコ国立人類学歴史学研究所で考古学調査を長年行っている金子明氏（「マヤ古典的の戦争」四一頁）は興味深い見解を示している。「古典

▲図5：古典期の戦を再現したボナンパックの壁画（Miller, and Brittenbam 2013, Figure 172を転用・修正）。「部屋2」に描かれるこの戦闘場面は、チャーン・ムアンII世率いるボナンパック軍が勝利したことを記念する目的で描かれた。ボナンパックの戦士たちの強さをアピールするため、敵対する戦士を一方的に蹂躙しているように描かれている。そして、その武具として槍が利用されている。

期後期の主要な武器である槍から後古典期前期の投槍器の集団的な使用という戦術の変化は、政治的には単一の王権への権力の集中が顕著な古典期の政治体制から、後古典期前期のチチェン・イッツァに代表される集団合議体制への色合いが強い政治形態への変化と関連していると考えられる」。つまり、後古典期の戦闘にはより多くの集団が参加し大規模になったため、より効果的な戦術が練られ、その結果として、投槍器の集団的利用が開発されたと考えられるのだ。マヤ地域における古典期と後古典期の社会の違いを理解するために、戦の仕方に着目して考えると、興味をかき立てられるだろう（図5）。

その他の武器としては、石製の尖頭器やナイフや斧が挙げられ、ジャガーなどの牙を研いだもの、そして火にかけ強度を高くした槍も利用された。こん棒（マクアウイトル、図6）は特に強力な打撃力を備えた武器であった。こん棒の形を円柱ではなく四角柱に加工し、両側に黒曜石などの石刃を装着したものである。

▶図6：『メンドーサ絵文書』に描かれるマクアウイトル（macuahuitl）を持つアステカの戦士たち。

防具

このような武器の打撃から身を守る防具として、盾が存在していた。メソアメリカ地域の盾は木製であり、その表面になめした動物の皮を貼り付け、周囲には羽毛などで装飾を施したものであった（図7）。防具服やヘルメットには様々な種類があり、古代メソアメリカ文明の戦争だけでなく、思想を知る上で興味深い。上半身を守る綿の防護服がまず挙げられる。中綿として羽毛、または詰め物として岩塩を入れ、打撃攻撃を吸収する役割があったと思われる。羽毛も岩塩も入手することが困難であったため、この防護服を利用できるのは、戦士の中でも位の高い人物であったと考えられる。一方、王またはそれに類する戦士のみが着用できた防護服として、ジャガーの皮で作られたものがある（図5～7）。マヤ地域では、ジャガーは特に神聖な動物であり、さらに権威の象徴であったためこの使用は制限されていた（図8）。

　特異なものとして、ジャガーやピューマやコヨーテの皮、そして鳥の羽毛を利用し、全身を覆うように加工されたつなぎ戦闘服（図6、第一章図14参照）がある。この使用はマヤ地域では稀であったが、アステカの時代に標準化され戦士のユニフォームとなった。私たちの価値観から見て、どれだけ防具としての実用性を備えたものであるのか考えさせられる。例えば、現代の皮革製レーシングスーツは、各関節部位や脊髄にはプロテクターが仕込まれ、打撲や摩擦を緩衝させる優れた機能を備えている。しかし、皮革製であっても、そのような細工が認められないメソアメリカのつなぎ戦闘服には、どのような特殊な機能が備わっていたのだろうか。

　これを理解するのに、ヘルメットの意匠とあわせて考えると納得できるかもしれない。これにも獰猛なネコ科動物や猛禽類がモチーフにされたり、ケツァル鳥の羽根などで飾られたりと、実用性よりも装飾性を重視したものが存在する（図9）。実用性を追求した結果であったなら、動物の顔や頭部をそのままデザインとはせず、形状はより防備に適したものへと発展していたはずである。そうならなかったのは、メソアメリカ地域に特有の思想（ナワリズム）が関係していたと思われる。ナワリズムとは、人間は精霊や守護動物を宿しており、これと融合することで超自然の力を獲得できるとの考えである（第二章図24参照）。したがって、私たちにとっては、つなぎ戦闘服やヘルメットには装飾性が優先させられていると見えるが、超自然の力を得て戦に参加できるのであれば、またそう信じることで自らを鼓舞できるのであれば、古代メソアメリカの人々にとっては実用的であったといえる。

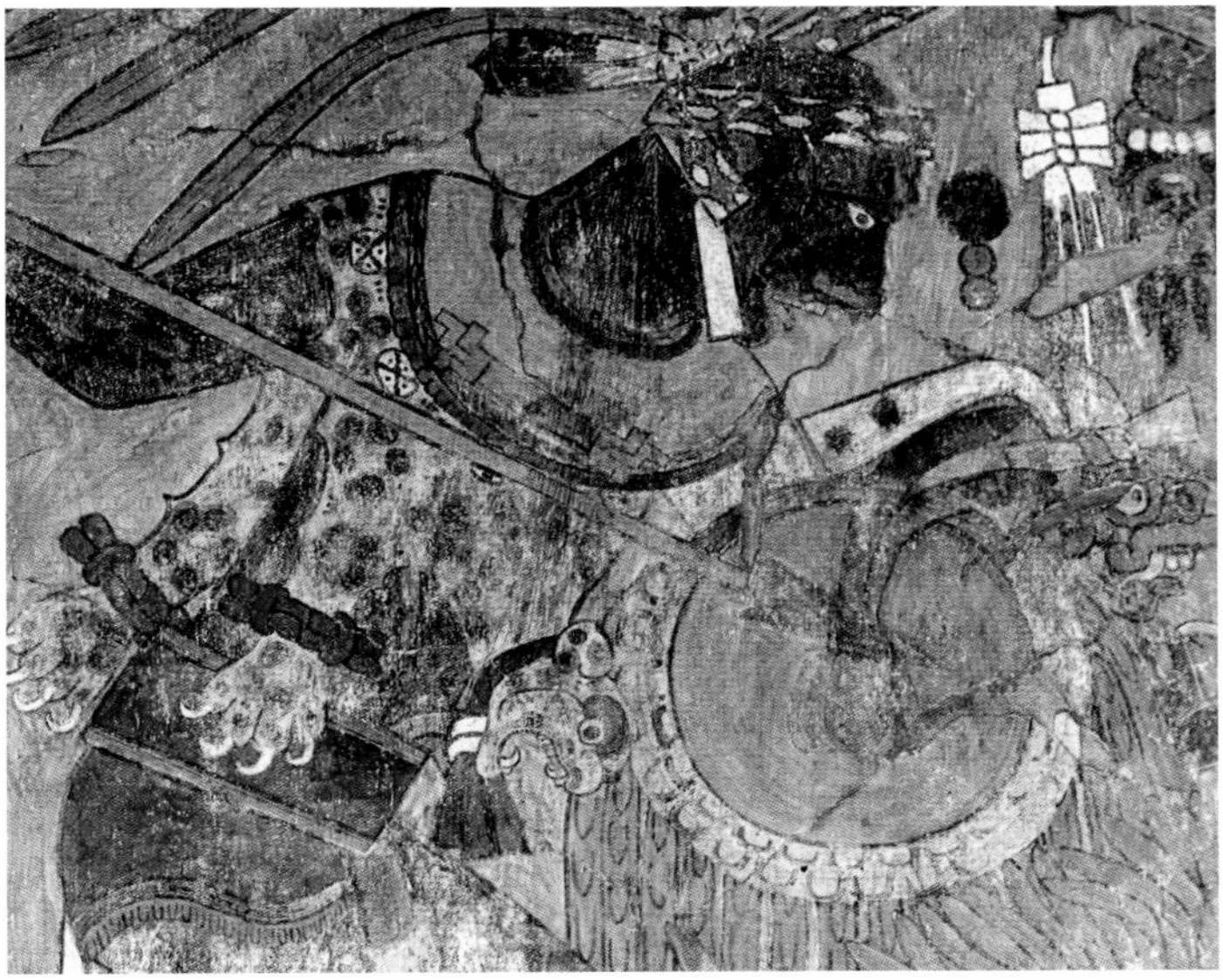

▶図8：マヤ地域で出土した多彩色の円筒形壺に描かれる戦士（Pilsbury et al. 2012, figure 194を転用・修正）。右から見て一番前の人物の頭には猛禽類の、二番目の人物にはピューマのヘルメットが被せられている。

◀図7：カカシュトラの壁画に描かれる戦士。左手に盾を右手に槍を持ち戦っている。カカシュトラはマヤ地域ではなく、メキシコ中央高原のトラスカラ州に位置する。しかし、芸術様式にはマヤ地域からの影響を多分に受けており、両地域間の交易が盛んであったことが理解できる。

▶図9：トウモロコシの神に扮した王が、ジャガーの皮でできたマットに座っている（Fields, and Reents-Budet 2005, Figura 21を転用・修正）。ジャガーに特有の黒い斑点模様が描かれている。

私たちの常識を覆して古代文明を見ると、軍楽隊にも、私たちの理解とは異なった存在価値が見えてくる。軍楽隊には情報伝達や士気高揚といった役割だけでなく、音にも神聖な力があると信じ、この力で精霊や守護動物を召喚し、戦士との融合率をより高める働きがあったのではないかと想像できる（図10）。

戦争による衰退

このような超自然の力を宿し戦った古典期マヤの王や戦士は、己の王朝を発展させるために他の王朝と頻繁に戦った。これに関して、マーティン氏とグルーベ氏は大きな実績を残している。彼らは、石碑や土器に書かれているマヤ文字を解読した功績以上に、各王朝の事跡を明らかにしながら古典期マヤの歴史を編纂したことで評価される（『古代マヤ王歴代誌』参照）。そこからは、各王朝は政略結婚や同盟を行ったり、ときには大勢力の王に朝貢を行ったりと、実態は日本の戦国時代を彷彿させる。古典期マヤの政治・軍事戦略を成功させるには、かなり高度な手腕が必要とされたに違いない。

マヤ地域の多くの王朝を巻き込んだ戦いの始まりは、後四世紀の終わり頃に認められるテオティワカンの干渉と関連付けられている（第三章3節参照）。そして、戦いは八世紀半ばから九世紀初頭に激化した（図11）。これが古典期のマヤ低地南部における社会衰退の直接要因とはいい切れないが、政情不安や環境破壊そして自然災害などの複合的な要因によって、一〇世紀の初め頃には低地南部で栄えていた、多くの各王朝は崩壊したと考えられている（第三章4節参照）。

戦争の激化がマヤ低地南部の社会衰退とどのように関連していたのか、中村誠一氏は説得力のある見解を示している。「（略）都市間の戦争の場合、戦争の規模が、捕虜を捕まえるのが目的というように小さいうちは、勝者が繁栄し敗者は一時的に衰退するといった脈動的な盛衰が続くが、いったん他都市を破壊してしまうような性格の戦争が起こりだすと、相互依存関係で結ばれていたネットワークの結節点が破壊されてしまうので、その影響がやがて勝者である都市や、第三者的な立場にあった都市に跳ね返っていく。やがてネットワーク全体がだめになるのである」（『マヤ文明を掘る』NHKブックス、一六八頁より引用）。

各王朝はときに同盟を結び、ときに反目したが、経済的には一つの大きなネットワークの中に存在していたのだ。このようなネットワークは大樹であり、各王朝はそれを支える根であったといえる。

▶図10：『ボルジア絵文書』に描かれるシペ・トテック（豊穣の神）に扮した神官。動物の皮でできたつなぎ戦闘服の衣装を身に着け、木製の鳴杖を右手に持っている。鳴杖を振りながら踊ることで、太陽の光をさらに注ぎ込ませ大地を豊かにすると考えられていた。

▲図11：ドス・ピラス遺跡の都市中心部の変化（Demarest 1993, 103頁を転用・修正。上：761年以前；下：761年以降）。761年以降の中心部は、柵や石垣で二重に囲まれている。左側の建物はこの防御壁の建設により取り壊されている。また、中心部の広場には多くの住居が描かれており、周辺に住んでいたエリート階層の人々がこの防御施設内に避難した結果であると考えられる。

戦争が激化する前までは、ライバルの王や貴族を生贄にし、敗者の都市国家を従属させることで勝者の王は、その神聖性を高め王朝を繁栄させていった。では、なぜ都市そのものを破壊する規模または性質の戦争へと変化したのだろうか。この戦争の性質変化については、現在充分な議論が行われていない。

これに関して筆者は、王や特権階級の人間ではなく、その他大勢の民衆や日常生活に着目する必要があると考えている。マヤ文字の解読によりマヤ古典期は歴史時代と呼ばれるようになった。しかし、石碑や土器に書かれているマヤ文字の内容は、基本的に王の誕生や即位そして他界、戦勝記念、同盟関係など王朝にまつわる出来事である。古典期マヤの実像を理解するには、とても限られた内容しか残されていないといえる。マーティン氏とグルーベ氏による研究の成功は、この時代の政治史を明らかにしている。しかし、それが偉業であるがゆえに、現在行われている研究は、この政治史をより精緻化する方向に向かっているように思われる。近年、民衆の生活を理解する目的での発掘調査は増加しているが、充分とはいえないのが現状である。

同時代に生きた人々は何を思い暮らしたのだろうか（図12～14）。確かに、古典期マヤ社会はカリスマ性・神聖性を備えた王の統治により発展した。王は王としての地位を盤石にするため戦を率いたのだろう。また、民衆もそのような王に従ったに違いない。しかし、何百年、そのような戦を続けなければいけなかったのだろうか。歩兵としての戦への参加は、自らが望んだものだったのだろうか。たとえ戦士として直接参加しなくとも、非戦闘員として従軍し命を落としたケースがあったかもしれない。また、征服された王朝の民衆は、今までのように幸せに暮らせたのだろうか。怨嗟や怒りの蓄積が戦いの本質を変えたのかもしれない。そして、民衆は王のカリスマ性を疑い、やがて信じられなくなった。民衆の心理や願いを置き忘れた王の姿を目に浮かべるのは筆者だけであろうか。

　古代マヤ文明の研究テーマの中でも、マヤ低地南部の社会衰退というテーマは最大の関心事の一つであり、多くの研究者が取り組んでいる。王朝史や宮廷芸術だけでなく、人々の願いとは何かという人類普遍の問題に取り組むことで、古典期マヤの新しい姿が見えてくると思う。

▶図12：ハイナ島で出土した機を織る貴婦人（Museo Nacional de Antropología展示）。首飾りや耳飾りそして織り機を使用していることから高貴な位の人物をモチーフにしていると考えられる。

◀図13：母親と赤ん坊がモチーフになった土製の笛（Tiesler 1997, 15頁を転用・修正）。

▼図14：チチェン・イッツァの「戦士の神殿」に描かれていた壁画（Florescano 2009, Figura VI.13aを転用・修正）。沿岸部の小さな集落の暮らしの様子がわかる。

ピラミッド比較

古代メソアメリカ文明の遺跡を訪問する楽しみの一つは、ピラミッドを見たりそれに登ったり、そして頂上からの風景を観賞することだろう。マヤ文明を始め古代メソアメリカ文明でも、多くのピラミッドが建造された。それはこの古代文明を特徴づける大きな要素の一つでもある。しかし、その形や高さ、さらには外面への装飾の仕方に統一性はなく、バラエティーに富んでいる。ただ、いくつかの点で類似性が認められる。エジプトのピラミッドの形は四角錐であり、頂上にキャップストーンを置くのに対し、古代メソアメリカ文明のものは、一般的にひな壇のようにいくつもの基壇を積み重ね（階段状ピラミッド、図1）、頂上部に神殿が存在するため尖ってはいない点である（図2～4、表1）。

では、どのようなピラミッドが存在していたのか見ていこう。まず、エル・ミラドールの「ラ・ダンタ」のピラミッドを紹介したい（図2の1）。このピラミッドは、間違いなく先古典期後期の中で最大規模のものであった。また、後の時代のものと比較しても決して見劣りしない。一方、このピラミッドの平面規模はしばしば六〇〇×三一四メートル、高さが約七六メートルもあったと報告されることがある（図5、表1の1）。しかしながら、こ

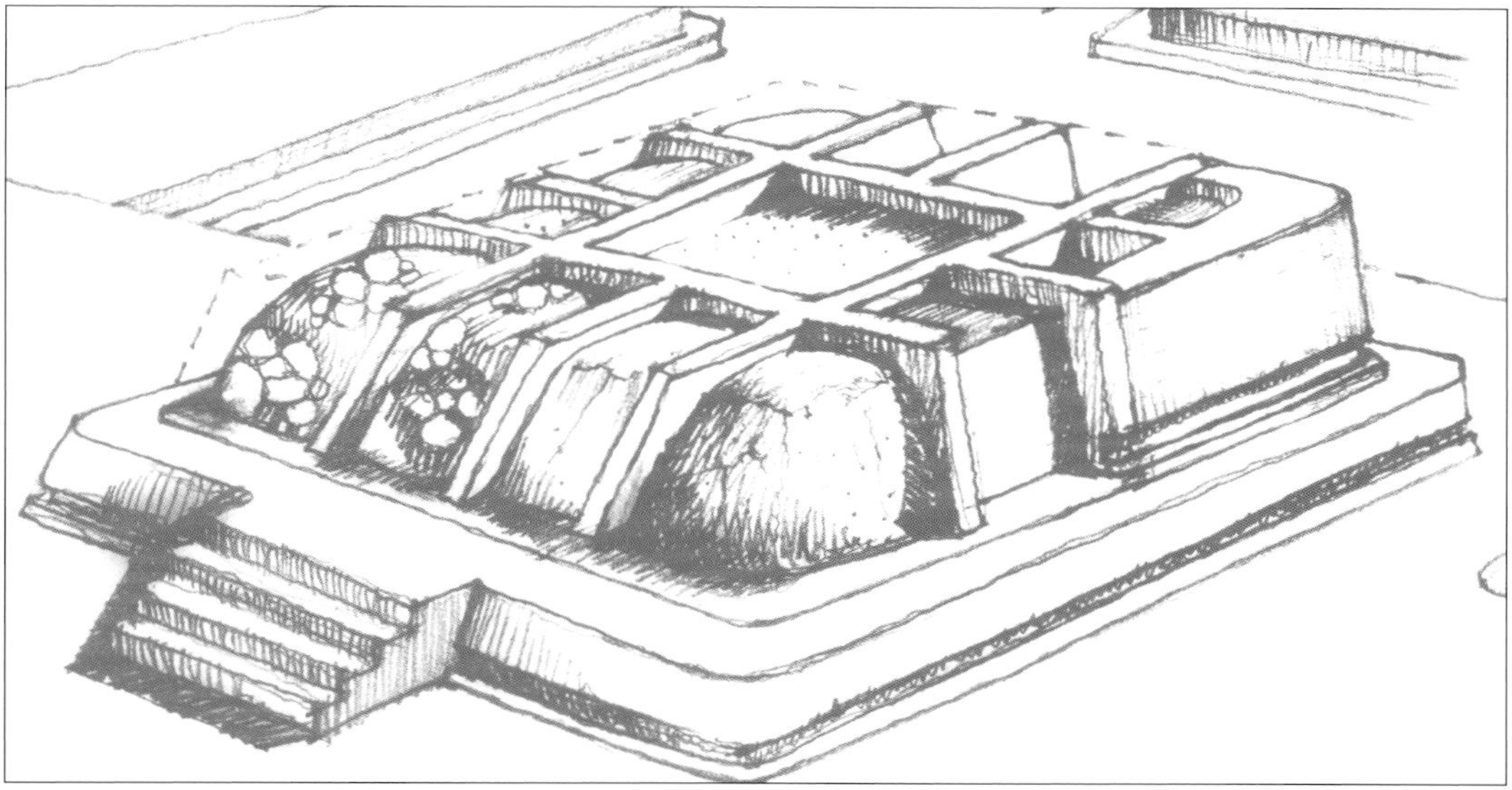

▲図1：ピラミッドの建造プロセス（Villalobos 2010, 61頁を修正）。なぜ、メソアメリカのピラミッドが階段状になっているのかは、建造プロセスから理解できる。ピラミッドを高く積み上げるには、崩落を防ぐためにピラミッド自体の重みに耐えうる構造を整える必要がある。そのため、部屋状建築構造が採用された。一番下の基壇部を部屋状にいくつか区切り、その内部を土や石で埋めていく工法である。この基壇が完成すると、その上の基壇も同様の方法で建造していく。

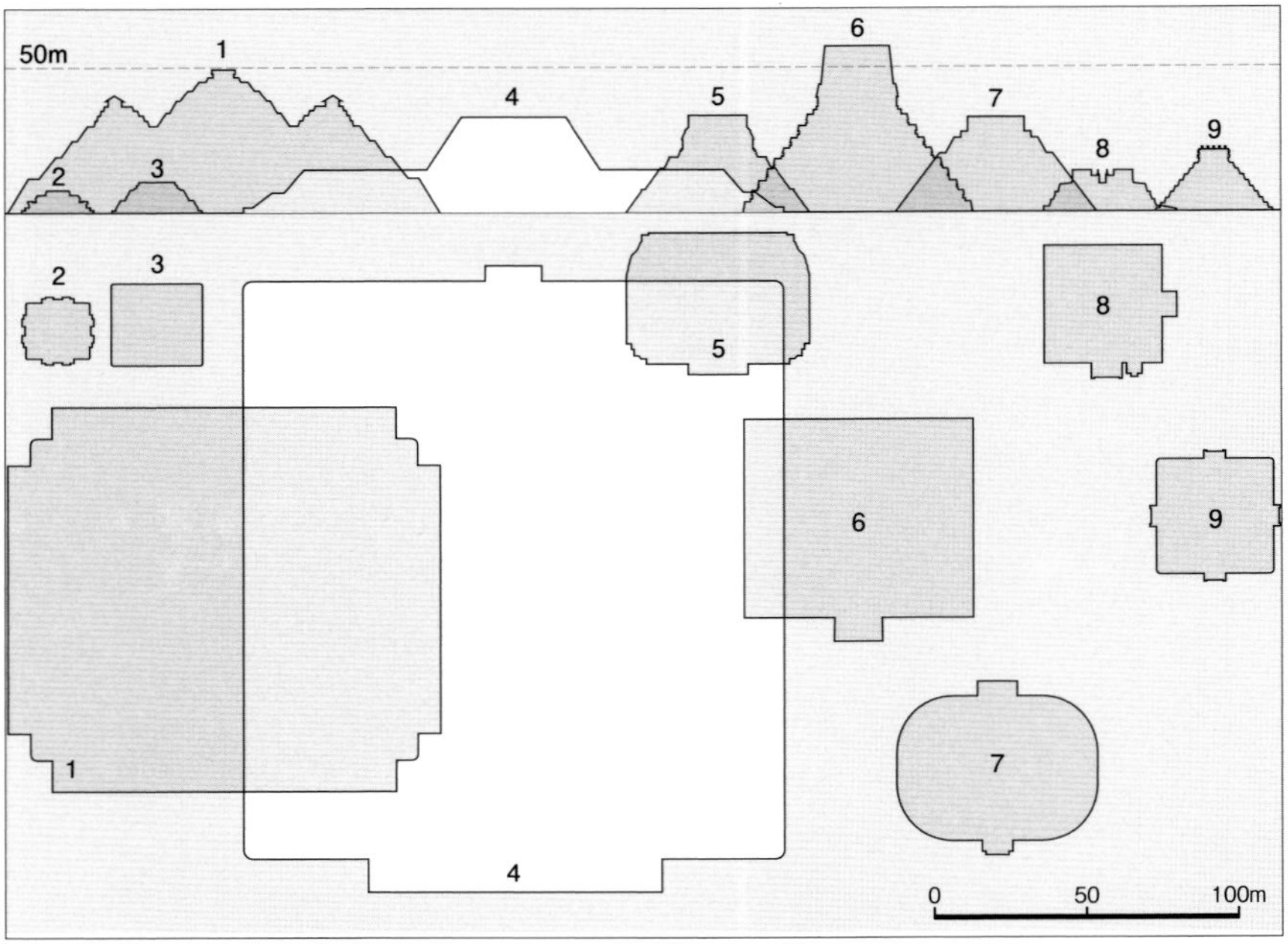

▲図２：マヤ地域のピラミッド比較（114頁表１参照。図中番号は表１に対応）。
▼図３：メキシコ中央高原のピラミッド比較（114頁表１参照。図中番号は表１に対応）。

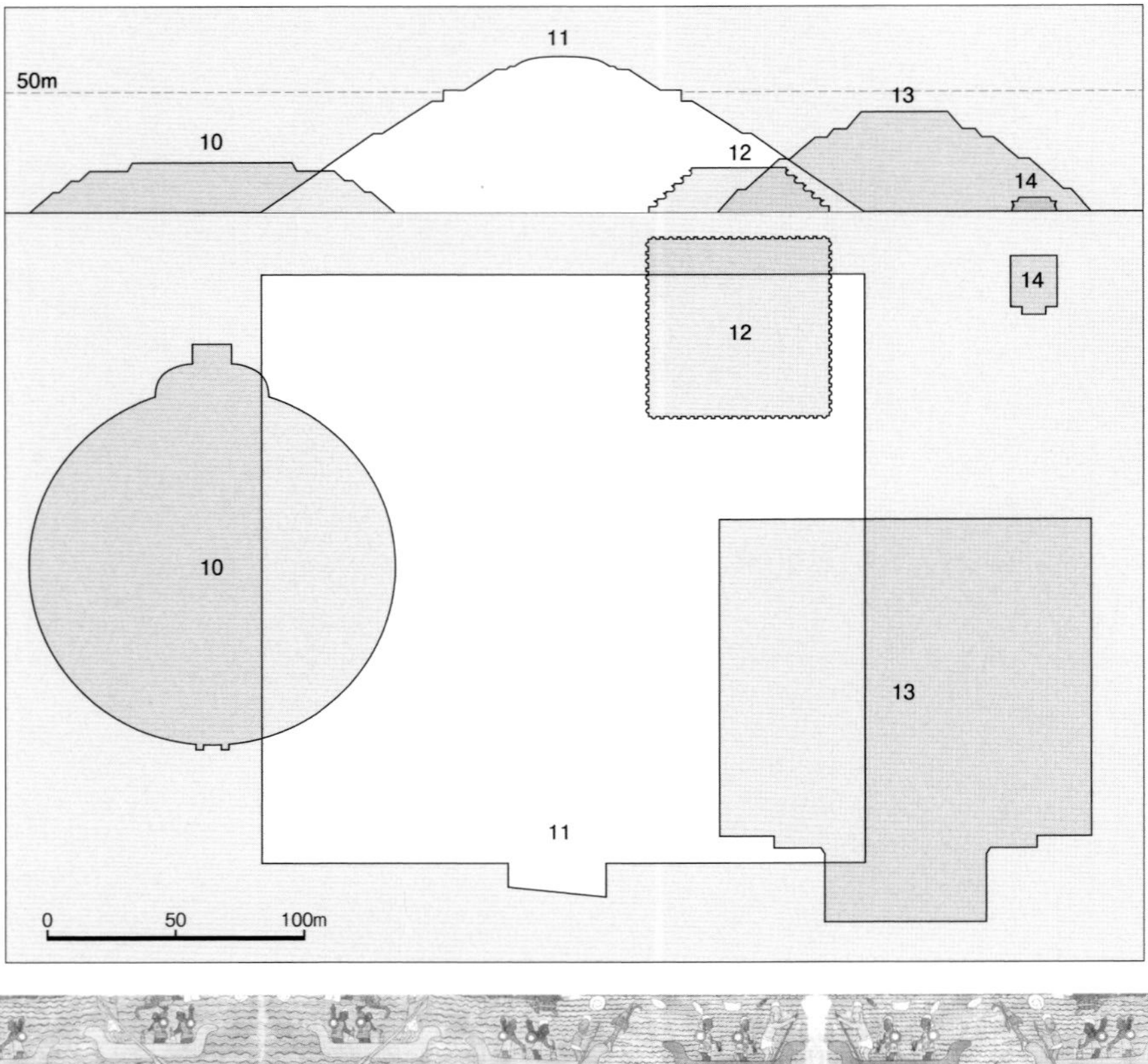

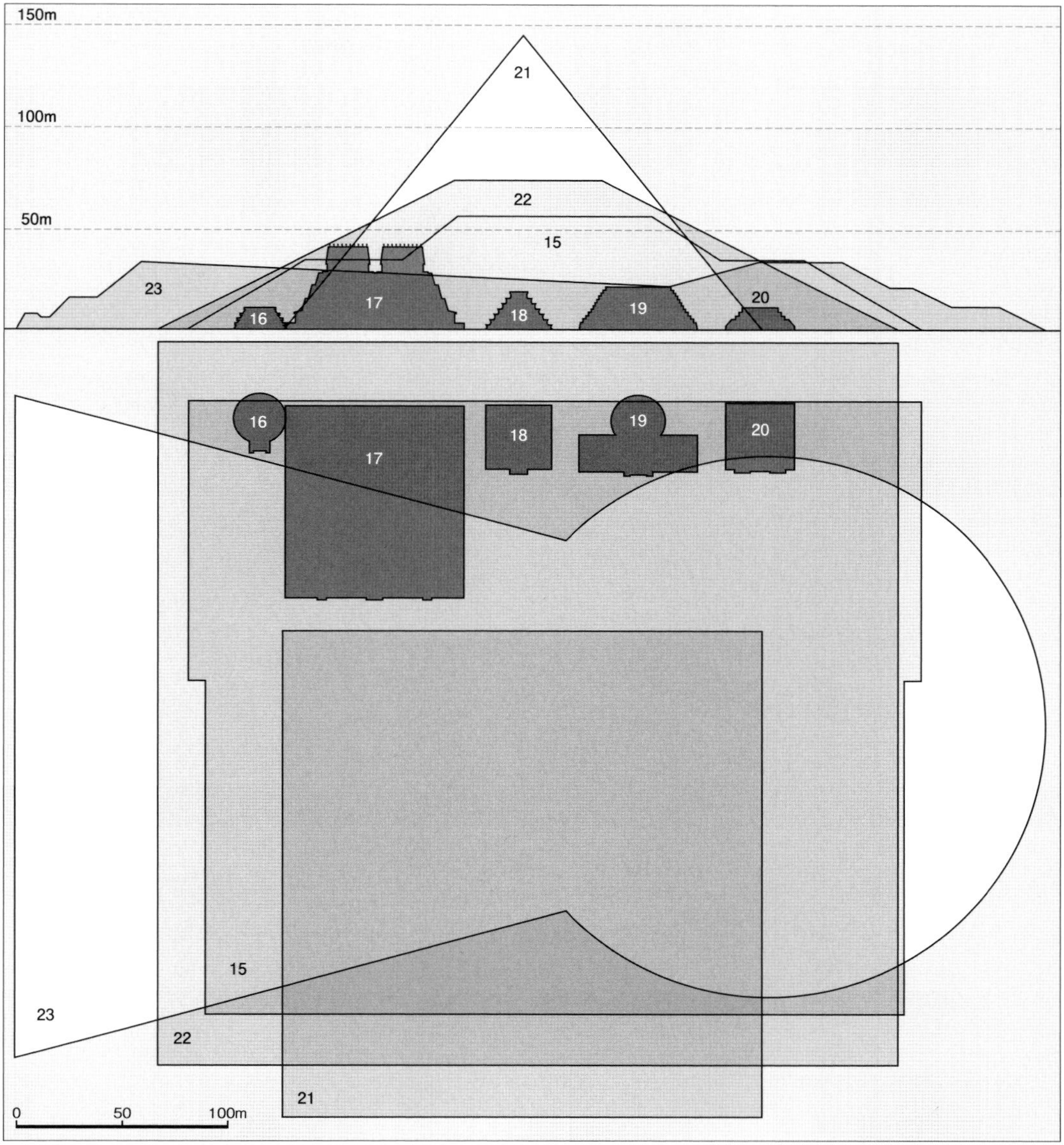

▲図4：メキシコと世界のピラミッド比較（114頁表1参照。図中番号は表1に対応）。

	遺跡名／ピラミッド名　単位（概算m）	長軸	短軸	高さ	神殿部の有無	推定建造時期
	マヤ地域					
1	エル・ミラドール／ラ・ダンタのピラミッド（第3基壇部全体） ラ・ダンタ建築複合（第1・2・3基壇部全体）	140 600	140 314	50 76	有	前200年
2	ワシャクトゥン／ピラミッドE-VII号建造物	25	25	8	無	後500年
3	アカンケー／10号建造物	32	32	12	無	後500年
4	イサマル／キニチ・カクモのピラミッド	200	180	34	無	後550年
5	パレンケ／碑銘の神殿	61	44	34	有	後650年
6	ティカル／4号神殿	88	64	69	有	後740年
7	ウシュマル／魔法使いのピラミッド	75	54	36	有	後900年
8	チチェン・イッツァ／戦士の神殿	55	55	24	有	後900年
9	チチェン・イッツァ／エル・カスティージョ神殿	39	39	16	有	後900年
	メキシコ中央高原					
10	クイクイルコ／円形ピラミッド	直径116		22	無	前400年
11	テオティワカン／太陽のピラミッド	232	230	64	無	後200年
12	テオティワカン／羽毛の蛇神殿	65	65	20	無	後250年
13	テオティワカン／月のピラミッド（前庭部を含む）	180	152	47	無	後400年
14	ソチカルコ／羽毛の蛇神殿	24	19	6	無	後700年
15	チョルーラ／グレート・ピラミッド	400	400	62	無	後500年
16	カリシュトラワカ／エエカトルの神殿／方形基壇	22	20	11	無	後1450年
	円形基壇	直径22				
17	テンプロ・マヨール／双子のピラミッド	83	78	44	有	後1500年
	メキシコ湾岸地域					
18	エル・タヒン／壁龕のピラミッド	35	35	20	有	後750年
	メキシコ西部					
19	ツィンツゥンツァン／ヤカタ／方形基壇	57	10	24	無	後1450年
	円形基壇	直径13				
	オアハカ地域					
20	モンテ・アルバン／建造物M	31	29	14	有	後500年
	世界の巨大ピラミッド					
21	エジプト／クフ王の大ピラミッド	230	230	146	無	前2560年
22	中国／驪山陵（始皇帝陵）	350	345	76	無	前200年
23	日本／大山古墳（伝仁徳天皇陵）	486	307	35.8	無	後450年

表1：古代メソアメリカ文明のピラミッドと世界の巨大ピラミッドの比較表（Marquina 1951; Ruz 2013; Suyuc, and Hansen 2013を参照）。

れはダンタのピラミッド（第三基壇部）が存在する建築複合の第一・第二基壇部を含めたものであるため、比較する場合注意が必要である（図5）。

マヤ地域の中で平面規模の大きかったピラミッドの一つに、イサマル遺跡の「キニチ・カクモ」の基壇型ピラミッド（約二〇〇×一八〇m、図2の4）が挙げられる。この基壇

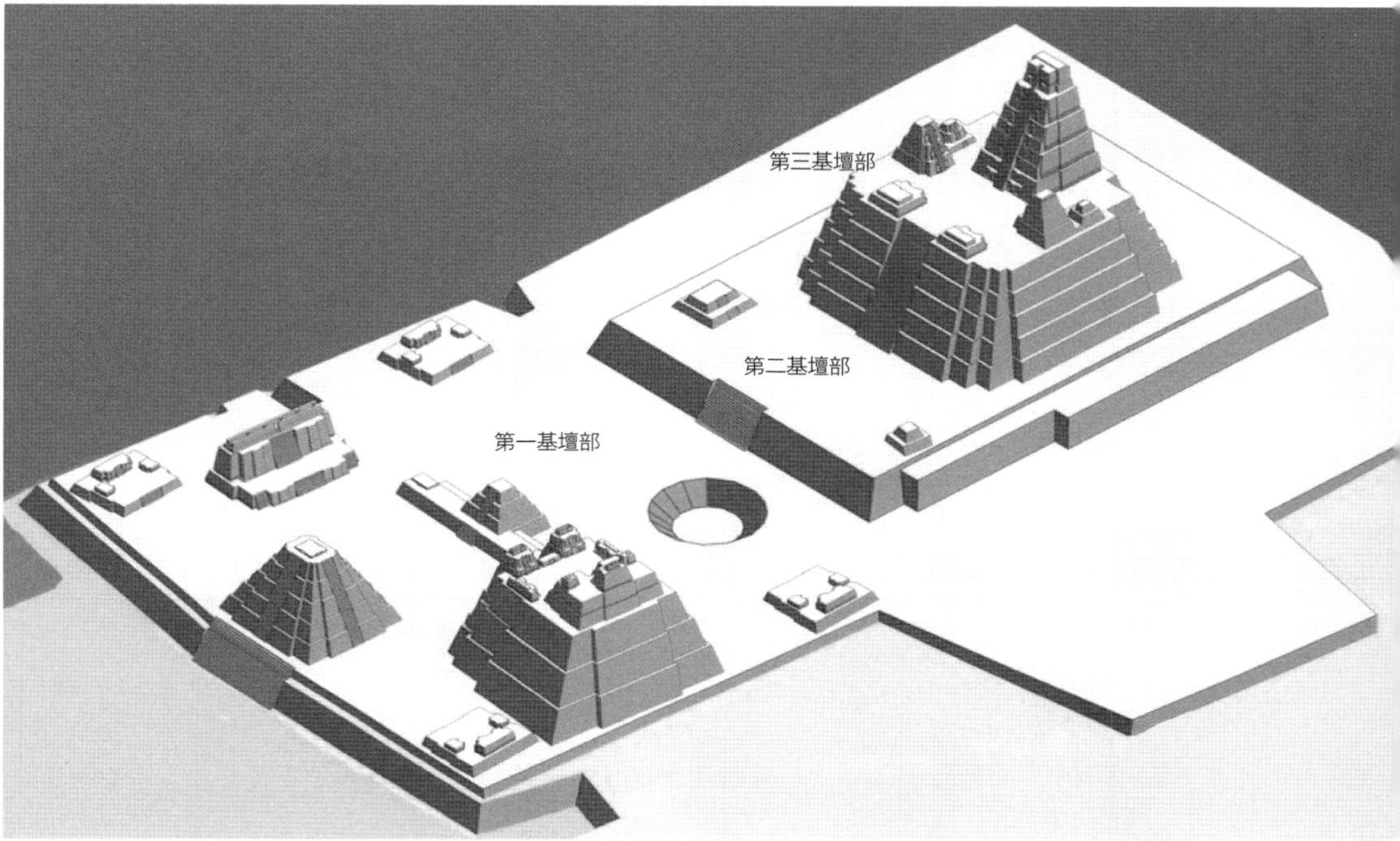

▲図5：「ラ・ダンタ建築複合」の復元図（Suyuc, and Hansen 2013, Figura 10を修正）。この建築複合は、第一基壇部から第三基壇部で構成されている。

▼図6：チチェン・イッツァの「エル・オサリオ神殿」の断面図（Thompson 1938, Fig. 2を基に作成）。ピラミッドは意図的にセノーテの真上に造られた。

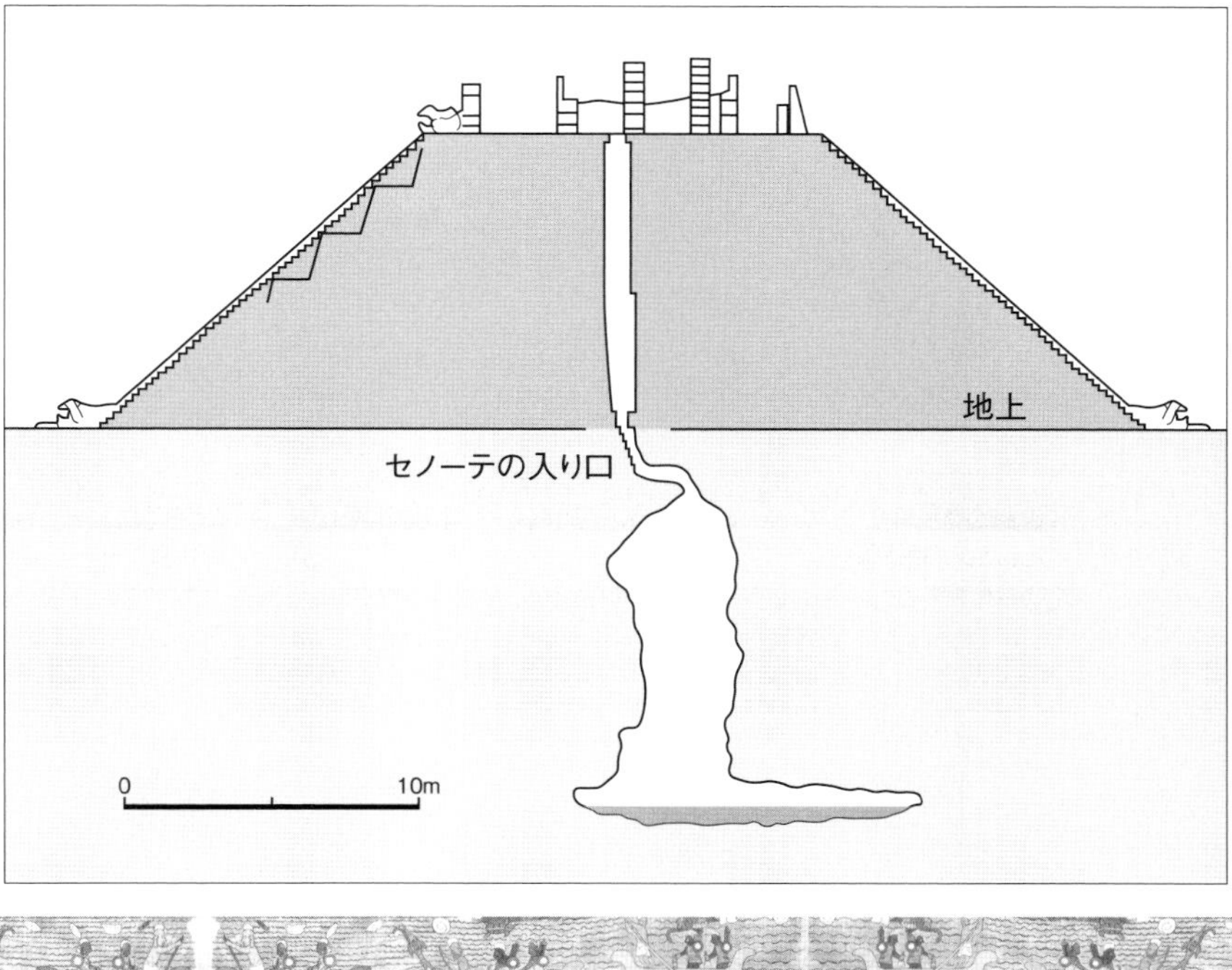

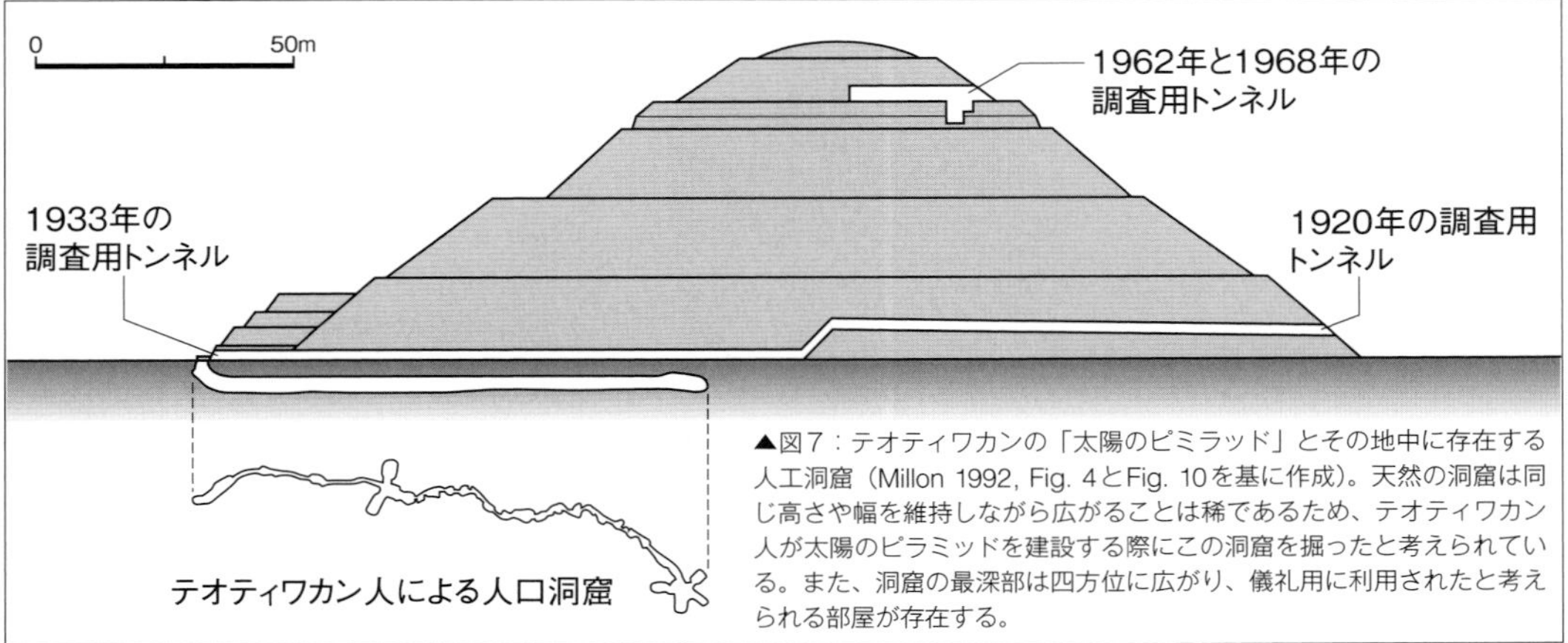

▲図7：テオティワカンの「太陽のピミラッド」とその地中に存在する人工洞窟（Millon 1992, Fig. 4とFig. 10を基に作成）。天然の洞窟は同じ高さや幅を維持しながら広がることは稀であるため、テオティワカン人が太陽のピラミッドを建設する際にこの洞窟を掘ったと考えられている。また、洞窟の最深部は四方位に広がり、儀礼用に利用されたと考えられる部屋が存在する。

の上により小さなピラミッド（五七×三八ｍ）が存在していることから、ここから時の王は、基壇部に控える家臣やその階下の民衆を指揮していたと考えられる。形に特徴的なものとして、ウシュマル遺跡の魔法使いのピラミッド（図2の7）がある。平面が楕円形をしており、マヤ地域のみならずメソアメリカ地域の中でも稀な形といえる。多くのピラミッドは、左右の対称性を重視しているが、その中でも、チチェン・イッツァの「エル・カスティージョ神殿」（図2の9）を始め、テオティワカンの「羽毛の蛇神殿」（図3の12）やエル・タヒンの「壁龕のピラミッド」（図4の18）は底面がほぼ正方形をしており、その対称性は徹底している。

　マヤ地域から離れ、古代メソアメリカ文明の中で、最大規模のピラミッドは何かと尋ねられると、テオティワカンの「太陽のピラミッド」（図3の11）とチョルーラの「グレート・ピラミッド」（図4の15）を挙げることができる。「太陽のピラミッド」は復元されているため、この地を訪問するとその巨大な姿に圧倒される。一方、「グレート・ピラミッド」は復元されてはおらず、全貌を把握することが困難になっている。このピラミッドは、底面では「クフ王のピラミッド」（図4の21）や秦の始皇帝の陵墓（図4の22）を凌ぐ。

　ピラミッドを見る際、私たちの目はその高さや大きさに目がいきがちだ。ピラミッドの体積を復元し、どれだけの人員でどのくらいの年月が建造にかかったのかを推測するのは興味深いテーマでもある。しかし、ここで忘れてはならないのは、ピラミッドの外観における装飾性である。まず、メソアメリカのピラミッドの外壁は一般的に赤く塗られていた（遺跡紹介❺の図7参照）。その上、巨大で複雑な浮き彫りが施されたり、石彫がはめ込まれたり、壁画が描かれていたため、資源の確保や加工制作に要する日数を考慮する必要がある。また、これらの外観を含めたピラミッド自体の設計とその建造の努力の跡は、ピラミッドの単純な体積比較だけでは理解できない。

　一方、チチェン・イッツァの「エル・オサリオ神殿」やテオティワカンの「太陽のピラミッド」のように、いくつかのピラミッドは意図的にセノーテ（図6）や天然または人工の洞窟（図7）の真上に建造された。このような事例は、古代メソアメリカ文明では、ピラミッド自体を建造することが最大の目的であったのではなく、ピラミッドは世界観を物質的に表現するための一つの手段として利用されたことの傍証である（トピック①参照）。

　なぜ、このような場所に、このような形で、そしてこのような装飾が施されていたのか。これらについて考えながらピラミッドを訪問することで、より古代文明の実像に近づくことができると思う。

第六章 ピラミッドを掘る

考古学の醍醐味の一つは、埋もれていたものを発掘することだ。考古学者はどのような方法でピラミッドを発掘しているのだろうか。ここでは、現在、筆者が村上達也氏（テュレーン大学）とともに率いている「トラランカレカ考古学プロジェクト」（二〇一一～現在）と、修士課程在籍時に参加した「月のピラミッド発掘調査」（一九九八～二〇〇四年）の事例を基に説明したい。

トラランカレカ遺跡はメキシコのプエブラ州に位置し、「月のピラミッド発掘調査」はメキシコ州のテオティワカン遺跡で実施された。両遺跡ともにマヤ地域ではなく、メキシコ中央高原内の海抜高度が二二〇〇メートル以上の場所にあり、気候は温暖湿潤である。マヤ地域と比較すると自然環境は異なる。効率よく調査を実施するために、考古学者は自然環境を考慮しながら、いくつかある調査方法を取捨選択または組み合わせる。そのため、以下で述べるピラミッドを発掘する方法は一例である。さらに、遺跡がある地域の治安問

▲図1：トラランカレカ遺跡の「セロ・グランデ・ピラミッド」（推定55×53×17m）。ピラミッドの頂上部には、カトリック教会の十字架が安置されている。

題や調査資金の額によっても、調査方法は変化する。

メソアメリカ地域に存在するピラミッド建造物の多くは、当時の姿を留めておらず、小山のような形状をしている（図1）。風雨や植生の成長による自然風化、農耕や盗掘による人為的破壊、そして建造物自体の重さによって崩れていく。建造物の中には、大規模な破壊を受け、地表面に痕跡が認められないものも存在する。

▶図2：「月のピラミッド」の前でトータル・ステーションを利用し測量調査に従事する筆者。

▶図3：トラランカレカ遺跡に生息するガラガラヘビ（体長八一㎝）。

そのような状況の中、考古学者はまず現状を把握しようと試み、建造物の三次元地図を作成する。現地でトータル・ステーション（光波測距儀と経緯儀を組み合わせたもの）を利用し、地表面をていねいに測量していく（図2）。テオティワカンのように遺跡公園として整備されていないトラランカレカ遺跡では、植物の成長速度が速く、人里から離れていることもあり様々な動物が生息している。その中でも、人間にとっての脅威は毒蛇である。しかし、正確な測量地図を作成したければ、どうしてもそのような場所にも足を運ばないといけない。トラランカレカ遺跡は、現在主に畑として利用されているが、休閑地では草木が生い茂っている。そのため、多くのガラガラヘビが身を潜めている。危険を避けるために、現地の人を雇い草木を刈ってもらう。調査期間中、一日に最低でも二匹の蛇を捕獲していた（図3）。

ピラミッド建造物とその周辺部の測量調査を終えると、トータル・ステーションのデータをパソコンに移し、AutoCAD、Surfer、ArcGISといったソフトを利用して、三次元等高線図を作成する（図4）。この地図の利点は、いつでも好きなときに、パソコン上で様々な角度から地形を分析できる点にある。この三次元等高線図や表面で観察される遺物の散布状況を基に、研究対象となるピラミッド建造物の何を調査する必要があるのかについて詳細に検討する。調査テーマとして一般的であり重要な項目は、①建造物基壇部の正確な規模と外壁の形状、②建造物の建築プロセスとその帰属年代、③埋葬墓の存在、④建築技法や建築材の種類などを確認することである。

①建造物基壇部の正確な規模と外壁の形状を確認するために、よく利用される発掘調査方法は、トレンチ調査である。このトレンチの大きさは調査団によって異なるが、筆者らの調査では二メートル×二メートルの大きさを一つの単位として利用している。建造物基壇部の正確な規模を知るために、先の三次元等高線図を様々な角度から検証し、基壇部の四隅はこの辺りにあると推測できる地点を決める。ピラミッドが放棄されてから長い年月が経ているため、現在の地表面から基壇部の床面までの土砂の堆積は厚く、推測した地点でトレンチ調査を行っても、基壇部が発見される確率は低い。その場合、トレンチを拡張し別の単位となるトレンチを設定していく。

一方、建造物の外壁の形状を知ることは、基壇部の正確な場所を突きとめることよりまだ容易である。それは、トラランカレカ遺跡では現在二四基のピラミッド建造物が確認されているが、その中には、破壊を逃れ外壁の一部が露出しているものもあるからである。ここでは、トラランカレカ遺跡の「ピラミッドC1」と呼ばれる建造物で実施した調査を基に説明する。外壁が露出しているすぐそばにトレンチを設定し、発掘調査を行えば、その延長部分を問題なく確認することができる。このトレンチ調査によって、「ピラミッドC1」の外壁は斜壁と平坦面を繰り返す形状であることがわかった（図5）。さらに、この建造物の北壁がどこまで続くのかを確認するため、別のトレンチを設置した。先のトレンチで確認できたように、ここでも外壁は斜壁と平坦面を繰り返す形状をしている（図6）。

さらに、このトレンチでもアドベ（日干しレンガ）の壁が確認された。これらのアドベの壁の発見は、とても貴重な資料である。それは、②このピラミッド建造物の拡大建築プロセスと④建築技法や建築材の種類を理解できるからである。「ピラミッドC1」周辺部では、ほかの場所でもトレンチ調査を実施しており、これらの調査から、アドベの列は一メートルから一・五メートル間隔で何本も南北方向に築かれていたことがわかった。

まず、図7を見ていただきたい。発掘調査の前に露出していた外壁は、図7中の2期目のピラミッド（約五二×四二×一四m）のものであった。その後、この外壁の下方部を覆

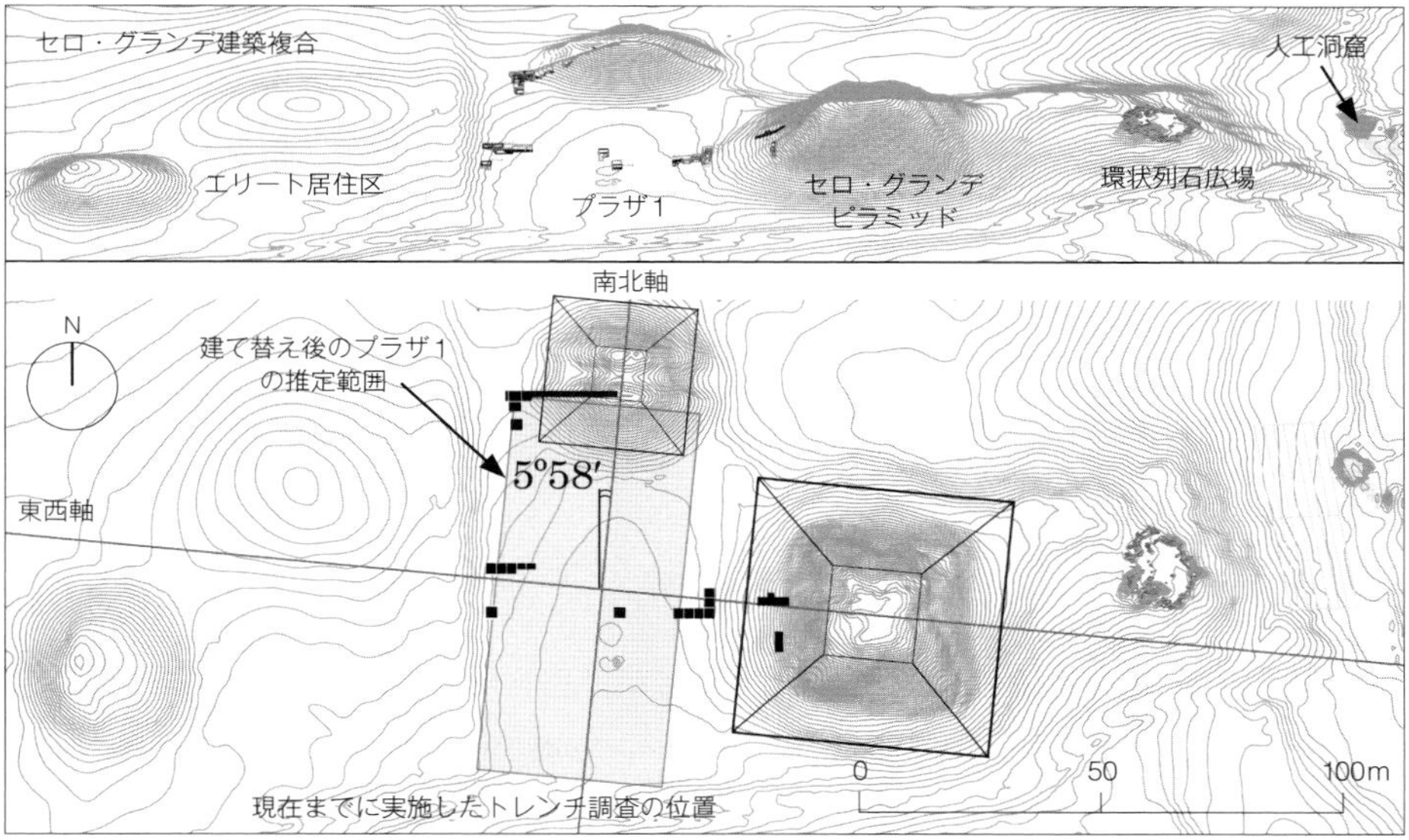

▲図4：トラランカレカ遺跡の「セロ・グランデ建築複合」地区の三次元等高線図。地図の中に様々な古代建造物が存在していることが理解できる。

▲図５：「ピラミッドC1」の北壁の形状を知るために行われたトレンチ調査。外壁の一部が露出していた場所には苔が生えている（写真の左上）。トレンチ内から、建造物の外壁上に２本の細長い列が出土している。これはアドベで組まれた壁である。
◀図６：図５のトレンチから見て14ｍ西の地点に設定されたトレンチ。

う形で、より大きな基壇（約七一×五八×一・九ｍ）が築かれた（図７の３ａ期）。アドベの壁は、この基壇を建設するための内部補強土壁として利用されたのだった。ピラミッドの盛り土には、土や石が利用されることが多く、このような補強土壁の設置なしでは、ピラミッド自身の重さによって、内部からすぐに崩壊してしまう。それを避けるための建築技法であった。

一方、「ピラミッドＣ１」の②帰属年代を知るために、まずトレンチの土層断面図を作成する（図８）。図８によると、Ｘ層は「ピラミッドＣ１」の２期が機能していた時期に床面として利用されていたことが理解できる。そして、この層から採集された炭化物や種子を用い、絶対年代を測定できる加速器質量分析（ＡＭＳ）を実施する。その結果、「ピラミッドＣ１」の２期は後一五〇年から二〇〇年頃の間に機能していたことが判明した。

ここまでは、ピラミッド建造物を外側から調査する方法である。以下では、ピラミッドの内部をどのように調査するのかについて説明する。

その調査方法を理解していただくのに、杉山三郎氏（愛知県立大学）とルベン・カブレラ氏（メキシコ国立人類学歴史学研究所）がテオティワカンで行った「月のピラミッド発掘調査」が好例であるため、この調査の事例を基に述べたい。より巨大なピラミッドの②建造物の建築プロセスとその帰属年代や③埋

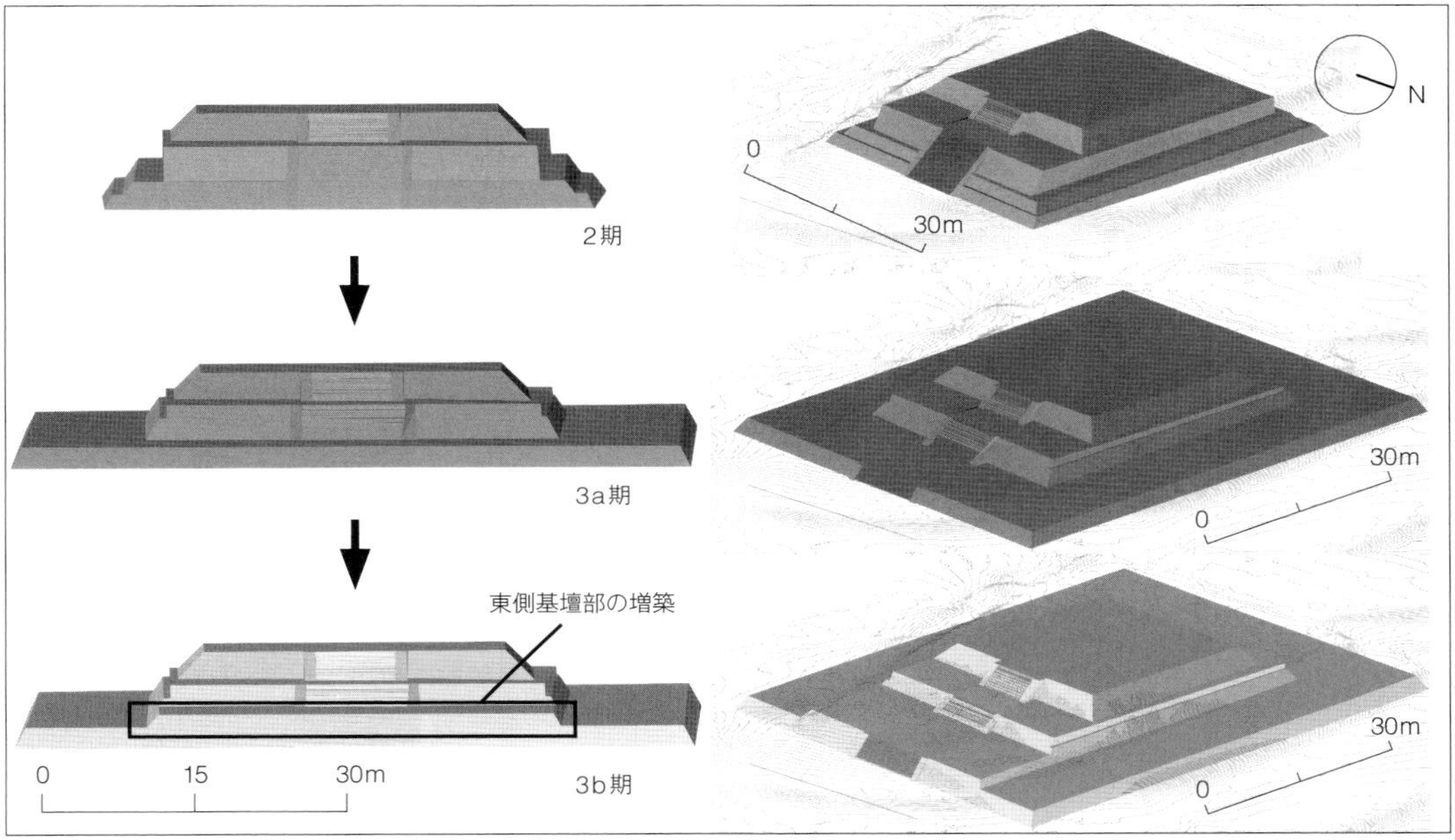

▲図7：AutoCADで復元した「ピラミッドC1」の建築拡大プロセス（1期に関しては、資料がまだ乏しいため復元図を作成できる段階にない。3a期と3b期の違いは、ピラミッド東側の正面基壇部を約1m 高くしているのみである）。

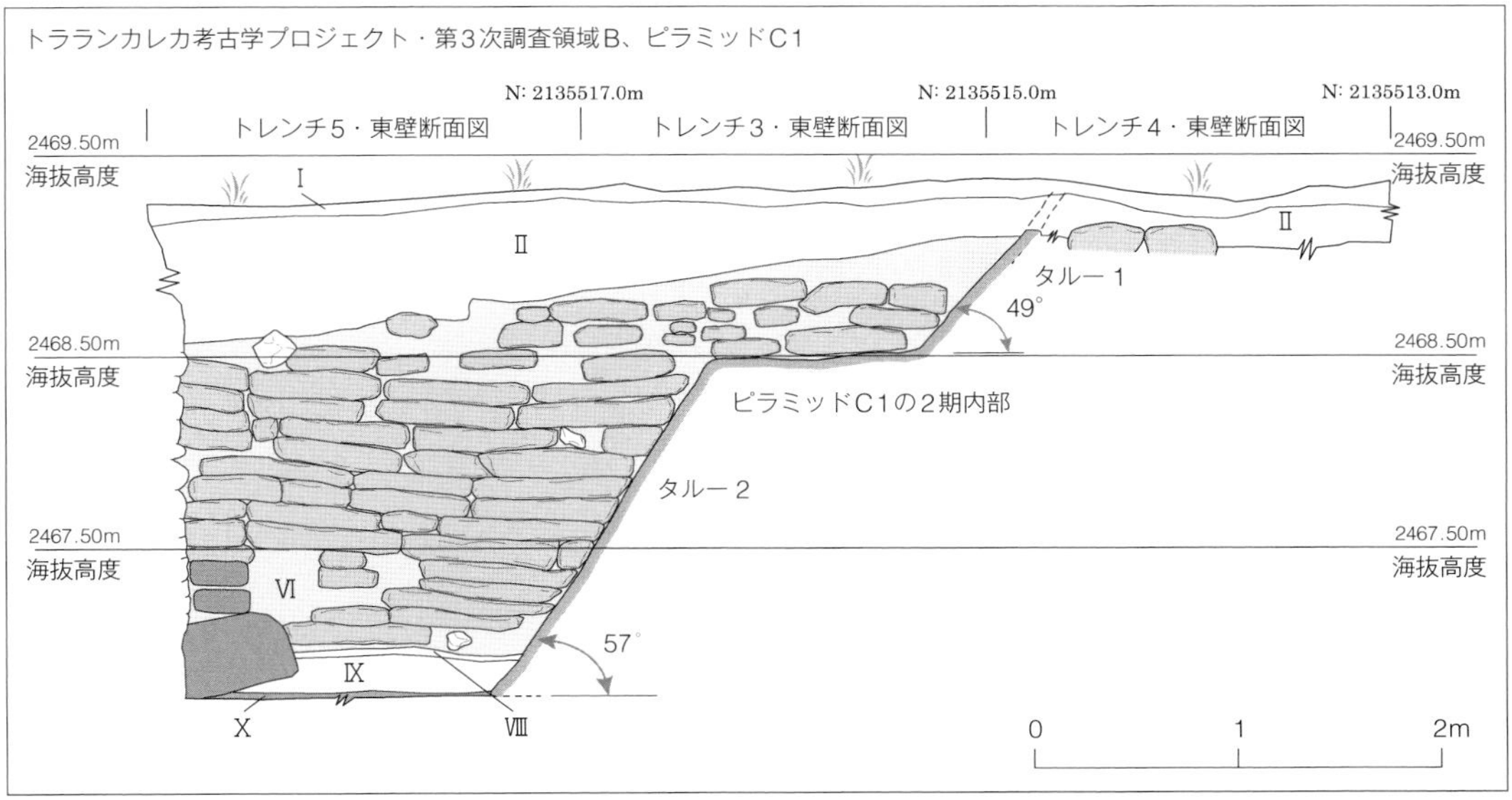

▲図8：「ピラミッドC1」で行ったトレンチ調査の土層断面図。

葬墓の存在を確認するには、どうしてもピラミッドの内部で発掘調査を行う必要がある。先の「ピラミッドＣ１」の事例からわかるように、古代メソアメリカ文明の建造物は、古い時期の建造物を土台として利用し、新しくより大きな建造物を築く。巨大ピラミッドの内部建築プロセスを理解しようとする場合、上から下へと発掘を行うことはとても非効率的である。そのため、多くの調査団で、水平方向へと進むトンネル発掘調査が採用されている。

「月のピラミッド発掘調査」では、「月のピラミッド（約一五二×一八〇×四七ｍ、図９）」の内部に向かい、一〇カ所の異なる地点から調査用のトンネルが掘られた。その総距離は約二八〇メートルにも及ぶ。この調査結果から、ピラミッド内部に古い建造物が六基存在していたことが判明した（図10）。

トンネルの規模は、平均で幅八〇センチメートルそして高さは一・八メートルである。「月のピラミッド」の内部には、トラランカレカ遺跡の「ピラミッドＣ１」で確認されたアドベを用いた内部補強土壁も存在するが、その設置間隔ははるかに広い。そのため、トンネルを掘っていくと、この間隔を埋めるために利用された土や石が崩れてとても危険である。これを避けるために、トンネルの両側に木の柱を据え、これを支えに天井を覆う板（厚さ約四㎝）をはめ込む。柱はトンネルの長さ

▲図９：テオティワカンの「月のピラミッド」。

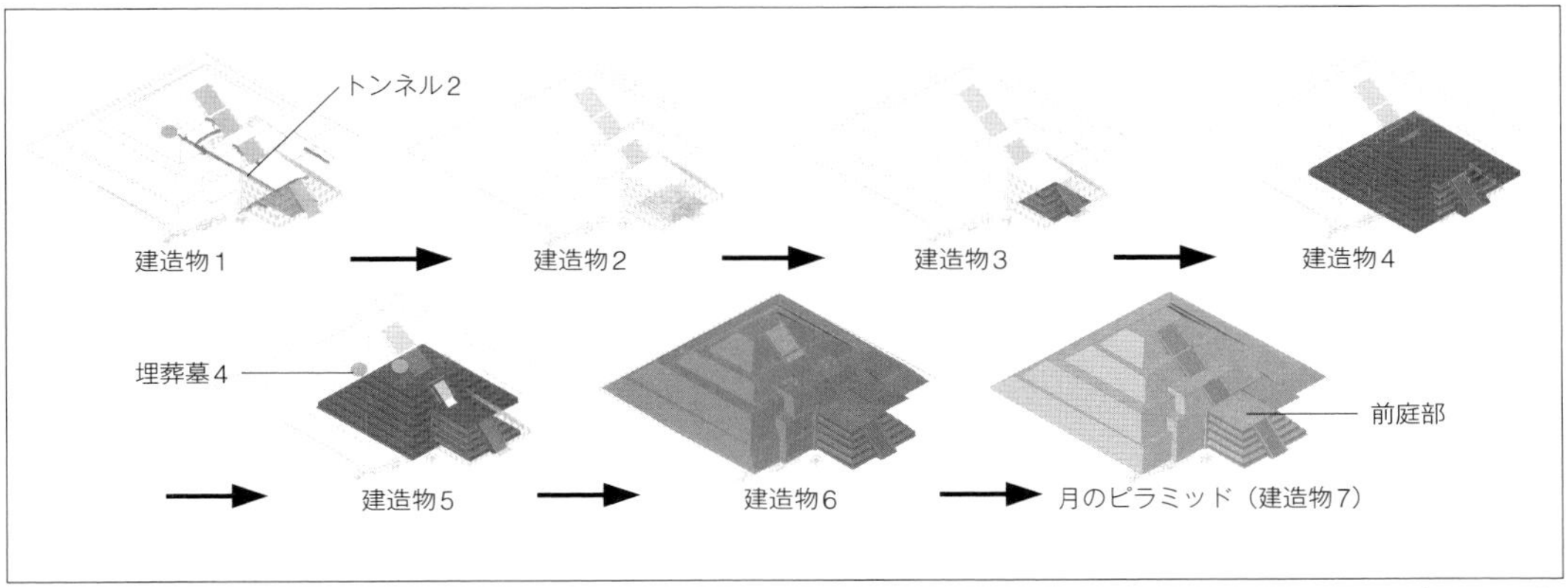

▲図10：「月のピラミッド」の建築プロセス（Sugiyama 2013, Figure 1を基に作成）。100から400年の間に建造時期の異なるピラミッドが7基造られた。「建造物1」の平面規模は約23ｍ×23ｍであるのに対し、前庭部を除いた「月のピラミッド」は約152ｍ×129ｍもある。

が約八〇センチメートル進むごとに据えられていく（図11）。この設置作業、トンネルを人力で掘っていく作業、そして考古学者による記録作業（断面図と平面図の作成、写真記録、出土遺物の回収）の時間を考慮すると、一日にトンネルを進められる距離は一メートルくらいでしかない。

しかし、この作業を根気よく繰り返していくと、突然、内部建造物の壁が出土する（図12）。そして、ピラミッド内部に張り巡らされたトンネル調査の結果、様々な地点で、各時期の内部建造物の壁が発見されるにいたった。これらの壁の場所や建築資材そして建築様式を考慮し、最終的に、合計七基の建造物が存在していたとの結論に達したのだった。

余談であるが、古代メソアメリカ文明には、考古学者によって掘られた調査用トンネル以外にも、異なる用途や目的を持って現存するトンネルが存在する。ピラミッド内部にトンネルが存在すると聞くと、私たちはエジプトのピラミッドを思い浮かべ、玄室に至るまでの羨道《えんどう》、あるいは規模が小さなものであれば通気孔をイメージするかもしれない。もちろん、パレンケの「碑銘の神殿」やジバンチェの「フクロウの神殿」では、墓室へと続く階段と通気孔が存在し、このイメージは誤りではない。一方で、メソアメリカ地域には盗掘用のトンネルも多く認められる。この盗掘用のトンネルで興味深いのが、二種類あるということだ。植民地時代以降の盗掘用トンネルと、古代人自らによる盗掘用トンネルが確認されている。代表例として、テオティワカンの「羽毛の蛇神殿」にある盗掘用トンネルが挙げられる。「羽毛の蛇神殿」内部には、二〇〇体近い人骨が埋葬されていると示唆されているが、その一部はすでに盗掘にあっていた。そして、この盗掘はテオティワカン人自らによって行われたと指摘されている。テオティワカンでは、後四世紀頃政治体制や宗教システムに変化が起こり、神殿内部の盗掘は、旧体制側の為政者らを冒とくする行為の一環として行われたのではないかと考えられている。

最後に、③埋葬墓の存在の確認について説明したい。ピラミッド内部に眠る埋葬墓を発見し発掘することは、多くの情報を考古学者に提供する。出土状況に大きく左右されるが、被葬者を分析することで、その出自、性別、年齢、健康状態など、また被葬者が生贄であるならどのように殺害されたのかが理解できるだろう。副葬品や埋納品との総合分析からは、当時の死生観、交易関係、被葬者の社会的身分等を復元する手がかりとなる。

「月のピラミッド発掘調査」からは、合計六基の埋葬墓が発見された。筆者は「埋葬墓4」と「埋葬墓5」の発掘調査に参加する行幸をえた。その中でも「埋葬墓4（図13・14）」は、筆者が第一発見者であり、さらに、メソアメリカ地域で初めて考古学調査に参加した年の

▲図11：トンネル発掘調査の風景（南から撮影、©Proyecto Pirámide de la Luna）。工事現場でよく見かける掘削機を利用すると、その振動で土砂の崩落を招くため、作業員は鋼鉄の棒を使い少しずつトンネルを掘る。

◀図12：「建造物１」の北西角と北面の外壁が出土している（西から撮影、©Proyecto Pirámide de la Luna）。外壁は丁寧に加工された無数の石で築かれていた。

▲図13：合計17体の斬首された頭蓋骨が集中して発見された「埋葬墓４」（東から撮影、©Proyecto Pirámide de la Luna）。特別な埋葬施設（玄室や羨道など）は存在せず、「建造物６」の盛り土の中から発見された。これらの頭蓋骨は、図14の4-Eから4-Mそして4-Oに相当する。

出来事であったことからこの事例を紹介したい。これを紹介するのは、単に筆者の思い入れのみからくるのではなく、その出土状況を考察することで、古代メソアメリカの人々の思想の一端を理解できると考えるからである。「埋葬墓４」は「トンネル２」の最深部で発見された（図10）。この空間からは一七体の頭蓋骨のみ発見され、埋納品は一切伴わなかった。興味深いのは埋葬墓の位置と出土状況である。「トンネル２」は、テオティワカンの南北中心軸上に沿って北へと掘られた。そして、一七体の頭蓋骨はこの軸の延長上にあり、「建造物５」の北壁のすぐ北側で発見された。頸椎の破損状況から、いずれも斬首されたと解釈されている。頭位方向に規則性は認められず副葬品も伴わないことから、安置されたとは考えられず捨て置かれたとの印象を受ける。几帳面に軸の延長上という規則には従っているが、一方で頭蓋骨はぞんざいな扱いを受けている。これらの生贄埋葬は何のために行われたのだろうか。

　これを理解するために、まず都市軸というテーマを掘り下げてみる。

　古代メソアメリカ社会では、建築における方位軸の統一はとても重要であった。テオティワカンの都市は、「死者の大通り」を軸に建設されている。一七体の頭蓋骨もこの南北軸の延長上に置かれ、都市軸は北辰（真北）から見て東へ約一五度三〇分傾いている。なぜこの角度に傾かせる必要があったのだろうか。

「月のピラミッド」のちょうど後方には、「セロ・ゴルド」と呼ばれる山がそびえ（図15）、「死者の大通り」の南から「月のピラミッド」へと向かう際、両者の輪郭は重なる。これは、メソアメリカ社会では、古代都市に存在する主要ピラミッドは「聖なる山」のレプリカであるとの思想と関連している（マヤ地域では「ウイッツ」（花の山、第二章図33・35参照）という）。メソアメリカにおける「聖なる山」とは、世界の中心（axis mundi）を意味し、生命が誕生し成長し死ぬ場所である。そして、その死はより活力を増して蘇る場所でもある。これは、異世界に住む神々と交信し、その恩恵を受けることで可能だと考えられていた。その恩恵を受けることのできる空間が「聖なる山」である。そして、それはある特定の山や場所を指すものではない。古代人たちは、その概念を自然景観に投影した。そして次に、自分たちの住む場所の中心に、死の再生と豊穣を可能とする空間の復元に努めた。それがピラミッドである。

　このような重要な概念が込められた建造物の一つが「月のピラミッド」である。したがって、このピラミッドに何度も建て替え工事が行われ、その都度より大きな姿となるのは、生と死の再生関係は、人だけでなくピラミッド建造物にもあてはまることを意味する。ピラミッドがより大きくなるのは、生命力を増して生まれ変わった証である。「聖なる山」の概念は、「セロ・ゴルド」と「月のピラミッド」に投影されており、テオティワカン人にとって、これらの重なる場所が重要であった。そのため、一七体の頭蓋骨は都市の南北軸上に置かれた。これらの置かれた地点が「建造物5」のすぐ北側で発見された事実から、彼ら生贄の生命は、「建造物5」の使命を果たした後、より大きな生命力を伴い「建造物6」となって再生させるために利用されたのだと考えられる。

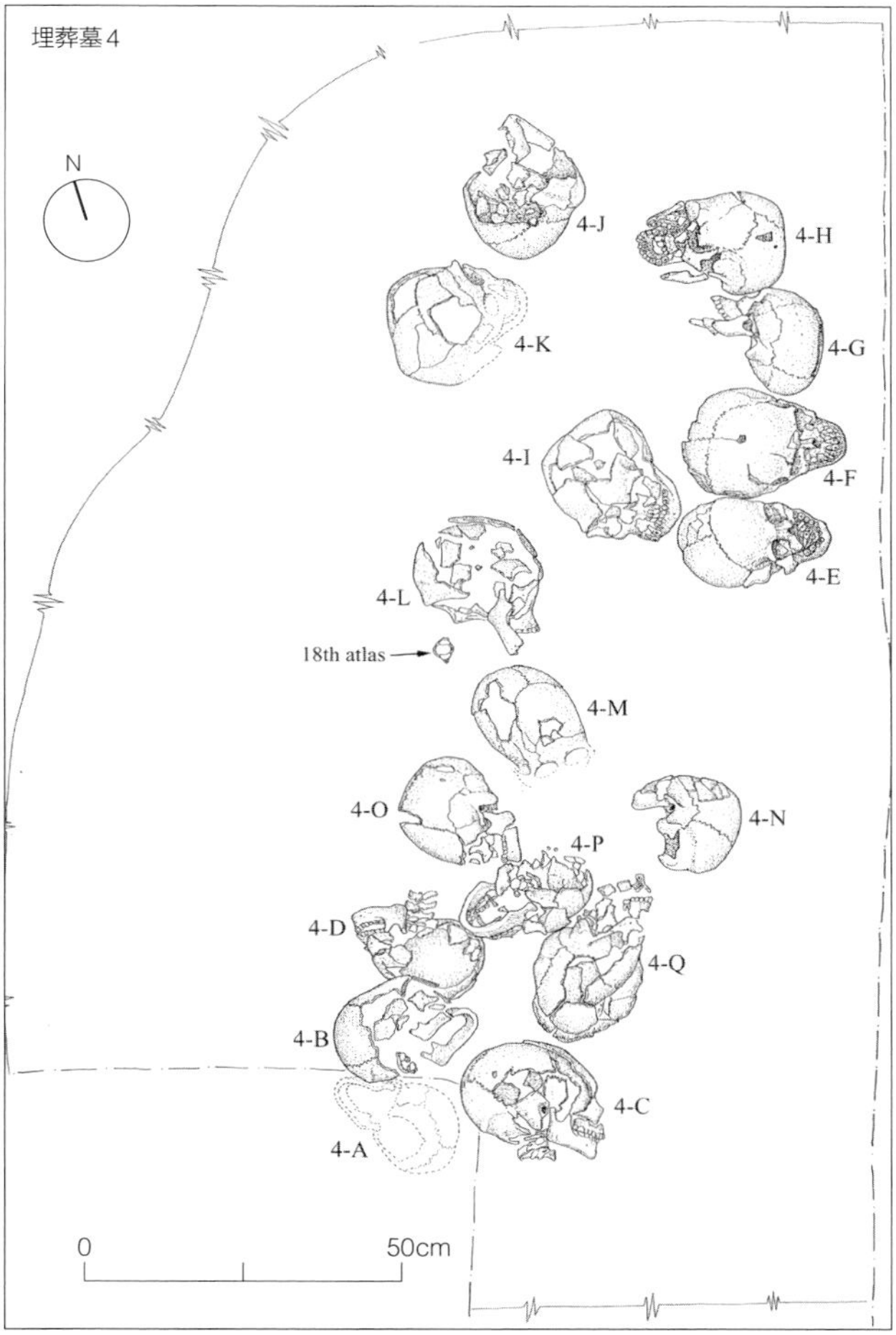

▲図14：「埋葬墓4」の平面図（Sugiyama, and López Luján 2007, Figure 6を転用・修正）。筆者は4-Eから4-Lまで実測した。

▼図15：「月のピラミッド」と「セロ・ゴルド」（南から撮影）。ピラミッド・パワーを吸収しようと春分の日に訪れた人々。

おわりに

私は一九歳のときに、一人中国に行った。万里の長城を見たかったからだ。しかし、目的地は観光地として有名な八達嶺長城ではなく、山海関だった。万里の長城がどのように始まるのか（あるいは終わるのか）をしりたかったからである。

現地に着くと驚いた。

長城の最端部（老龍頭）が海に突き出していたからだ（図1）。しばらくその風景を楽しんでいると、私は再度驚いた。これを設計した建築家の発想力に敬服し、中華を蹂躙した騎馬民族の機動力に恐怖した。

なぜ、老龍頭が海に浸かる必要があったのか。

干潮と満潮の差を測量し建造してあった。干潮時においても老龍頭は、桟橋のように海に延び、騎馬による長城内への侵入を防いでいる。満潮時においても老龍頭は海に潜らない。この努力は、騎馬による攻撃がいかに熾烈であったのかを物語っている。

ここで私は、社会背景を考慮すると、あるものが誕生する原理がより深く見えるということを実感した。そして私は、なぜ人がそのようなものをつくったのかに興味を持つようになっていった。

古代マヤ文明をしるためには、まず社会背景を理解する努力が必要である。本書は、この社会背景の枠組みをメソアメリカ地域にまで広げた。そして、古代メソアメリカ文明という大きな流れの中で、マヤ文明の盛衰をはめ込む作業を行った。それを通じて、古代マヤ文明の特徴を焙り

出そうとした。

そして、一つ興味深いことがわかった。古典期マヤの社会は「神々≧聖王」の社会構造であり、同時代のテオティワカン国家やモンテ・アルバン王国では「神々＞為政者または王」であった。私は、この社会構造の相違が物質文化に反映されたと推測している。

本書は、既に刊行されているマヤ文明に関する出版物と比べ、この文明のみを扱ったものではないため、戸惑いを持たれた方がいらっしゃったかもしれない。あるいは、視点の新しさから、好意的に評価してくださった方もおられるかもしれない。

ここまで読んでくださったすべての皆様にとりまして、本書が何らかの形で貢献できたものであれば幸甚です。批判的なご意見も拝聴し、研究をさらに発展させたいと考えています。

本書の内容には、次の研究費を基にした成果も含まれているため、明記しておきたい。

・独立行政法人日本学術振興会「新学術領域研究（研究領域提案型：26101003：二〇一四～一八年度）」（研究代表者：青山和夫：分担研究者：嘉幡茂）

・独立行政法人日本学術振興会「基盤研究B（一般：19H01347：二〇一九～二二年度）」（研究代表者：嘉幡茂）

最後に、私は信頼できる仲間と常に研究を進めている（図2）。この場を借りて、彼らに感謝の意を表したい。

二〇二〇年冬

嘉幡 茂

▲図2：常に議論を行える研究者仲間（トラランカレカ遺跡にて、左から村上達也氏、古手川博一氏、フリエタ・ロペス氏、筆者、塚本憲一郎氏）。

▶図1：研究の原点となった風景（南から撮影）。

▲図1：研究の原点となった風景（南から撮影）。

Quetzalcoatl at Teotihuacán, Mexico. *American Antiquity* 54(1): 85-106.
1992 Rulership, Warfare, and Human Sacrifice at the Ciudadela: An Iconographic Study of Feathered Serpent Representations. In *Art, Ideology, and the City of Teotihuacán: A Symposium at Dumbarton Oaks, 8th and 9th October 1988*, edited by Janet Catherine Berlo, pp.205-230, Dumbarton Oaks Research Library and Collection, Washington, D.C.
1993 Worldview Materialized in Teotihuacán, Mexico. *Latin American Antiquity* 4(2): 103-129.
2005 *Human Sacrifice, Militarism, and Rulership: Materialization of State Ideology at the Feathered Serpent Pyramid, Teotihuacán.* Cambridge University Press, Cambridge.
2013 Creation and Transformation of Monuments in the Ancient City of Teotihuacán. In *Constructing, Deconstructing, and Reconstructing Social Identity: 2,000 Years of Monumentality in Teotihuacán and Cholula, Mexico*, Monograph 1, edited by Saburo Sugiyama, Shigeru Kabata, Tomoko Taniguchi, and Etsuko Niwa, pp. 1-10. Cultural Symbiosis Research Institute, Aichi Prefectural University, Nagakute.

Sugiyama, Saburo, and Leonardo López Luján
2007 Dedicatory Burial/Offering Complexes at the Moon Pyramid, Teotihuacán: A Preliminary Report of 1998–2004 Explorations. *Ancient Mesoamerica* 18: 127-146.

Suyuc Ley, Edgar, and Richard D. Hansen
2013 El Complejo Piramidal La Danta: Ejemplo del Auge en El Mirador. In *Millenary Maya Societies: Past Crises and Resilience*, edited by M.Charlotte Arnauld and Alain Breton, pp. 217-234. Electronic document, published online at Mesoweb: www.mesoweb.com/publications/MMS/14_Suyuc-Hansen.pdf.

Taube, Karl A.
2003 Tetitla and the Maya Presence at Teotihuacán. In *The Maya and Teotihuacán: Reinterpreting Early Classic Interaction*, edited by Geoffrey E. Braswell, pp. 273-314. The University of Texas Press, Austin.

Tiesler Blos, Vera
1997 El Aspecto Físico de los Mayas. *Arqueología Mexicana* V(28): 14-19.
2017 Cara a Cara con los Antiguos Mexicanos. Bioarqueología del cuerpo humano. *Arqueología Mexicana* XXIV(143): 43-49.

Thompson, Edward H.
1938 *The High Priest's Grave: Chichen Itza, Yucatan, Mexico.* Carnegie Institution of Washington, Washington, D.C.

Traxler, Loa P., and Robert J. Sharer (eds.)
2016 *The Origins of Maya States.* University of Pennsylvania Museum of Archaeology and Anthropology, Philadelphia.

Urcid, Javier
2011 Los Oráculos y la Guerra: El papel de las Narrativas Pictóricas en el Desarrollo Temprano de Monte Albán (500 a.C. – 200 d.C.). In *Monte Albán en la encrucijada regional y disciplinaria. Memoria de la Quinta Mesa Redonda de Monte Alban*, edited by Nelly Robles and Ivan Rivera, pp. 163-237. Instituto Nacional de Antropología e Historia, México, D.F.

Urcid, Javier, and Arthur Joyce
2014 Early Transformations of Monte Albán's Main Plaza and Their Political Implications, 500 BC-AD 200. In *Mesoamerican Plazas. Arenas of Community and Power*, edited by Kenichiro Tsukamoto and Takeshi Inomata, pp. 149-167. The University of Arizona Press, Tucson.

Valencia Rivera, Rogelio
2011 Danzando con los Dioses: el Ritual del baile. In *Los Mayas: Voces de Piedra*, edited by Alejandra Martínez de Velasco and María Elena Vega, pp. 223-233. Ámbar Diseño, México, D.F.

Vali, Gabrielle, and Christine Hernández
2012 Rain and Fertility Rituals in Postclassic Yucatan Featuring Chaak and Chak Chel. In *The Ancient Maya of Mexico: Reinterpreting the Past of the Northern Maya Lowlands*, edited by Geoffrey E. Braswell, pp. 285-305. Routledge, London.

Valverde Valdés, María del Carmen, Rodrigo Liendo Stuardo, and Gustavo J. Gutiérrez León (Coords.)
2010 *Mayas: Guías de Arquitectura y Paisaje.* Universidad Nacional Autónoma de México, México, D.F.

Velázquez Morlet, Adriana
2002 Tulum. Ciudad del amanecer. *Arqueología Mexicana* IX(54): 52-55.

Villalobos, Alejandro
2010 Las Pirámides: Procesos de Edificación. Tecnología Constructiva Mesoamericana. *Arqueología Mexicana* XVII(101): 56-63.

Vargas de la Peña, Leticia, Víctor R. Castillo Borges
2005 Hallazgos recientes en EK' Balam. *Arqueología Mexicana* XIII(76): 56-63.

Wagner, Elizabeth
2012 Maya Creation Myths and Cosmography. In *Maya. Divine Kings of the Rain Forest*, edited by Nikolai Grube, pp. 280-296. h.f.ullmann publishing, Potsdam.

図・地図製作：小野寺美恵

Healan
2002 *Ancient Tollan: Tula and the Toltec Heartland*. University Press of Colorado, Boulder.
Meltzer, David J.
2009 *First Peoples in a New World: Colonizing Ice Age America*. University of California Press, Berkeley.
Miller, Arthur G.
1973 *The Mural Painting of Teotihuacán*. Dumbarton Oaks Research Library and Collection, Washington, D. C.
Miller, Mary
2012 Understanding the Murals of Bonampak. In *Maya: Divine Kings of the Rain Forest*, edited by Nikolai Grube, pp. 234-243. h.f.ullmann publishing, Potsdam.
Miller, Mary, and Claudia Brittenham
2013 *The Spectacle of the Late Maya Court: Reflections on the Murals of Bonampak*. University of Texas Press, Austin.
Millon, René
1973 *Urbanization at Teotihuacán, México, Vol. 1, Pt. 1: The Teotihuácan Map: Text*. University of Texas Press, Austin.
1992 Teotihuacán Studies: From 1950 to 1990 and Beyond. In *Art, Ideology, and the City of Teotihuacán*, edited by Janet Catherine Berlo, pp. 339-429. Dumbarton Oaks Research Library and Collection, Washington, D. C.
Mirambell, Lorena
2000 Los primeros Pobladores del Actual Territorio Mexicano. In *Historia Antigua de México, Vol. I*, Segunda Edición, edited by Linda R. Manzanilla and Leonardo López Luján, pp. 223-254. Universidad Nacional Autónoma de México, México, D.F.
Ortiz Díaz, Edith, Bryan Cockrell, José Luis Ruvalcaba Sil
2016 Las Tradiciones Metalúrgicas en las Ofrendas del Cenote Sagrado de Chichén Itzá. *Arqueología Mexicana* XXIII(138): 72-74.
Ortiz, Ponciano, and María del Carmen Rodríguez
1994 Los Espacios Sagrados Olmecas: El Manatí, un Caso Especial. In *Los Olmecas en Mesoamérica*, edited by John E. Clark, pp. 69-91. Equilibrista, México, D.F.
Pérez Suárez, Tomás
1994 Breve Crónica de la Arqueología Olmeca. In *Los Olmecas en Mesoamérica*, edited by John E. Clark, pp. 21-30. Equilibrista, México, D.F.
Pillsbury, Joanne, Miriam Doutriaux, Reiko Ishihara-Brito, and Alexandre Tokovinine (eds.)
2012 *Ancient Maya Art at Dumbarton Oaks*. Dumbarton Oaks Research Library and Collection, Washington, D. C.
Pool, Christopher A.
2007 *Olmec Archaeology and Early Mesoamerica*. Cambridge University Press, Cambridge.
Rodríguez Martínez, Ma. del Carmen, Ponciano Ortíz Ceballos, Michael D. Coe, Richard A. Diehl, Stephen D. Houston, Karl A. Taube, and Alfredo Delgado Calderón
2006 Oldest Writing in the New World. *Science* 313: 1610-1614.
Rojas, Carmen, Martha E. Benavente, Alejandro Terrazas, Arturo H. González, Jerónimo Avilés, and Eugenio Acévez
2016 Tratamientos Mortuorios Acuáticos en los Cenotes entre los Mayas Prehispánicos. In *Cuevas y Cenotes Mayas: Una Mirada Multidisciplinaria*, edited by Roberto Romero Sandoval, pp. 121-172. Universidad Nacional Autónoma de México, México, D.F.
Romero Sandoval, Roberto
2017 *El Inframundo de los Antiguos Mayas*. Universidad Nacional Autónoma de México, México, D.F.
Rosenswig, Robert M.
2010 *The Beginnings of Mesoamerican Civilization: Inter-Regional Interaction and the Olmec*. Cambridge University Press, Cambridge.
Ruiz Gallut, María Elena
2001 Museo Nacional de Antropología, Ciudad de México. In *La Pintura Mural Prehispánica en México. Teotihuacán, tomo II: Estudios*, coordinated by por Beatriz de la Fuente, pp. 447-457. Universidad Nacional Autónoma de México, México, D.F.
Ruz Lhuillier, Alberto
2013 *El Templo de las Inscripciones: Palenque*. Segunda Edición. Instituto Nacional de Antropología e Historia, México, D.F.
Saturno, William A., Karl A. Taube, and David Stuart
2005 *Los Murals de San Bartolo, El Petén, Guatemala, Parte 1: El Mural del Norte. Ancient America 7*. Center for Ancient American Studies, Barnardsville.
Schele, Linda, and David Freidel
1990 *A Forest of Kings. The Untold Story of the Ancient Maya*. Quill William Morrow, New York.
Schele, Linda, and Mary Ellen Miller
1986 *The Blood of Kings: Dynasty and Ritual in Maya Art*. Kimbell Art Museum, George Braziller, New York.
Sharer, Robert J.
1994 *The Ancient Maya*. Fifth Edition. Standford University Press, Stanford.
Stuart, David
The Arrival of Strangers: Teotihuacán and Tollan in Classic Maya History. In *Mesoamerica Classic Heritage: From Teotihuacán to the Aztecs*, edited by David Carrasco, Lindsay Jones, and Scott Sessions, pp. 465-513. University Press of Colorado, Boulder.
Sugiyama, Saburo
1989 Burials Dedicated to the Old Temple of

Mauricio Mella, Andrea González, and George Dix
2015 New Archaeological Evidence for an Early Human Presence at Monte Verde, Chile. *PLOS ONE* 10 (12): 1-27.

Escalante Gonzalbo, Pablo, and Saeko Yanagisawa
2008 Tulum, Quintana Roo, y Santa Rita Corozal, Belice. *Arqueología Mexicana* XVI(93): 60-65.

Evans, Susan Toby
2008 *Ancient Mexico and Central America: Archaeology and Culture History*. Second Edition. Thames & Hudson, London.

Fash, Barbara W.
2011 *El Museo de Escultura de Copán. Arte Maya Antiguo en Estuco y Piedra*. Instituto Hondureño de Antropología e Historia, Tegucigalpa.

Fields, Virginia M., and Dorie Reents-Budet
2005 *Los Mayas. Señores de la Creación: los Orígenes de la Realeza Sagrada*. Instituto Nacional de Antropología e Historia, México, D.F.

Fialko, Vilma
1988 Mundo Perdido, Tikal: Un Ejemplo de Complejos de Conmemoración Astronómica. *Mayab* 4: 13-21.

Flannery, Kent V. (ed.)
2009 *Guilá Naquitz: Archaic Foraging and Early Agriculture in Oaxaca, Mexico*. Updated Edition. Left Coast Press, Walnut Creek.

Florescano, Enrique
2009 *Los Orígenes del Poder en Mesoamérica*. Fondo de Cultura Económica, México, D.F.

García Cook, Ángel, and Beatriz Leonor Merino Carrión
2005 El inicio de la producción alfarera en el México antiguo. In *La Producción Alfarera en el México Antiguo I*, edited by Beatriz Leonor Merino Carrión, and Ángel García Cook, pp. 73-119. Instituto Nacional de Antropología e Historia, México, D.F.

Garza, Mercedes de la, Guillermo Bernal Romero, and Martha Cuevas García
2012 *Palenque-Lakamha'. Una presencia inmortal del pasado indígena*. Fondo de Cultura Económica, México, D.F.

Golden, Charles, Stephen Houston, and Joel Skidmore (eds.)
2012 *Maya Archaeology 2*. Precolumbian Mesoweb Press, San Francisco.

González Lauck, Rebecca B.
2007 El Complejo A. La Venta, Tabasco. *Arqueología Mexicana* XV(87): 49-54.

González Licón, Ernesto
2015 Procesiones en Oaxaca. *Arqueología Mexicana* XXII(131): 42-47.

Grube, Nikolai, and Simon Martin
2012 The Dynastic History of the Maya. In *Maya. Divine Kings of the Rain Forest*, edited by Nikolai Grube, pp. 148-171. h.f.ullmann publishing, Potsdam.

Guernsey, Julia
2006 *Ritual & Power in Stone. The Performance of Rulership in Mesoamerican Izapan Style Art*. University of Texas Press, Austin.

Hansen, Richard D.
2004 El Mirador, Guatemala. El Apogeo del Preclásico en el Área Maya. *Arqueología Mexicana* XI(66): 28-33.

Hill, Warron D, and John E. clark
2001 Sports, Gambling, and Government: America's First Social Compact? *American Anthropologist* 103 (2): 331-345.

Kowalski, Jefe Karl, and Cynthia Kristan-Graham (eds.)
2007 *Twin Tollans. Chichén Itzá, Tula, and the Epiclassic to Early Postclassic Mesoamerican World*. Dumbarton Oaks Research Library and Collection, Washington, D. C.

Lacadena García-Gallo, Alfonso
2005 Los Jeroglíficos de EK' Balam. *Arqueología Mexicana* XIII(76): 64-69.

Lagunas Rodríguez, Zaid
2004 El Uso Ritual del Cuerpo en el México Prehispánico. *Arqueología Mexicana* XI(65): 42-47.

Langley, James C.
2002 Teotihuacán Notation in a Mesoamerican Context: Likeness, Concept and Metaphor. In *Ideología y Política a través de Materiales, Imágenes y Símbolos*, edited by María Elena Ruiz Gallut, pp. 275-301. Instituto Nacional de Antropología e Historia, México, D.F.

López Bravo, Roberto, and Benito J. Venegas Durán
2012 Continuidad y Cambios en la Vida Urbana de la Antigua Lakamha'. *Arqueología Mexicana* XIX(113): 38-43.

López Jiménez, Fanny
2004 ¿Quién es la Reina Roja? *Arqueología Mexicana* XII(69): 66-69.

Marcus, Joyce, and Kent V. Flannery
1996 *Zapotec Civilization. How Urban Society Evolved in Mexico's Oaxaca Valley*. Thames and Hudson, London.

Marquina, Ignacio
1951 *Arquitectura Prehispánica*. Instituto Nacional de Antropología e Historia, México, D.F.

Martin, Simon
2012 The Power in the West -The Maya and Teotihuacán. In *Maya. Divine Kings of the Rain Forest*, edited by Nikolai Grube, pp. 98-111. h.f.ullmann publishing, Potsdam.

Martin, Simon, and Nikolai Grube
2008 *Chronicle of the Maya: Kings and Queens*. Second Edition. Thames & Hudson, London.

Martínez de Velasco Cortina, Alejandra
2011 Superficies Inmortalizadas por el Cincel y el Pincel. In *Los Mayas: Voces de Piedra*, edited by Alejandra Martínez de Velasco and María Elena Vega, pp. 51-62. Ámbar Diseño, México, D.F.

Mastache, Alba Guadalupe, Robert Cobean, and Dan

日本語文献

A・レシーノス原訳（林屋永吉訳）
1977『ポポル・ヴフ』中公文庫
青山和夫
2005『古代マヤ　石器の都市文明』京都大学学術出版会
2012『マヤ文明――密林に栄えた石器文化』岩波新書
2015『マヤ文明を知る事典』東京堂出版
2017「先古典期マヤ文明の王権の起源と形成」『古代文化』第68巻第4号、58-65頁
嘉幡茂
2016「メキシコの考古学事情（前編）」『考古学ジャーナル』第689号、31-33頁
2019『テオティワカン――「神々の都」の誕生と衰退』雄山閣
金子明
2015 「マヤ古典期の戦争」『京都ラテンアメリカ研究所「紀要」』第15号、23-50頁
国本伊代
2002『メキシコの歴史』新評論
サイモン・マーティン、ニコライ・グルーベ（中村誠一監修）
2002 『古代マヤ王歴代誌』創元社
ジェフリー・スミス、クリストファー・モーガン
2015「高原および大盆地」『古代文化』第67巻第3号、57-67頁
中村誠一
2007 『マヤ文明を掘る――コパン王国の物語』NHKブックス
マイケル・D・コウ（加藤泰建、長谷川悦夫訳）
2003 『古代マヤ文明』創元社
ル・クレジオ原訳・序（望月芳郎訳）
1981 『マヤ神話――チラム・バラムの予言』新潮社

欧文文献

Angulo, Jorge V.
1994 Observaciones sobre su Pensamiento Cosmogónico y la Organización sociopolítica. In *Los Olmecas en Mesoamérica*, edited by John E. Clark, pp. 223-238. Equilibrista, México, D.F.
Banco de México
2019 *Historia de la Moneda y del Billete en México*. Banco de México, Ciudad de México.
Berrin, Kathieen, and Virginia M. Fields (eds.)
2011 *Olmeca. Obras Colosales del Mundo*. Instituto Nacional de Antropología e Historia, México, D.F.
Blake, Michael
2010 Dating the Initial Spread of Zea mays. In *Histories of Maize in Mesoamerica*, edited by John E. Staller, Robert H. Tykot, and Bruce F. Benz, pp. 45-62. Left Coast Press, Walnut Creek.
Braswell, Geoffrey E. (ed.)
2012 *The Ancient Maya of Mexico: Reinterpreting the Past of the Northern Maya Lowlands*. Routledge, London.
Brittenham, Claudia
2015 *The Murals of Cacaxtla. The Power of Painting in Ancient Central Mexico*. University of Texas Press, Austin.
Cabrera, Rubén.
2001 Ciudadela. In *La Pintura Mural Prehispánica en México. Teotihuacán, Tomo I: Catálogo*, coordinated by Beatriz de la Fuente, pp. 3-18. Universidad Nacional Autónoma de México, México, D.F.
Carrasco Vargas, Ramón, and Marinés Colón González
2005 El Reino de Kaan y la Antigua Ciudad Maya de Calakmul. Arqueología Mexicana XIII(75): 40-47.
Chinchilla Mazariegos, Oswaldo
2011 *Imágenes de la Mitología Maya*. Museo Popol Vuh, Ciudad de Guatemala.
Clark, John E.
1994 Antecedentes de la Cultura Olmeca. In *Los Olmecas en Mesoamérica*, edited by John E. Clark, pp. 31-42. Equilibrista, México, D.F.
Clark, John E., Richard D. Hansen, and Tomás Pérez Suárez
2000 La Zona Maya en el Preclásico. In *Historia Antigua de México, Vol. I*, Segunda Edición, edited by Linda R. Manzanilla and Leonardo López Luján, pp. 437-510. Universidad Nacional Autónoma de México, México, D.F.
Coe, William R.
1996 *Excavations in the East Plaza of Tikal*. Tikal Report No.16, Vol. 1 and 2. University of Pennsylvania, Philadelphia.
Cyphers, Ann
2002 *Asentamiento Prehispánico en San Lorenzo Tenochtitlán*. Universidad Nacional Autónoma de México, México, D.F.
de Anda, Guillermo, Karla Ortega, and James E. Brady
2019 Chichén Itzá y el Gran Acuífero Maya. *Arqueología Mexicana* XXVI(156): 33-41.
Demarest, Arthur A.
1993 The Violent Saga of a Maya Kingdom. *National Geographic* 183(2): 95-111.
Demarest, Arthur A., Prudence M. Rice, and Don S. Price (eds.)
2004 *The Terminal Classic in the Maya Lowlands*. Collapse, Transition, and Transformation. University Press of Colorado, Boulder.
Dillehay, Tom D.
2000 *The Settlement of the Americas: A New Prehistory*. Basic Books, New York.
Dillehay, Tom D., Carlos Ocampo, José Saavedra, Andre Oliveira Sawakuchi, Rodrigo M. Vega, Mario Pino, Michael B. Collins, Linda Scott Cummings, Iván Arregui, Ximena S. Villagran, Gelvam A. Hartmann,

●**著者略歴**

嘉幡茂（かばた・しげる）

一九七二年大阪市生まれ。メキシコ国立自治大学文学部人類学調査研究所修了、人類学博士。現在、京都外国語大学嘱託研究員。メキシコ国立人類学歴史学研究所第四回国際テオティワカン円卓学会最優秀賞、メキシコ合衆国第一三回オトパメ国際会議ノエミ・ケサーダ賞特別賞、メキシコ国立人類学歴史学研究所アルフォンソ・カソ賞最優秀賞受賞。

主な著書に『古代メソアメリカ・アンデス文明への誘い』（共著、風媒社、二〇一一年）、『Constructing, Deconstructing, and Reconstructing Social Identity: 2,000 Years of Monumentality in Teotihuacan and Cholula, Mexico』（共編著、愛知県立大学、二〇一三年）、『メソアメリカを知るための58章（エリア・スタディーズ130）』（共著、明石書店、二〇一四年）、『テオティワカン――「神々の都」の誕生と衰退』（雄山閣、二〇一九年）などがある。

ふくろうの本

図説 マヤ文明

二〇二〇年 二 月一八日初版印刷
二〇二〇年 二 月二八日初版発行

著者……………………嘉幡茂
装幀・デザイン………日高達雄＋伊藤香代
発行者…………………小野寺優
発行……………………株式会社河出書房新社
〒一五一-〇〇五一
東京都渋谷区千駄ヶ谷二-三二-二
電話 〇三-三四〇四-一二〇一（営業）
〇三-三四〇四-八六一一（編集）
http://www.kawade.co.jp/

印刷……………………大日本印刷株式会社
製本……………………加藤製本株式会社

Printed in Japan
ISBN978-4-309-76292-0